Interaktionen –

Person, Situation und Handlung

Ernst D. Lantermann

W0066375

Urban & Schwarzenberg

Anschrift des Verfassers
Professor Dr. Ernst D. Lantermann, Gesamthochschule Kassel,
Heinrich-Plett-Straße 40, 3500 Kassel

CIP-Kurztitelaufnahme der Deutschen Bibliothek

Lantermann, Ernst-Dieter:
Interaktionen : Person, Situation u. Handlung / Ernst D. Lantermann. –
München : Urban und Schwarzenberg, 1980.
ISBN 3-541-09081-2

ISBN 3-541-09081-2

Inhalt

Vorwort   7

Kapitel 1: Interaktion Person × Situation   9

1.1   Zum Begriff der Interaktion   10
1.2   Beobachtungen   12

Kapitel 2: Psychologische Konzepte der Interaktion Person × Situation   17

2.1   Kognitiv-verhaltenstheoretische Akzente   17
2.1.1 Determinanten der Valenz   21
2.1.2 Determinanten der Erwartung   25
2.1.3 Personale Determinanten von Erwartung und
     Valenz   26
2.1.4 Exkurs: Erwartungs-Valenz-Modelle und das Kon-
     fliktmodell der Folgenantizipationen   29
2.1.5 Interaktion von Valenz und Erwartung   32
2.2   Differentielle Psychologie: Der ‚moderne‘ Interak-
     tionismus   36
2.2.1 Der ‚moderne‘ Interaktionismus   38
2.2.2 Die Studie von Endler & Hunt (1969)   45
2.2.3 Eine S-R-Analyse der Extra-Introversion   48
2.2.4 Weitere Studien zum Interaktionismus   57
2.2.5 Polynomisch-verbundene Messung sozialer Angst .   61
2.2.6 Exkurs: Person × Situation im Kontext ‚kognitiver
     Differenziertheit‘   67
2.3   Person × Situation unter sozialpsychologischer Per-
     spektive   74
2.3.1 Interpersonale Wahrnehmung   78
     a) Implizite Persönlichkeitstheorien   79
     b) Attribution in der interpersonalen Wahrneh-
     mung   83
     c) Generalisierung über Personen und Situationen
     bei der Beurteilung alter Menschen   88

d) Transsituative Konsistenz-Attribuierung bei der
Beurteilung von ‚Vorbestraften‘ und ’Unbescholtenen‘ 94
2.3.2 Sozial-interaktives Verhalten 100
a) Annahmen des Symbolischen Interaktionismus . 101
b) Fishbein's Theorie zur Relation von Einstellung
und Verhalten 102
c) Austauschtheorie 106
d) Theorie der kognitiven Dissonanz 108
e) Das ‚generative-Regel-Modell‘ der Interaktion
Person × Interaktion 111

Kapitel 3: Person, Situation und Handlung 115

3.1   Verhalten, Handlung, Tätigkeit 116
3.2   ‚Handlung‘ als Gegenstand psychologischer For-
      schung 120
3.2.1 Ein Handlungsmodell der sozialen Kognition 121
3.2.2 Das Motivationsmodell von Heckhausen 123
3.3   Handlungs-Struktur und Handlungs-Verlauf 128
3.4   Person, Situation und Handlung 132
3.5   Soziale Angst und Anreizwert von Oberzielen . . . 144
3.6   Einstellung, Handlung und erwartete Handlungs-
      folgen 152
3.7   Einschränkungen, Ergänzungen und Implikatio-
      nen 161

Literatur 169
Personenregister 182
Sachregister 185

Vorwort

Im Oktober 1975 fand auf Schloß Heinsheim am Neckar ein Symposium zum Thema „Ökologische Perspektiven in der Psychologie" statt, zu dem ich einen Beitrag über den „modernen Interaktionismus" beizusteuern gedachte; wie es jedoch häufiger geschieht, so auch hier: mit zunehmender Beschäftigung mit dieser vorwiegend ‚skandinavischen' Variante einer Differentiellen und Persönlichkeits-Psychologie löste sich vor meinen Augen der Gegenstand auf ins Nebulöse, Nicht-Faßbare. Was ist die ‚Person', die ‚Situation', wie ist die ‚Interaktion' zwischen beiden definiert und wo liegt das Besondere, Einzigartige am ‚Interaktionismus'? Bei dem Versuch, eine befriedigende Antwort auf diese Fragen zu erhalten, stieß ich recht bald an Grenzen, deren Überwindung mir erst über die Methode des systematischen Zweifelns möglich schien; ein erstes, vorläufiges Resultat meiner Auseinandersetzung mit dem ‚modernen' Interaktionismus liegt in Graumann (1978) vor.

Das Thema reizte mich jedoch weiterhin; indem ich es aus verschiedensten Perspektiven anging, weitete es sich aus zu einer grundsätzlichen Erörterung der Wechselwirkungen zwischen Person und Situation. Um das Ineinandergreifen von personalen und situativen Aspekten besser zu verstehen, sah ich mich schon recht bald gezwungen, mich mit dem Konstrukt „Handlung" näher zu befassen, demnach aus der Perspektive des Betroffenen, des ‚Handelnden' zu argumentieren. Der vorliegende Band gliedert sich in zwei Teile: Im ersten und zweiten Kapitel werden allgemeinpsychologische, persönlichkeits- und sozialpsychologische Theorien und Modelle unter dem Blickwinkel kritisch dargestellt und kommentiert, inwieweit sie die ‚Situation', die ‚Umgebung', die ‚Umwelt' explizit und systematisch in ihre Analysen individuellen Verhaltens und Erlebens einbeziehen und gleichzeitig zu einer Fundierung einer handlungspsychologischen Argumentation zu taugen scheinen. Im Zentrum des dritten Kapitels steht die ‚Handlung', also das zielgerichtete, erwartungsgesteuerte und absichtsvolle Tun eines Individuums innerhalb einer und bezogen auf eine konkrete(n) Umwelt. Zu einer detaillierten Analyse des Handlungsgeschehens wurden Konzepte aus unterschiedlichsten psychologischen Ansätzen mehr oder weniger eklektizistisch herangezogen und in einen „Handlungszusammenhang" gestellt. Eigene Untersuchungen zur „Angst" und zur „Relation von Einstellung und Handlung gegenüber Vorbestraften", die unter einer handlungspsychologischen Perspektive konzipiert worden waren, beschließen diesen Band.

Diesem handlungspsychologischen Modell einer Person × Situation-Interaktion liegt die folgende ‚methodische Regel' zugrunde: (vgl. dazu u. a. v. Wright, 1974 oder Schwemmer, 1979):

Eine Person P ist entschlossen, Ziele Z_i zu erreichen.

Sie meint, daß in einer Situation S eine bestimme Handlung H, über die sie verfügt, mit bestimmter Sicherheit zu Sachverhalten führt, und

daß das Eintreten dieser Sachverhalte mit bestimmter Sicherheit mit einer Annäherung an Z_i verbunden ist, und daß die Situation S besteht.

Also macht sich die Person P daran, die Handlung H auszuführen.

Wie die Person P dazu kommt, eine Situation in bestimmter Weise zu akzentuieren, zu gliedern, sich zu bestimmten Handlungen aufzufordern, wird in dem Modell im einzelnen erläutert, welche spezifischen methodischen Probleme sich dabei ergeben, wird u. a. im letzten Teil des Bandes angedeutet.

Auch diese Antwort auf die Frage nach den psychologischen Prozessen, die eine Wechselwirkung von Person und Situation begleiten oder ihr zugrunde liegen, kann nur vorläufig sein und nicht in jedem Punkt befriedigen. Die Tragfähigkeit einer Einführung des Konstruktes ‚Handlung' zum Verstehen und Erklären individuellen Verhaltens und Erlebens steht für mich jedoch außer Zweifel. Auf einer kürzlich in Berlin (West) veranstalteten Tagung zur Entwicklungspsychologie wurde dieses m. E. aufs Deutlichste dokumentiert.

Kassel, im Oktober 1979

Ernst D. Lantermann

Kapitel 1
Interaktion Person × Situation

‚Interaktion‘, ein inzwischen in der Psychologie weitverbreiteter, nicht immer scharf umrissener Begriff, und zugespitzt zum ‚Interaktionismus‘, kennzeichnet eine Forschungs-Richtung vornehmlich in der Differentiellen und Persönlichkeitspsychologie, die die Verschränkungen, Wechselwirkungen, das Ineinandergreifen von Person und Umwelt in den Mittelpunkt ihrer theoretischen und empirischen Analysen stellt.

In welcher Weise und unter welchen Bedingungen gehen personale und situative Aspekte Beziehungen ein, aus denen ein beobachtbares Verhalten resultiert? Um diese Frage kreist der gesamte Band. Aus verschiedensten Perspektiven werden Antworten gesucht und deren Geltung in empirischen Studien geprüft.

Aus einer Integration unterschiedlicher psychologischer Konzepte wird ein handlungspsychologisches Modell der Person × Situation – Interaktion entwickelt, dessen Herleitung, Beschreibung und empirische Testung Ziel und Zentrum des Bandes ausmachen.

Vor einer näheren Erörterung unterschiedlicher Vorstellungen der Person – Umwelt – Beziehung wird jedoch eine Begriffsklärung vorgenommen. Drei Verwendungen von ‚Interaktion‘ werden voneinander abgehoben: Interaktion als statische Interaktion, als kognitiv-dynamische Interdependenz und als Transaktion.

Zusätzlich werden verschiedene Formen von Stabilität beobachtbarer Ereignisse gegeneinander abgegrenzt; ‚Invarianz‘, ‚Konsistenz‘ und ‚Kohärenz‘ kennzeichnen besondere Spielarten von Stabilität individuellen Verhaltens und Erlebens über zeitliche und räumliche Bedingungen hinweg. Theoretische Konzeptionen der Person-Umwelt-Beziehung postulieren unterschiedliche Stabilitäten. Zu einer Abschätzung ihrer empirischen Geltung ist daher eine exakte Definition spezifischer Formen von Stabilität Voraussetzung.

1.1 Zum Begriff der Interaktion

„Der Begriff der Interaktion erfreut sich in der Psychologie der letzten Jahre wachsender Beliebtheit" (*Graumann, 1975*, S. 20), ohne dabei allerdings an begrifflicher Schärfe hinzugewonnen zu haben.

In erster Linie gewann dieser Begriff an Aktualität, aber auch an Beliebigkeit, durch die seit einigen Jahren engagiert geführte Diskussion um die Rolle situativer und personaler Faktoren bei der Determination individueller Verhaltens- und Erlebensweisen. Empirische Studien zur Stützung der jeweiligen theoretischen Position führten zu methodischen Problemen, die zu einer weiteren Verwirrung über das Konzept „Interaktion" zwischen Personen und Situationen beitrugen. Aus dieser Debatte kristallisierten sich „interaktionale" Modelle des Verhaltens heraus (so bei *Bowers, 1973*; *Endler & Magnusson*, 1976; *Ekehammer*, 1974; Magnusson, 1976 oder *Mischel*, 1973) sowie favorisierte Analysemethoden, die zumeist auf der Basis varianzanalytischer Logik nicht immer in adäquater Weise das theoretische Konzept der Interaktion in empirisch überprüfbare Aussagen überführten. Deutliche Kritik an einer unkritischen Verwendung varianzanalytischer Modelle in diesem Rahmen stammen von *Golding (1975)*, *Lantermann* (1978 b) oder *Olweus* (1976).

Aber nicht nur innerhalb differentieller oder persönlichkeitspsychologischer Argumentation gewannen interaktionale Modelle zur Erklärung und Prognose intra- und interindividueller Verhaltensvariationen zunehmend an Gewicht. Zur gleichen Zeit entstanden empirische Arbeiten und theoretische Konzepte, die am ehesten unter den Begriff „Umweltpsychologie" oder „ökologische Psychologie" subsumierbar sind. Die etwa von *Altman* (1976), *Barker* (1968), *Canter und Stringer* (1975), *Graumann* (1978), *Ittelson* (1973) *Kaminski* (1976) oder *Proshansky et al.* (1974) herausgegebenen oder verfaßten Arbeiten repräsentieren oftmals Konzepte von Mensch-Umwelt-Relationen, die zum Teil eng mit Ansätzen in der Differentiellen und Persönlichkeits-Psychologie korrespondieren.

Ohne bereits an dieser Stelle näher auf inhaltliche Aspekte der verschiedenen Modellvorstellungen einzugehen oder eine Eingrenzung dessen leisten zu wollen, was unter „Person" oder

„Situation" zu verstehen sei, wird eine erste Differenzierung des Interaktionsbegriffs vorgeschlagen; sie beruht einerseits auf einer Unterscheidung von *Overton* (1973) und *Overton & Reese* (1973) von statischer und dynamischer Interaktion und charakterisiert gleichzeitig den gegenwärtigen Diskussionsstand innerhalb interaktionistischer Forschung. Danach sind zumindest drei Akzentuierungen von ‚Interaktion' voneinander abhebbar:

Interaktion als statische Interaktion

Hiermit ist eine einsinnig gerichtete Interaktion im Sinne einer Verknüpfung mehrerer unabhängiger Variablen (Personen und Situationen) gemeint, die simultan Beiträge zum Zustandekommen einer abhängigen Variablen (Verhalten) leisten. Zwischen den beteiligten Variablen werden kausale oder auch nur funktionale Abhängigkeiten angenommen (vgl. *Overton & Reese* 1973, S. 78). Das Verhalten einer Person ist danach das Resultat eines Zusammenwirkens mehrerer voneinander unabhängiger Faktoren (Person und Situation). Die Person ist unabhängig definiert von der Situation und vice versa. Das aus dem Zusammenwirken situativer und personaler Bedingungen resultierende Verhalten wirkt nicht zurück auf die Person oder auf die Situation.

Interaktion als kognitiv-dynamische Interdependenz

Person und Situation sind einander bedingende Folgen und Ursachen kognitiver Strukturierungsprozesse und können daher nur willkürlich voneinander isoliert werden.

Individuelles Verhalten resultiert aus der Interdependenz von Situation und Person, die wiederum als Ergebnis von Akkomodations- und Assimilationsprozessen aufgefaßt werden kann.

Interaktion als Transaktion

Person und Situation beeinflussen sich gegenseitig, indem das Verhalten einer Person auf die Situation einwirkt und dieser Eingriff rückwirkend bei der Person Veränderungen hervorruft. Personen und Situationen sind durch zielgerichtete Aktivitäten ineinander verschränkt. Die Person führt aktiv bestimmte Situationen herbei und verhält sich in diesen in charakteristischer Weise; spezifische Situationen meidet sie. Das Verhalten ist somit einerseits Resultat eines Ineinandergreifens von personalen (kognitiven und aktionalen) sowie situativen Faktoren – es wirkt aber andererseits auf personale und situative Faktoren zurück.

Diese drei Interaktionskonzepte werden nicht als streng voneinander abgrenzbare *explikative Konstrukte* der Person × Situation – Interaktion interpretiert, wenn auch manche Argumentationsweisen zur Sicherung oder Abgrenzung eigener Positionen diesen Eindruck hinterlassen mögen (so etwa bei *Ekehammer* oder *Bowers*). Sie kennzeichnen u. E. vielmehr die mannigfachen Forschungsperspektiven, unter denen Interaktionsgeschehen analysiert werden kann. Interaktion stellt stets ein prozeßhaftes Geschehen mit zeitlicher Erstreckung dar. Je nach Perspektive richtet sich das Interesse auf unterschiedliche Aspekte der Interaktion, werden unabhängige und abhängige Variablen definiert oder die Dynamik des Ablaufs miteinbezogen, ohne daß damit bereits in jedem Fall behauptet wird, *alle* wesentlichen Momente der Interaktion beschrieben oder gar das *gesamte* Interaktionsgeschehen hinreichend *erklärt* zu haben.

1.2 Beobachtungen

Ehe auf theoretische Vorstellungen und Erklärungen von Person × Situation-Interaktionen eingegangen wird, sollen mögliche Beobachtungen von Ereignissen, auf denen derartige Annahmen beruhen – wenn sie zumindest partiell empirische Überprüfbarkeit für sich beanspruchen – in ein deskriptives System eingeordnet werden. Als möglicher Rahmen bietet sich die *Cattell*'sche „Person × Variable × Occasion"-Box sowie deren Modifikation durch *Buss* (1974, 1977) an. Der uns in diesem Zusammenhang interessierende Ereignisraum wird durch die ‚Dimensionen‘ oder ‚Koordinaten‘ „Personen", „Situationen", „Verhalten" aufgespannt.

So kann man eine Person in mehreren Situationen hinsichtlich mehrerer Verhaltensweisen („Variablen") beobachten oder mehrere Personen in einer Situation hinsichtlich mehrerer Variablen oder mehrere Personen in mehreren Situationen hinsichtlich einer Variablen, etc.

Im Kontext von Entwicklungen interaktionaler Konstrukte zur Beschreibung und Erklärung individueller Verhaltensweisen gewinnen Relationen zwischen Ereignissen ein besonderes Gewicht, die in Termini von ‚Stabilität‘, ‚Konsistenz‘ oder ‚Kohärenz‘ faßbar sind. Stabilität, Konsistenz und Kohärenz beziehen sich auf Beobachtungen von Verhaltensvariabilitäten im Sinne *interindividueller* und *intraindividueller Differenzen* oder *intraindividueller Veränderungen* sowie deren Zusammenhänge.

Werden bei einer Betrachtung dieser drei einfachen Fälle von Verhaltensvariabilität nun jeweils zwei Dimensionen berücksichtigt, ergeben sich folgende sechs Fälle – in Anlehnung an *Buss* 1974, 1977 (s. a. *Rudinger* und *Lantermann* 1978):

(1) *Interindividuelle Differenzen in intraindividuellen Differenzen:* Personen werden hinsichtlich mehrerer Variablen-Ausprägungen in einer Situation miteinander verglichen.

(2) *Intervariablen-Differenzen in interindividuellen Differenzen:* Mehrere Verhaltensvariablen werden über mehrere Personen in einer Situation miteinander verglichen.

(3) *Differenzen zwischen Situationen (Veränderung) in intraindividuellen Differenzen:* Situationen werden über verschiedene Variablen für eine Person verglichen.

(4) *Intervariablen-Differenzen in intraindividuellen Veränderungen:* Variablen werden über verschiedene Situationen für eine Person verglichen.

(5) *Interindividuelle Differenzen in intraindividuellen Veränderungen:* Personen werden über verschiedene Situationen in einer Variablen miteinander verglichen.

(6) *Differenzen zwischen Situationen in interindividuellen Differenzen:* Situationen werden über Personen für eine Variable verglichen.

Werden nicht nur – wie im obigen Falle – zwei, sondern alle drei Dimensionen berücksichtigt, so ergeben sich sechs weitere unterscheidbare Fälle, wie zum Beispiel:

Interindividuelle Unterschiede in den Veränderungen in intraindividuellen Differenzen: Situationen werden über verschiedene Variablen für mehrere Personen miteinander verglichen (vgl. oben 3).

Wird nun Stabilität mit Vorhersagbarkeit gleichgesetzt, wie es etwa *Wohlwill* (1977) vorschlägt, beziehen sich ‚Invarianz‘, ‚Konsistenz‘ oder ‚Kohärenz‘ auf Ereignis-Relationen, auf die vorhergesagt werden soll.

Absolute personale Konsistenz liegt dann vor, wenn zwar interindividuelle Verhaltens-Variabilitäten in einer oder in mehreren

Situationen auftreten können, nicht aber intraindividuelle Differenzen des Verhaltens über mehrere Situationen.

In Abhebung von personaler Invarianz soll dann von *absoluter situativer Konsistenz* gesprochen werden, wenn in einer Situation keine interindividuellen Verhaltens-Variabilitäten beobachtet werden, wohl aber möglicherweise intraindividuelle Differenzen über mehrere Situationen.

Mit *relativer personaler Konsistenz* werden solche Verhaltens-Stabilitäten bezeichnet, die zwar inter- und intraindividuelle Verhaltens-Differenzen über mehrere Situationen hinweg einschließen, welche jedoch die Ordinal-Relationen zwischen den Personen in den einzelnen Situationen unberührt lassen. Aus der Kenntnis der Ordinal-Relationen zwischen Personen in einer Situation können sichere Prognosen auf Ordinal-Relationen zwischen denselben Personen in anderen Situationen abgeleitet werden. (Jede Situation ordnet die Personen relativ konsistent.)

Die Behauptung *relativer situativer Konsistenz* meint entsprechend, daß auftretende Verhaltens-Differenzen über mehrere Situationen nicht zu einer Veränderung der Ordinal-Relationen zwischen den Situationen führen. (Jede Person ordnet die Situationen relativ konsistent). Aus der Kenntnis der Ordinalrelationen zwischen Verhaltensausprägungen einer Person in mehreren Situationen können die Ordinalrelationen zwischen Verhaltensausprägungen anderer Personen in denselben Situationen vorhergesagt werden.

Unter *Kohärenz* (*Magnusson*, 1976) oder Änderungsstabilität (*Herrmann*, 1969, S. 152 ff.) werden solche Verhaltensvariabilitäten gefaßt, die auf interindividuellen Unterschieden stabiler intraindividueller Differenzen des Verhaltens in mehreren Situationen (,transsituativen individuellen Verhaltensprofilen') basieren. Mit „kohärent" charakterisiert Magnusson (a.a.O., S. 257) Verhaltensweisen, welche intraindividuell von Situation zu Situation in *regelhafter* und *konsistenter* Weise Veränderungen erfahren. Unter der Voraussetzung von Kohärenz ist es möglich, intraindividuelle Verhaltensänderungen über mehrere Situationen und damit individuelle transsituative Verhaltensprofile vorherzusagen.

Deskriptive oder explikative Konstrukte von Person-Situation-Interaktionen unterscheiden sich nun hinsichtlich mehrerer

Aspekte voneinander. Sie beziehen sich zum Teil auf *unterschiedliche Unterräume* des durch die Dimensionen ,Personen', ,Situationen' und ,Verhaltensweisen' aufgespannten Ereignisraumes; ihre empirischen Korrelate erfordern *unterschiedliche Stabilitäten*; Erklärungen von spezifischen Interaktionsweisen basieren zum Teil auf *Variablen aus unterschiedlichen Bedingungsklassen.*

Eine wesentliche Differenzierung der verschiedenen Ansätze besteht in einer jeweils unterschiedlichen Auffassung dessen, was unter „Person" oder „Situation" zu verstehen, wie diese zu operationalisieren, welche Momente einer Person oder einer Situation wesentlich zur Beschreibung und Erklärung von Person × Situation-Interaktionen notwendig sind und in welcher Weise Personen und Situationen einander bedingen.

Aufgabe einer kritischen Darstellung mehrerer im weiteren Sinne interaktionaler Ansätze in der Psychologie wird es sein, derartige Unterschiede herauszuarbeiten sowie evtl. Gemeinsamkeiten aufzuspüren.

Kapitel 2
Psychologische Konzepte der Interaktion
Person × Situation

Zahlreiche psychologische Konzepte und Untersuchungen thematisieren in mehr oder weniger stringenter Weise Aspekte der Person × Situation-Interaktion, von denen hier nur einige dargestellt werden sollen. Deren Auswahl war in erster Linie daran orientiert, ob und inwieweit in ihnen Vorstellungen enthalten sind, die zu einer Fundierung der im Zentrum dieser Arbeit stehenden *handlungspsychologischen Perspektive* von Person × Situation-Interaktion beitragen können. Zum anderen wurden nur Ansätze berücksichtigt, deren Aussagegefüge so weit präzisierte Explikationen von Struktur und Prozeß von Person × Situation-Interaktionen einschließen, daß sie zumindest teilweise in *empirisch überprüfbare* Aussagen überführt werden können.

Die Darstellung bemüht sich nicht um Vollständigkeit, vielmehr werden primär diejenigen Aspekte herausgearbeitet, die in ein handlungspsychologisches Modell der Person × Situation-Interaktion integriert werden können oder zu einem Verständnis der jeweiligen Orientierung unerläßlich scheinen.

2.1 Kognitiv-verhaltenstheoretische Akzente

Kognitiv-verhaltenstheoretische Konzeptionen betonen im allgemeinen die Bedeutung kognitiver Prozesse bei der Organisation und Steuerung individuellen Verhaltens und Erlebens. ,Umgebungs-Zustände', ,Umwelt-Ereignisse', ,Reizkonstellationen' wirken nicht unmittelbar, sondern vermittelt über kognitive und bewertende Prozesse auf das Individuum ein; erst ihre kognitiv-evaluative Einordnung, ihre ,subjektive Interpretation' stehen in einem engen Zusammenhang mit beobachtetem Verhalten. Das Individuum entwickelt im Laufe seiner Auseinandersetzung mit der Umwelt ein internes Modell der Umgebung, das ihm ein sicheres Gefühl darüber vermittelt, was es in einer aktuellen Situation tun kann und soll, um zu erwünschten Handlungsergebnissen zu gelangen.

Was ein Individuum unter welchen situativen Bedingungen zu tun beabsichtigt oder tatsächlich unternimmt, hängt sowohl von seinen eigenen Erfahrungen als auch von den Eigenarten der konkreten Umwelt ab.

Die vorgestellten kognitiv-verhaltenstheoretischen Ansätze spezifizieren nun unter ihrem besonderen Blickwinkel personale und situative Bedingungen, deren Zusammenwirken zu einem beobachteten Verhalten führt. Im Zentrum stehen dabei die Begriffe ‚Valenz' und ‚Erwartung', die mit Ereignissen verschiedenster Art verbunden werden. Aus einer Verknüpfung von wahrgenommener Valenz eines Ereignisses (dessen Angenehmheit oder Unangenehmheit) und den Erwartungen, die mit diesem assoziiert werden (Annahmen über die Wahrscheinlichkeit, daß ein Ereignis mit anderen Ereignissen gekoppelt ist) ergibt sich die verhaltensbewirkende Relevanz von Ereignissen der Umwelt. ‚Valenz' und ‚Erwartung' werden nicht von allen Individuen in gleicher Weise kogniziert, sondern in Abhängigkeit von individuellen, idiosynkratischen Lernerfahrungen, die sich als spezifische Person-‚Eigenarten' im Laufe der individuellen Entwicklung niedergeschlagen haben.

Die theoretischen Konzeptionen greifen nun einzelne Aspekte des kognitiven Prozesses heraus, formulieren unterschiedliche Annahmen über Valenz, Erwartung, deren Verknüpfungen und sondern spezifische Person-Eigenarten aus, die als den Prozeß modifizierende Variablen eingeführt werden. Im Zentrum dieses Abschnittes stehen daher die Konzepte ‚Valenz' und ‚Erwartung', deren Interdependenzen, sowie Person-Variablen, aus deren Ineinandergreifen Verhalten resultiert.

Das im Kapitel 3 erörterte handlungspsychologische Modell der Person × Situation-Interaktion nimmt die Konzepte ‚Valenz' und ‚Erwartung' sowie einige kognitiv-ver-

haltenstheoretisch fundierte Person-Eigenarten auf. Zu ei-
nem Verständnis dieses Modells ist daher die genaue
Kenntnis dieser Ansätze notwendig. Allerdings führt das
Modell weitere Parameter des internen Modells der Umge-
bung ein, spezifiziert zusätzliche Person-Variablen und be-
müht sich vor allem um eine Spezifikation verschiedener
Formen von Interdependenzen zwischen Person und
Umwelt.

Theorien menschlichen Verhaltens, denen zu Recht das Attribut
„kognitiv" zugeschrieben wird, räumen Kognitionen, d. h. „al-
le(n) jene(n) Prozesse(n), durch die der sensorische Input umge-
setzt, reduziert, weiter verarbeitet, gespeichert, wieder hervorge-
holt und schließlich benutzt wird" (*Neisser*, 1974, S. 19) eine
zentrale Rolle bei der individuellen Organisation von Verhalten
ein. Sie stellen sich damit gegen Behauptungen radikaler Behav-
ioristen „von *Watson* (1913) bis *Skinner* (1963)" (*Neisser*,
a.a.O., S. 19), daß das Verhalten des Menschen ohne Berücksichtigung interner, nicht direkt beobachtbarer Prozesse ausschließlich anhand der unmittelbaren Beobachtung zugänglicher
Variablen (‚Stimuli' und ‚Responses') zu erklären sei.

Menschliches Verhalten wird nicht einfach durch Stimuli kontrolliert, sondern resultiert aus einem fortwährenden Prozeß der
Interpretation interner und externer Zustände, in die Verhalten
eingebettet ist. Das Individuum internalisiert Informationen über
seine Umgebung sowie über seine Handlungen und deren Ergebnisse. *Boneau* (1974) schlägt zur Kennzeichnung der internen
Struktur dieser Informationen den Terminus ‚Internes Modell
der Umgebung' (IME) vor. Das IME ist idiosynkratischer Natur
und basiert auf der individuellen Interaktionsgeschichte mit der
Umgebung und dem biologischen Potential. Das IME enthält
Informationen über Wahrscheinlichkeiten von Handlungsergebnissen unter allen möglichen Kombinationen von Umgebungen
und Handlungen.

Dörner (1976) spaltet das ‚Gedächtnisbild eines Realitätsbereiches' (entspricht weitgehend dem IME) in einen sensorischen
(Sachverhalts-) und motorischen (Operator-)Teil auf, zwischen
denen bestimmte Relationen bestehen. Das Gedächtnisbild eines

Sachverhaltes wird konstituiert durch gespeicherte Informationen „über die Dinge und Vorgänge, die in dem jeweiligen Realitätsbereich als Sachverhalte auftreten können" (S. 35 f.). Der motorische oder Handlungsteil „enthält Informationen darüber, wie das Individuum in das Geschehen im Realitätsbereich eingreifen kann, welche Folgen dies hat und unter welchen Bedingungen es geschehen kann . . ." (S. 36).

Die Handlungsmöglichkeiten eines Individuums in einem Realitätsbereich sind eng verknüpft mit seinem inneren Modell des Realitätsbereiches. „Das Operatorgedächtnis integriert das Individuum in den Realitätsbereich, indem es ihm die Möglichkeit gibt, sich darin zu bewegen" (*Dörner* 1976, S. 34).

Das Operationsgedächtnis oder – in der Terminologie von *Boneau* – die Handlungsdimension des IME ist nicht einfach als Niederschlag tatsächlich *vollzogener* Handlungen zu verstehen; in ihm können auch beobachtete Handlungen und beobachtete Konsequenzen oder auch Konzepte von Handlungsstrategien enthalten sein, die (noch) nicht ausgeführt oder erprobt sind (Handlungspläne im Sinne von *Miller, Galanter & Pribram* [1973] oder ‚heuristische Struktur' nach *Dörner*).

Nach dem ‚Maximierungs-Axiom' von *Boneau* (1974, S. 302) wählt nun ein Individuum in einer umschriebenen Umgebung die Verhaltensweise mit dem maximalen potentiellen *hedonistischen Wert*, der nach Auffassung des Individuums in dieser Umgebung erreichbar ist. Der hedonistische Wert eines Verhaltens wird aus einer Verknüpfung von *Erwartungen* über das Auftreten spezifischer Konsequenzen dieses Verhaltens und den *Valenzen* dieser Konsequenzen gebildet, wobei Erwartungen und Valenzen im allgemeinen als voneinander unabhängig aufgefaßt werden.

In *Rotter*s (u. a. 1972) Formulierung einer sozialen Lerntheorie tritt an die Stelle des hedonistischen Wertes das ‚*Verhaltenspotential*', das als eine Funktion von Erwartung des Auftretens eines Verstärkers und dessen Valenz begriffen wird. Mögliche Konsequenzen eines Verhaltens werden bei *Rotter* ausschließlich unterschieden in Klassen von Verstärkungen. Da das Verhaltenspotential als Funktion von Verstärkungen (deren Auftretenserwartungen und Valenzen) definiert wird, ist es u. E. vergleichbar mit dem hedonistischen Wert eines Verhaltens.

Während bei *Rotter* die Art des Zusammenwirkens von Auftretens-Erwartung und Valenz unbestimmt bleibt, postuliert *Bo-*

neau – ganz in der Tradition der Nutzentheorie – eine multiplikative Verknüpfung:

$$E[h(a_j)] = \sum_i h(o_i)p(o_i|a_js_k).$$

Der erwartete hedonistische Wert eines Verhaltens (a_j) in einer Situation (s_k) ist die Summe aller Produkte der hedonistischen Werte aller Verhaltenskonsequenzen [h(o_i)] und der Erwartungen |(p)|, operationalisiert als subjektive Wahrscheinlichkeiten, daß das Verhalten a_j in der Situation s_k zum Ergebnis o_i führt.

Das interne Modell der Umgebung (IME) variiert von Person zu Person; damit variieren auch die konditionalen subjektiven Wahrscheinlichkeiten von Verhaltenskonsequenzen sowie deren Valenzen. Interindividuelle Verhaltensdifferenzen sind nach dem Maximierungsaxiom auf diese Faktoren zurückführbar.

Zu einer näheren Analyse interindividueller Unterschiede des Verhaltens müssen deshalb situative und personale Determinanten von Valenz und Erwartung bestimmt werden. Situative Determinanten stecken den Rahmen ab, innerhalb dessen interindividuelle und intraindividuelle Verhaltens-Variabilität möglich ist; sie bilden die ,Folie', die im Verein mit personalen Determinanten zu einer einzigartigen Ausgestaltung der Valenzen und Erwartungen führen.

2.1.1 Determinanten der Valenz

Als Valenz eines wahrgenommenen oder antizipierten Ereignisses oder Verhaltens wird im allgemeinen, so auch bei *Boneau*, der Grad der Angenehmheit oder Unangenehmheit definiert, mit dem dieses Ereignis oder Verhalten von einer Person verbunden wird.

Valenzen werden in unterschiedlichster Weise theoretisch gefaßt und erklärt. Nach einem Vorschlag von *Kaufmann* (1976, S. 111 f.) können Determinanten von Valenzen ohne Bezug oder mit Bezug auf einen Standard erklärt werden, wobei als Standard ein Stimulus oder Verhalten fungiert.

Als ein Beispiel der Bestimmung von Valenzen ohne Bezug auf einen Standard sei das Premack-Prinzip (*Premack*, 1959, 1965) erwähnt, das die Valenz eines

Verhaltens davon abhängig macht, ob es zu einem anderen Verhalten führt, welches mit noch mehr Valenz besetzt ist.

Außerdem rufen bestimmte Stimuluseigenschaften (wie Gerüche oder Töne) bei vielen Individuen vergleichbare Valenzurteile hervor (*Young*, 1967).

Wichtiger für die Bestimmung von Valenzen aber sind Abweichungen von einem Standard, wobei allerdings die Art der Relation zwischen Ausmaß der Diskrepanz und Stärke der positiven oder negativen Valenzen widersprüchlich gefaßt wird. So postulieren *Bevan* (1963) und *Helson* (1966) eine monotone Beziehung zwischen der Valenz eines Stimulus und dessen Diskrepanz zum Adaptationsniveau (derjenigen Ausprägung eines Stimulus auf einer objektiven Stimulusdimension, die weder als angenehm noch als unangenehm empfunden wird). Das Adaptationsniveau und damit die Valenzfunktion wird durch eine Verknüpfung von *fokalen Stimuli* (der Serie von Stimuli, die momentan zur Beurteilung vorliegen), *kontextuellen Stimuli* (gleichzeitig mit den fokalen Stimuli auftretenden Stimuli) und *residualen Stimuli* (bereits früher aufgetretenen vergleichbaren Stimuli) bestimmt.

Die Valenz eines Stimulus ist damit u. a. abhängig von früheren Erfahrungen einer Person mit ähnlichen Stimuli.

McClelland, Atkinson, Clark & Lowell (1953) postulieren dagegen eine nichtmonotone Valenzfunktion. Bei zunehmender Abweichung eines objektiven Stimulus vom Adaptationsniveau steigt danach die Valenz dieses Stimulus zunächst bis zu einem Optimum und sinkt dann bei noch weiterer Abweichung wieder ab. Eine gleiche Beziehung nimmt *Berlyne* (1972) zwischen objektiven Stimulusdimensionen und Stimulusvalenzen an, wenn die Stimuli hinsichtlich des Grades an Bekanntheit, Kongruenz, Information etc. variieren.

Eine Theorie, die die Valenz eines Ereignisses oder eines Verhaltens in Abhängigkeit vom *individuellen Anspruchsniveau* faßt, ist die Anspruchsniveautheorie von *Lewin, Dembo, Festinger & Sears* (1944). Das Anspruchsniveau einer Person stellt eine Funktion von situationsbedingten, sozialen und Persönlichkeitsfaktoren dar und ist damit ebenso wie das Adaptationsniveau abhängig von individuellen Erfahrungen mit ähnlichen Situationen und darin vollzogenen oder geplanten Verhaltensweisen. Zwischen Valenz eines Verhaltens und Ausmaß der Diskrepanz zwischen Anspruchsniveau (d. i. die als valenzneutral wahrgenommene Ausprägung eines Verhaltens auf der Dimension ,Schwierigkeit eines Verhaltens') und wahrgenommener Schwierigkeit des intendierten Verhaltens besteht nach dieser Theorie ebenso ein monotoner Zusammenhang: Je größer die wahrgenommene Diskrepanz, desto höher die Valenz.

Diese widersprüchlichen Annahmen über die Form der Verknüpfung von Valenz und Diskrepanz zum ,neutralen Niveau' versucht *Kaufmann* (1976, S. 163 ff.) dadurch aufzulösen, daß er die Situationen spezifiziert, unter denen entweder monotone oder nichtmonotone Valenzfunktionen zu erwarten sind. Ohne sich dabei auf *Rotter* zu beziehen, der in der Definition von Verhaltenspotential und Verstärkungsvalenz gerade diesen Aspekt betont, schlägt *Kaufmann* als diskriminierendes Moment das Ausmaß vor, mit dem Ereignisse oder Verhalten als mit anderen Ereignissen oder Verhalten verbunden wahrgenommen werden. *Nichtmonotone* Valenzfunktionen sind danach eher dann zu erwarten, wenn Situationen und entsprechende Verhaltensweisen nicht oder nur im geringen Ausmaß als mit weiteren Konsequenzen verbunden wahrgenommen werden. *Monotone* Funktionen dagegen sind bei solchen Situationen und Verhaltensweisen anzunehmen, die als mit weiteren Konsequenzen für den Handelnden verbunden wahrgenommen werden. Personen unterscheiden sich damit u. a. darin, daß sie unterschiedlich starke Erwartungen über Konsequenzen-Sequenzen herausgebildet haben und in Abhängigkeit davon Ereignisse mit unterschiedlichen Valenzen belegen.

Die wahrgenommene Valenz eines Ereignisses hängt somit auch von dessen perzipierten *Instrumentalitäten* ab. Nach *Rotter* (a.a.O., S. 18) wird der Wert einer Verstärkung bestimmt von den Werten anderer Verstärkungen, deren Auftreten eine Person als Folge des Auftretens der gegebenen Verstärkung erwartet. In ähnlicher Weise bestimmt *Vroom* (1964) die Valenz eines Ereignisses oder Ergebnisses einer Handlung. Sein *Valenz-Modell* postuliert, daß die Valenz eines Ereignisses (V_j) für eine Person eine monoton ansteigende Funktion der algebraischen Summe der Produkte der Valenzen aller anderer Ergebnisse (V_k) und der wahrgenommenen Instrumentalität eines gegebenen Ereignisses für das Eintreffen der anderen Ereignisse (I_{jk}) ist.

$$V_j = f \sum_{k=1}^{n} V_k I_{jk}$$

Die Instrumentalität ist definiert als das Ausmaß, mit dem eine Person annimmt, daß ein spezifisches Ereignis (Verhalten) andere Ereignisse nach sich zieht. Wird nun zwischen zwei Ereignisklassen differenziert, zwischen Verhalten und dessen Ergebnis, entspricht die *Vroom*'sche Annahme im wesentlichen der *Boneau*'schen konditionalen Wahrscheinlichkeit, mit der ein bestimmtes Verhalten zu einem bestimmten Ergebnis führt, allerdings mit der Einschränkung, daß *Boneau* die wahrgenommene Instrumentalität nicht als situationsinvariant annimmt, sondern vom situativen Kontext abhängig macht.

Diese Art der Bestimmung von Valenzen als Funktion von Instrumentalitäten und Valenzen nachfolgender oder korrespondierender Ereignisse blickt auf eine lange Tradition zurück, die hier nicht dargestellt werden soll; erinnert sei nur an *Bernoulli*'s Theorie des erwarteten Nutzens oder an *Tolman*'s ‚Performance vector' (1955).

Ein wichtiges Problem stellt die Annahme einer *additiven* Verknüpfung von Valenzen möglicher Verhaltenskonsequenzen zur Valenz eines aktuellen Verhaltens V_j dar, wie im Modell von *Vroom* postuliert wird. Andere Modelle gehen dagegen von einer Nichtadditivität aus, wie etwa in den Untersuchungen von *Eisenberger* (1970), *Cofer & Appley* (1964) oder auch in der Untersuchung von *Coombs* (1954) zum Wahlverhalten.

Ein weiteres Problem besteht in den unterschiedlichen *Operationalisierungen von Valenz,* die einen Vergleich empirischer Studien erschweren. Einige Autoren verwenden ,,wichtig-unwichtig''-Skalen (u. a. *Gavin,* 1970; *Lawler,* 1968; *Mitchell & Albright,* 1972), andere dagegen eine ,,attraktiv-unattraktiv''- oder ,,wünschenswert-nicht wünschenswert''-Skala (wie *Dachler & Mobley,* 1973; *Turney,* 1974).

Trotz all dieser Schwierigkeiten stützen viele Untersuchungs-Ergebnisse im Bereich von Berufspräferenzen, Berufszufriedenheit oder Anstrengungsbereitschaft die Theorie von *Vroom* oder ähnliche Ansätze, wenn auch häufig ein großer Teil der Datenvarianz unaufgeklärt bleibt. Einen Überblick über Anwendungen dieser Theorien geben u. a. *Mitchell* (1974) und *Wahba & House* (1974).

2.1.2 Determinanten der Erwartung

„Erwartung" wird von *Rotter* (1972, S. 12) definiert als die subjektive Wahrscheinlichkeit, mit der eine Person annimmt, daß eine spezifische Verstärkung oder eine Gruppe von Verstärkungen in einer vorgegebenen Situation oder in mehreren Situationen auftreten werden als Funktion eines spezifischen Verhaltens. Diese Definition entspricht weitgehend derjenigen von *Vroom* (1964) oder von *Kaufmann* (1976, S. 106).

Campbell, Dunnette, Lawler & Weick (1970) spalten die Erwartung in zwei Terme auf: ein Erwartungstypus bezieht sich auf die subjektive Wahrscheinlichkeit, mit der eine Person vermutet, daß ein bestimmtes Verhalten zu einem Ergebnis führt, der zweite Typus auf die Erwartung, daß das Ergebnis zu einer positiven Valenz (dort: Belohnung) führt. *Mischel* (1973) führt noch einen dritten Erwartungstyp ein: die ‚Stimulus-outcome'-Erwartung. Sie bezieht sich auf die subjektive Sicherheit, mit der eine Person annimmt, daß auf einen Stimulus (Hinweisreiz) ein bestimmtes Ereignis folgt.

Schon an dieser Stelle sei auf *Heckhausen* verwiesen, der in systematischer Weise verschiedene Erwartungstypen, die den hier angesprochenen recht ähnlich sind, in einem Motivationsmodell integriert.

Erwartungen werden weitgehend gebildet durch Lernerfahrungen. Für *Tolman* (1959) besteht Lernen in erster Linie in der Herausbildung und Änderung von Erwartungen. Nach seinen „Prinzipien des assoziativen Lernens" ist anzunehmen (siehe dazu auch *Kaufmann* 1976, S. 244), daß mit zunehmender raumzeitlicher Nähe die Erwartung darüber steigt, daß ein Ereignis einem anderen Ereignis folgt (Kontiguitäts-Prinzip), daß dieselbe Erwartung außerdem mit zunehmender Anzahl von Beobachtungen, daß dem einen Ereignis das andere folgt, sicherer wird (Häufigkeits-Prinzip) und daß interferierende Ereignisse die Erwartung schwächen.

Die Erwartung über das Eintreffen einer Verstärkung ist nach *Rotter* einerseits bestimmt durch eigene frühere Erfahrungen der Person in Umgebungen, die der gegenwärtigen als ähnlich wahrgenommen werden. Je weniger Erfahrung jedoch eine Person mit solchen Umgebungen gemacht hat, desto mehr wird die Erwartung zusätzlich von *generalisierten Erwartungen* bestimmt, die durch Erfahrungen in als ähnlich wahrgenommenen Umgebungen herausgebildet und subjektiv relevant werden.

Erwartungsänderungen sind nach *Rotter* umso eher zu vermuten, je stärker ein auftretender Verstärker in einer Situation von der bisherigen Erwartung abweicht. Diese Annahme widerspricht jedoch dem vielfach nachgewiesenen Kontrasteffekt; außerdem ist aus attributionstheoretischer Sicht zu erwarten, daß ein stark von der bisherigen Erwartung abweichender Verstärker (z. B. in Form einer unerwartet guten Leistung) als „Zufall" intepretiert wird und zu keinerlei Veränderung der Erwartung führt.

Auch bei der Analyse von Erwartungskonzepten stellen sich einige Probleme. Zwar wird ‚Erwartung' weitgehend einheitlich operationalisiert als subjektive Wahrscheinlichkeit, gemessen über eine Rating-Skala (von 0 bis 1 etwa bei *Turney*, 1974; oder von 1 bis 7 bei *Lawler & Suttle*, 1973); die bei *Rotter, Vroom* oder *Campbell* et al. postulierte Additivität von Erwartungen ist aber nicht immer empirisch bestätigt worden (siehe *Wahba & House* 1974). Außerdem wird das Konzept ‚Erwartung' nicht einheitlich verwendet, wie die oben erwähnten Definitionen belegen, so daß ein Vergleich empirischer Arbeiten erschwert ist.

2.1.3 Personale Determinanten von Erwartung und Valenz

Das ‚Gedächtnisbild' oder das ‚interne Modell der Umgebung (IME)' einer Person wird konstituiert durch Erwartungen über das Eintreten bestimmter Ereignisse in umschriebenen Umgebungen – entweder als Folge eigener Handlungen oder ohne eigene Aktivität – sowie deren Bewertungen. Nun werden nicht alle externen Ereignisse oder alle prinzipiell möglichen Operationen oder Handlungen, die nach *Dörner* (1976) den Realitätsbereich bilden, von allen Individuen in gleicher Weise intern repräsentiert. Das IME basiert auf der individuellen Lerngeschichte und ist Resultat einer fortwährenden Interaktion des Individuums mit seiner Umgebung. Sachverhalte oder ‚externe Situationen' *(Boneau)* variieren in der internen Repräsentation u. a. nach ihrem Grad an *Komplexität*, d. i. der Anzahl und Vielfalt der Verknüpfungen, ihrer wahrgenommenen *Eigendynamik* oder ihrer *Vernetztheit*. Gleichfalls unterscheiden sich interne Repräsentationen von Operationen oder Handlungen nach dem Grad ihrer angenommenen *Wirkungsbreite* (dem Bereich, auf den eine Handlung verändernd einwirkt), dem Ausmaß an *Reversibilität*, ihrem *Anwendungsbereich*, ihrer vermuteten *Wirkungssicherheit* oder ihren vermuteten *Kosten und Nutzen* (*Dörner* 1976 S. 20 f.). Für *Boneau* erklärt sich Stabilität des Verhaltens einer Person aus ihrer zunehmenden Kenntnis über Zusammenhänge zwischen Situationen, Verhalten und Verhaltenskonsequenzen, die zu einem maximalen hedonistischen Wert führen. „Es (das Individuum; d. V.) maximiert, indem es den Bereich von Situationen und Handlungen beschränkt auf solche, die ihm vertraut sind und die es gemeistert oder selbst hergestellt hat." (*Boneau* 1974, S. 304). Es lernt, in erster Linie solche Situationen aufzusuchen, die ihm maximalen hedonistischen Wert versprechen. Außerdem erwirbt es die Fähigkeit zur Differenzierung kritischer Elemente von Situationen, die als ‚Signalreize‘ oder ‚cues‘ auf zu erwartende positive oder negative Handlungskonsequenzen hinweisen.

Die Herausbildung von *Äquivalenzklassen von Verhalten und Situationen* spielt in diesem Prozeß für *Rotter* eine entscheidende Rolle. Als deren Folge kristallisieren sich Stabilität und Interdependenz individuellen Verhaltens heraus. „Je mehr Erfahrung ein Individuum macht, desto stabiler wird die Persönlichkeit. Sie tendiert zur Selektion neuer Erfahrungen und Interpretationen der Realität auf der Basis früherer Erfahrungen und Konzeptualisierungen. . . Diese Selektivität führt zu einer wachsenden Generalität und Stabilität des Verhaltens". (*Rotter* 1972, S. 7).

Die Bildung von Äquivalenzklassen wird von *Rotter* mittels primärer und vermittelter Stimulusgeneralisierung sowie Generalisierungen von Erwartungsänderungen vollzogen. Personen lassen sich nach ihren idiosynkratisch entwickelten Äquivalenzklassen inhaltlich voneinander abgrenzen. Entscheidend für eine mögliche Vorhersage individuellen Verhaltens ist daher nicht die ‚objektive‘ Situation, sondern die ‚psychologische‘ Situation, sind die Bedeutungen und Erwartungen, die mit einer objektiven Situation verknüpft werden. (*Rotter* 1955, 1960, 1972).

So mag eine Person über viele – von anderen Personen als verschiedenartig wahrgenommene – Situationen die Erwartung generalisiert haben, anderen Personen trauen oder mißtrauen zu können oder müssen, was dann zu vergleichbaren Verhaltensweisen führt. Sie mag ebenso über Generalisierungs- und Diskriminationslernen erfahren haben, daß sie in vielen Situationen über keinerlei Kontrolle über Verstärkungen ihres Verhaltens verfügt. Sie hat dann alle diese und mit diesen vergleichbaren Situationen zu einer Äquivalenzklasse zusammengefaßt, was zu einer Angleichung des Verhaltens in diesen Situationen führt.

In ganz ähnlicher Weise argumentieren *Bem & Allen* (1974); sie weisen nach, daß nur dann transsituativ stabiles Verhalten zu erwarten ist, wenn Individuen in Situationen beobachtet werden, die von ihnen als äquivalent wahrgenommen werden.

Mischel hat in mehreren seiner neueren Arbeiten (1973, 1977, *Mischel & Mischel* 1976) fünf *‚cognitive social learning person variables‘* entwickelt, die in Abhebung von klassischen Eigenschafts-Konzeptionen für eine Analyse spezifischer Interaktionen zwischen konkreten Situationen, Kognitionen und Verhalten vorgeschlagen werden. Je nach Ausprägungsgraden auf diesen Dimensionen bilden Personen unterschiedliche Äquivalenzklassen von Situationen und Verhalten und gelangen zu einer „aktiven Selektion und Modifikation von Bedingungen" (*Mischel* 1977, S. 248), was schließlich zu einzigartigen stabilen Verhaltensmustern in konkreten Situationen führt. Diese Variablen umfassen weitgehend die bisher diskutierten personalen Einflußgrößen auf Valenz und Erwartung:

(1) *Kompetenz zur Konstruktion und Generierung von Kognitionen und Verhalten*
Hiermit ist die Fähigkeit einer Person zur Informationsintegration sowie zur Entwicklung geeigneter Verhaltensrepertoires gemeint. Sie schließt die aktive Organisation (im Sinne etwa von *Neisser* 1974 oder *Piaget* 1954) von Informationen über Sachverhalte und Operationen sowie die Herausbildung eines breiten Repertoires an organisiertem Verhalten ein.

(2) *Kodierungsstrategien und personale Konstrukte*
Diese Dimension umfaßt kognitive Transformationsprozesse einer Person, insbesondere die selektive Aufmerksamkeit, die Interpretation und Kategorisierung objektiver Stimuli, sowie Transformationen beobachteter Verhaltensweisen, die zur Herausbildung personaler Konstrukte über andere und über sich selbst führen.

(3) *Erwartungen über Verhaltens- u. Stimulus-Konsequenzen*
Mit dieser Variablen werden Prozesse zusammengefaßt, die bereits oben ausführlich dargestellt wurden: Erwartungen über Verhaltenskonsequenzen unter spezifischen Bedingungen und über Situationen. Beide Klassen von Erwartungen steuern die individuelle Selektion von Verhalten aus der Menge aller potentiell verfügbaren Verhaltensweisen.

(4) *Subjektive Stimulus-Bewertung*
(5) *Fähigkeit zur eigenständigen Handlungsregulation*
Gemeint ist die Fähigkeit einer Person, sinnvolle Handlungspläne zur Erreichung selbstgesetzter Ziele aufstellen und realisieren zu können. Sie schließt das Wissen um die eigenen Möglichkeiten ein, gesetzte Ziele mit verfügbaren Mitteln zu erreichen (s. *Bandura, Adams & Beyer* 1977).

Das Verhalten mehrerer Individuen in umschriebenen Situationen variiert je nach Ausprägungen auf diesen Dimensionen. Was als Schlüsselreiz einer Situation perzipiert wird, welche Äquivalenzklassen gebildet, welche Kontingenzen erwartet werden, wird u. a. durch diese Variablen determiniert. In „schwach strukturierten Situationen", d. h. Situationen, die mehrere Verhaltensalternativen und Interpretationen offenlassen, werden die genannten Variablen stärker verhaltenswirksam werden als in stark strukturierten Situationen, in denen ein ‚externer Druck‘ zu einem bestimmten Verhalten zwingt.

Offen bleibt in diesem Ansatz jedoch, nach *welchen Kriterien* eine Person in einer konkreten Situation ein spezifisches Verhalten wählt. Damit wird eine empirische Überprüfung möglicher Einflüsse der Variablen auf Verhalten erheblich erschwert. Außerdem fehlen Aussagen über Kombinationsregeln, nach denen eine Person ihre internen Informationen in Beziehung setzt zum intendierten Verhalten in einer Situation. *Boneau* z. B. gibt als Kriterium den maximalen hedonistischen Wert an, an dem Verhalten orientiert sei und postuliert eine multiplikative Verknüpfung von Valenz und Erwartung. Denkbar jedoch sind noch andere Kriterien und Verknüpfungsregeln, auf die im folgenden knapp eingegangen werden soll.

2.1.4 Exkurs: Erwartungs-Valenz-Modelle und das Konfliktmodell der Folgenantizipationen

Verhalten im Sinne der diskutierten Konzeptionen bedeutet primär Wahl- oder Entscheidungsverhalten, welches im wesentlichen geleitet wird von einer ‚rationalen Abwägung‘ der Erwartungen und Valenzen antizipierter Folgen eines ‚Entschlusses‘ für eine bestimmte Handlungsalternative. In dieser Auffassung von Verhaltenssteuerung wird deren Nähe zur *decision theory* deutlich, wie sie etwa von *Luce & Suppes* (1965) oder *Edwards*

& Tversky (1967) als psychologische Theorie der Entscheidung formuliert wird.

Die berechtigten Zweifel *Feger*'s (1977, S. 346 ff.) an der Relevanz dieser Klasse von Modellen für die Beschreibung, Erklärung und Vorhersage alltäglicher Entscheidungen trifft u. E. jedoch nicht in diesem Maße die ,Erwartungs-Valenz'-Modelle des Verhaltens, wenn man personale und situative Determinanten in das theoretische Aussagegefüge einbezieht. In mancher Hinsicht überschneiden sich Konzepte über den Verlauf von Entscheidungen, die *Feger & Sorembe* (1972) und *Feger* (1977) in ihrem *„Konfliktmodell der Folgenantizipationen"* miteinander in Beziehung gesetzt haben, mit den hier erwähnten Vorstellungen.

Feger (1977, S. 347 ff.) stellt selbst die Überlegung an, daß der subjektive Nutzen, der mit einer Handlungsalternative verbunden wird, vermutlich auf den antizipierten Folgen der Handlungsmöglichkeiten beruht. Dieses entspricht in den Erwartungs-Valenzmodellen weitgehend der Rolle von Verhaltensinstrumentalitäten (s. S. 23).

Die „Wahrscheinlichkeit der Zustände der Welt" (*Feger*, a.a.O., S. 347) wird in dem Folgenantizipationsmodell in Verbindung gebracht mit den Konzepten Informationswunsch und Informationssuche für die Folgenbewertung, die wiederum eng mit der Stärke der Erwartung korrespondieren, mit der zukünftige Zustände oder Ereignisse als Folge der Entscheidung für eine Handlungsalternative eintreten. Das gegen die decision theory gerichtete Argument, daß Wahrscheinlichkeiten entschlußkonditional sein können, wird auch von *Mischel*, *Rotter* oder *Bem* vertreten, die damit wie *Feger* die Möglichkeit einer aktiven Beeinflussung nachfolgender Konsequenzerwartungen einräumen. Damit entfernen sie sich von einem starren Erwartungs-Valenz-Modell, das von fixen ,objektiven Wahrscheinlichkeiten' ausgeht.

Das Folgenantizipationsmodell teilt noch eine weitere Annahme mit den Erwartungs-Valenz-Modellen, da *Feger* davon ausgeht, „Präferenzverhalten lasse sich so darstellen, daß jede Alternative durch einen Wert gekennzeichnet ist, der aussagt, eine wie starke Attraktivität eine bestimmte Wahlmöglichkeit hat" (a.a.O., S. 350) und „der Entschluß (. . .) für die Alternative (fällt), für welche die Anzahl der Antizipationen positiver Folgen am größten ist" (a.a.O., S. 94). Zwar ist die letzte Formulierung ein wenig mißverständlich, gemeint aber scheint zu sein, daß diejenige Verhaltensweise gewählt wird, mit der eine maximale Anzahl mit Sicherheit zu erwartender positiver Folgen verbunden wird. Die Bewertung einer antizipierten Folge als ,positiv' setzt nach dem Modell sowohl die Antizipation ihrer hohen Auftretenswahrscheinlichkeit voraus als auch die positive Valenz, mit der diese Folgen belegt werden. Beides führt zum Urteil über die ,Attraktivität' einer Handlungsalternative. Das Kriterium, nach dem ein Verhalten ausgewählt wird, entspricht somit auch bei *Feger* einem maximalen hedonistischen Wert („Attraktivität").

In einem u. E. wesentlichen Punkt allerdings unterscheidet sich das Folgenantizipationsmodell von allen hier diskutierten Erwartungs-Valenz-Modellen: Mit der *„subjektiven Wichtigkeit"* einer Entscheidung, die ein zentrales Konzept dieses Modells darstellt, wird eine Variable eingeführt, die sich auf einen Aspekt der Situation bezieht, „der nicht als notwendigerweise rückführbar auf die Alternativen angesehen wird" (*Feger*, a.a.O., S. 350). Die subjektive Wichtigkeit einer Entscheidung als Merkmal der gesamten Entscheidungssituation korrespondiert u. a. mit dem ,Stellenwert' dieser Situation für eine künftige Verwirklichung von Zielen, Werten etc., die eine Person als für sich relevant erachtet. Hat eine Entscheidung in einer Situation keinerlei Folgen für den sich Entscheidenden oder können mögliche Folgen zu einem späteren Zeitpunkt revidiert werden oder liegen nur mangelhafte Informationen über mögliche Alternativen und Konsequenzen vor, dann wird die Wichtigkeit der Situation nicht sehr hoch eingeschätzt. Je stärker die Situation Hinweise auf wichtig erachtete Ziele und Werte gibt, denen eine Person sich durch eigenes Hndeln annähern kann, desto wichtiger wird sie für den Handelnden (*Feger*, a.a.O., S. 211 ff.).

Die subjektive Wichtigkeit wird nach dem Folgenantizipationsmodell mit dem Beginn einer Entscheidungssituation festgelegt und entscheidet in der Folge darüber, wieviele Folgenantizipationen und -bewertungen in den Prozeß einbezogen werden. Sie legt damit bereits zu Beginn das Ausmaß an erreichbarer Valenz fest, (siehe S. 24). Da etwa nach *Thomae* (1974,

S. 120 ff.) davon auszugehen ist, daß in subjektiv wichtigen Situationen eher rationale Erwägungen die Entscheidung steuern als in relativ unwichtigen Situationen, ist zu vermuten, daß Erwartungs-Valenz-Modelle dann verstärkt Geltung haben, wenn die maximal erreichbare Valenz einen kritischen Wert überschreitet. In anderen Fällen sind Verhaltensvariabilitäten zu erwarten, die nicht mehr mit diesen Modellen zu erklären sind. Das Konfliktmodell der Folgenantizipationen erweist sich so als notwendige Modifikation der Erwartungs-Valenz-Modelle, auf die an späterer Stelle noch näher eingegangen werden soll.

2.1.5 Interaktion von Valenz und Erwartung

Die bisher erörterten Erwartungs-Valenz-Modelle nehmen im allgemeinen an, der Entschluß für ein Verhalten sei an der Erwartung eines maximalen hedonistischen Wertes orientiert. Dieser Hypothese ist jedoch häufig aus theoretischen Erwägungen und mangelnder empirischer Evidenz widersprochen worden. Stattdessen wurden andere Wahlkriterien vorgeschlagen und in empirische Studien eingeführt, die im Gegensatz zu Maximierungskriterien nicht mehr voraussetzen, daß Informationen über alle möglichen Konsequenzen, ihre Erwartungen und Valenzen für eine Entscheidung verfügbar sind. Nach dem ,Zufriedenheits'-Kriterium, u. a. von *Lawler* (1968) favorisiert, entscheidet sich eine Person auf der Grundlage unvollständiger Informiertheit für dasjenige Verhalten, das ihr den *relativen* maximalen Nutzen verspricht. Gemäß dem Folgenantizipationsmodell wird der Aufwand, den ein Individuum mit der Absicht höherer Informiertheit über mögliche Handlungsfolgen auf sich zu nehmen bereit ist, von der subjektiven Wichtigkeit der anliegenden Entscheidung bestimmt; der sich Entscheidende gibt sich damit in wenig wichtigen Situationen bereits mit relativ geringem hedonistischen Wert zufrieden.

Ein anderes mögliches Wahlkriterium kann – frei nach dem Motto ,der Spatz in der Hand ist besser als die Taube auf dem Dach' – die ,*Sicherheit*' sein. Dieses Kriterium bedeutet, daß dann eine Handlung H_l einer anderen Handlung H_i vorgezogen wird, wenn zumindest eine Folge von H_l gegenüber anderen Folgen von H_i stark bevorzugt wird (*Savage*, 1954). Das „*Va-*

rianz-Präferenz"-Kriterium von *Allias* (1953) meint, daß Personen eine bestimmte Verteilungsform von Folgenvalenzen und -erwartungen bevorzugen, das „*Wahrscheinlichkeits-Präferenz"* *Kriterium* (*Edwards*, 1954), daß Handlungen mit allzu sicheren oder unsicheren Folgen vermieden werden. Weitere Kriterien sind durchaus vorstellbar. *Wahba & House* (1974) schlußfolgern aus empirischen Studien, *daß verschiedene Personen in unterschiedlichen Situationen sich nach je anderen Wahlkriterien verhalten.*

Da in den Erwartungs-Valenz-Modellen durchgängig eine multiplikative Verknüpfung von Valenzen und Erwartungen angenommen wird, aus deren Summe das Kriterium resultiert, müssen an Daten, die zu einer empirischen Testung der Modelle erhoben wurden, alle Anforderungen einer multiplikativen Meßstruktur gestellt werden (siehe u. a. *Orth* 1974, S. 58 ff.).

Auf diese Modelle bezogen: Die Produktsummen (Σ EV) stellen eine mehrdimensionale Eigenschaft dar, deren Realisierungen ein eindimensionales Kontinuum bilden, also unmittelbar miteinander vergleichbar sein müssen; für die (Σ EV)s muß das Transitivitätsaxiom erfüllt sein, außerdem wird die Unabhängigkeit von Valenz und Erwartung vorausgesetzt.

Diese Annahmen sind in den wenigsten Fällen überprüft worden, so daß nicht ausgeschlossen werden kann, daß nicht auch andere Verknüpfungsarten, z. B. die additive, zu ähnlich guten Vorhersagen führen. Eine abschließende Bewertung der Erwartungs-Valenz-Modelle ist aus diesem Grunde nicht möglich.

Als Ergebnis eines *Versuches zur Integration* der erörterten kognitiv-verhaltenstheoretischen Konzeptionen können Struktur und Prozeß der Person × Situation-Interaktion in folgender Weise charakterisiert werden.

Die in eine ‚objektive' Situation oder ‚Umgebung' eintretende Person verfügt über Werte und Ziele, deren Realisierungen sie beabsichtigt. Ihr steht ein internes Modell der Umgebung zur Verfügung, das ihr mitteilt, welche von ihr herausgebildeten Verhaltensklassen in ebenfalls von ihr herausgebildeten Situationsklassen mit welcher Sicherheit zu mehr oder weniger positiven oder negativen Ergebnissen führen. Die ‚objektive' Situation, in die sie eintritt, besteht aus einer Menge von Stimuli sowie deren Interrelationen. Sie grenzt den Spielraum möglicher Handlungsalternativen und deren Konsequenzen ein. Diese objektive Situation wird von der Person aufgrund ihrer Verhaltens- und Kognitionskompetenz, ihrer Kodierungsfähigkeit, ihrer personalen Konstrukte sowie ihrer bereits früher ausgebildeten generalisierten Erwartungen in eine *subjektive Situation* transformiert. Sie vergleicht die aktuell perzipierte Situation mit bereits früher erfahrenen Situationen mit dem Resultat einer Einordnung der aktuellen Situation in eine Äquivalenzklasse von Situationen, mit der sie in der Vergangenheit spezifische Erwartungen über Verhaltenskonsequenzen verknüpft hat. Auf dieser Grundlage bildet sie Urteile über die Wichtigkeit der Gesamt-Situation sowie Erwartungen über mögliche Valenzen und Folgewahrscheinlichkeiten. Zudem verfügt sie über Fähigkeiten und Prinzipien zur eigenständigen Handlungsregulation, die ihr subjektives Wissen über die eigene Leistungsfähigkeit einschließen. Die Person wählt schließlich dasjenige Verhalten aus ihrem Verhaltensrepertoire, welches in der aktuellen Situation am ehesten einem Wahlkriterium entspricht, das wiederum aus einem Vergleich der aktuell wahrgenommenen Situation mit früheren Erfahrungen in ähnlich perzipierten Situationen resultiert. Die wahrgenommenen Folgen des Verhaltens wirken wiederum zurück auf die Person, indem sie entweder das interne Modell der Umgebung beibehält oder aber korrigiert, je nach Ausmaß der wahrgenommenen Diskrepanz zwischen erwarteten und tatsächlich perzipierten Handlungsfolgen und -valenzen.

Mit dieser kognitiv-verhaltenstheoretischen Konzeption einer Person × Situation-Interaktion wird ‚Interaktion' primär als *kognitiv-dynamische Interdependenz* verstanden.

Weitgehend ausgeblendet bleiben eventuelle Auswirkungen aktiver Eingriffe des Individuums in seine unmittelbare Umgebung, Rückwirkungen sowohl auf die Umgebung als auch auf das Individuum selbst. Auch mögliche Folgen beobachteter Konsequenzen eigenen Verhaltens auf das interne Modell der Umgebung, auf die ‚Situations-Definition' oder auf einzelne Bestandteile der Umgebung werden theoretisch nicht oder nur unzureichend beachtet.

Die kognitiv-verhaltenstheoretische Konzeption einer Person × Situation-Interaktion soll in ihren wichtigsten Bestandteilen in *Abb. 1* zusammengefaßt werden.

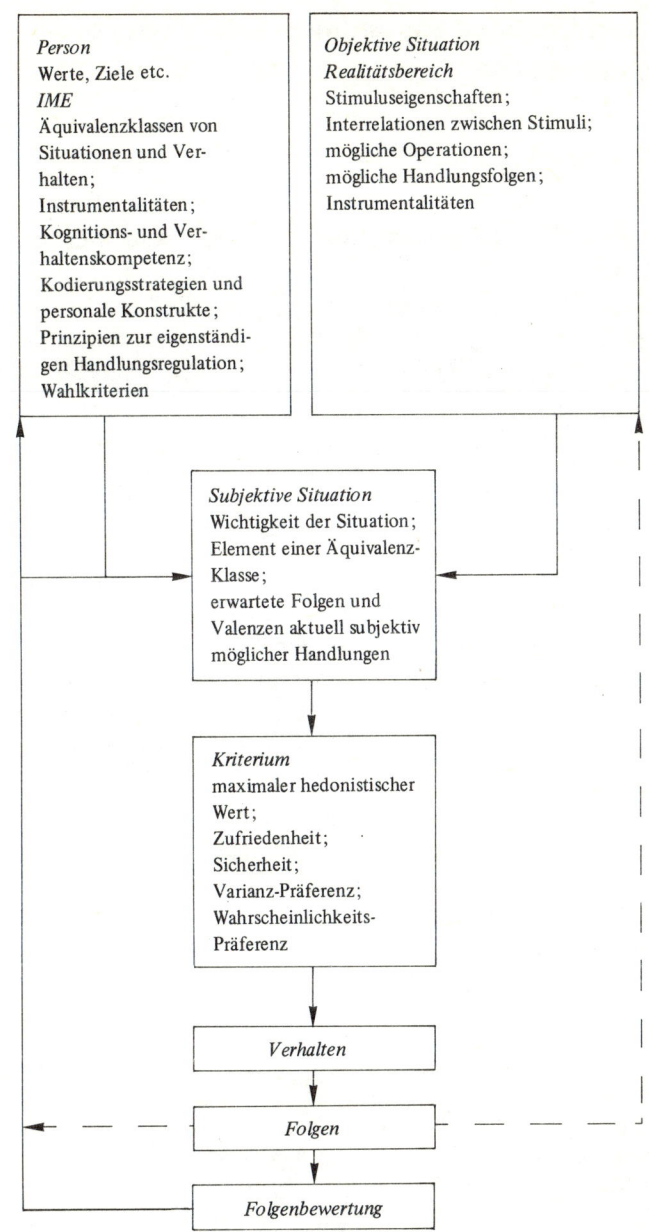

Abb. 1: Person × Situation – Interaktion in kognitiv-verhaltenstheoretischer Sicht (Erläuterungen siehe Text).

2.2 Differentielle Psychologie: Der ‚moderne‘ Interaktionismus

Die kognitiv-verhaltenstheoretischen Ansätze konzeptualisieren die Person-Umwelt-Beziehung in erster Linie als kognitiv-evaluative Vermittlungsprozesse. Auch der ‚moderne‘ Interaktionismus betont die Wichtigkeit einer Beachtung kognitiver Prozesse für eine Analyse von Person-Umwelt-Relationen, bezieht jedoch nicht in konsistenter Weise Ergebnisse der kognitiven Psychologie mit ein. Er basiert auch nicht auf einem einheitlichen, stringenten Annahmegefüge; so bleibt oft unklar, was an einer Studie das eigentlich ‚Interaktionistische‘ ist.

Ob der Interaktionismus mehr ist als ein persönlichkeitspsychologisches Geschichts-Klischee (vgl. *Herrmann* 1979) oder tatsächlich, wie von manchen seiner Vertreter behauptet, eine Überwindung und Integration einseitiger Zugänge zur Persönlichkeit, bleibe dahingestellt: Entscheidend für die Bewertung der unter diesem Etikett auftretenden Forschung sind ihre unbezweifelt relevanten Beiträge zu einer systematischen Analyse der Person-Umwelt-Beziehungen.

Einige Thesen dieser Forschungs-Perspektive werden in einem ersten Abschnitt vorgestellt und am Beispiel einer ‚typischen‘ Untersuchung zum Interaktionismus kritisch kommentiert. Aus dieser Kritik heraus wurde vom Autor eine Untersuchung zur Extraversion konzipiert, deren methodologische und inhaltliche Implikationen für eine Analyse von Person-Umwelt-Reaktionen diskutiert werden.

In einem späteren Abschnitt wird gefragt, inwieweit ‚Interaktionisten‘ ihre eigenen Postulate als Handlungsanweisungen für empirische Studien wirklich ernst nehmen. Die Antwort auf diese Frage wird wiederum am Beispiel mehrerer ‚interaktionistischer‘ Arbeiten zu geben versucht.

Trotz der berechtigten Kritik an einigen Positionen verhilft eine genaue Betrachtung der Interaktionismus-Forschung u. E. zu einer Präzisierung relevanter Fragestellungen innerhalb der Differentiellen und Persönlichkeitspsychologie. Auch tragen manche Resultate zu einer Erhellung bislang wenig beachteter psychologischen Prozesse bei, welche die Wechselwirkungen von Person und Umwelt konstituieren und lenken. Auf der Grundlage der ‚Interaktionismus-Debatte' entwickelte der Autor ein Interaktionsmodell der sozialen Angst, das in einer Untersuchung empirisch getestet wurde. Er greift es im Kapitel 3 erneut auf, dort jedoch bereits unter handlungspsychologischer Perspektive, die allerdings manche Gemeinsamkeiten mit zentralen Argumenten der Interaktionismus-Forschung aufweist.

In der Differentiellen- und Persönlichkeits-Psychologie ist seit einigen Jahren eine Umorientierung zu beobachten, die zwar in ihrem Kern keine wesentlichen neuen Argumente hervorgebracht hat, ihren Wert aber dadurch gewinnt, daß sie zu einer Präzisierung traditioneller Fragestellungen beigetragen und zu einer systematischen empirischen Analyse der Wechselwirkungen von Person und Situation geführt hat. Gemeint ist der ‚Interaktionismus', der von seinen Protagonisten (u. a. *Endler, Ekehammer, Magnusson, Bowers*) als Überwindung und Integration eigenschaftszentrierter (‚personologistischer') und situationszentrierter (‚situationistischer') Zugänge zur Persönlichkeit verstanden wird. Auf eine nähere Darstellung der ‚Interaktionismus-Debatte' soll an dieser Stelle verzichtet werden, da sie bereits hinreichend dokumentiert ist (so bei *Bowers* 1973; *Ekehammer* 1974; *Endler & Magnusson* 1976 oder *Magnusson & Endler* 1977). Vielmehr werden zunächst die ‚Basis-Aussagen' des interaktionistischen Modells herausgestellt, personale und situative Momente diskutiert, die für die Wechselwirkung von Person und Situation verantwortlich gemacht werden, sowie eine Kritik an der theoretischen Begründung und empirischen Vorgehensweise des ‚Interaktionismus' geleistet. Wieder gilt die Einschränkung, daß zunächst solche Positionen und Argumente herausgestellt werden, die auch für eine handlungspsychologische Orientierung von Bedeutung sind.

2.2.1 Der ‚moderne' Interaktionismus

Menschliches Verhalten als eine Funktion der Wechselwirkung von Person und Situation oder Umwelt zu begreifen, ist nicht neu, sondern ein allgemein anerkannter Grundsatz, wenn auch bis heute noch in der Persönlichkeitspsychologie Auffassungen vertreten werden, die entweder in der Person die hauptsächliche Quelle der Verhaltensvariation sehen („Eigenschaftspsychologie") oder aber ausschließlich die ‚Situation' oder Reizkonstellation für ein beobachtetes Verhalten und dessen Variation verantwortlich machen. Nun werden sich zwar stets Fälle anführen lassen, die von diesen Positionen hinreichend erfaßt werden – ihr wesentlicher Mangel liegt u. E. jedoch in ihrem *generellen* Anspruch ohne Bezugnahme auf einschränkende Bedingungen, unter denen ihre jeweilige Geltung erwartet oder postuliert wird (wie etwa von *Mischel* (1973) mit dem Konzept der Strukturiertheit einer Situation vorgeschlagen worden ist, s. S. 29).

Andere psychologische Theorien menschlichen Verhaltens nehmen dagegen mehr oder weniger deutlich Bezug auf Person-Umwelt-Wechselwirkungen. *Kantor* forderte z. B. als Analyseeinheit der Psychologie „das Individuum, wie es mit den verschiedenen Arten von Situationen interagiert, welche die Verhaltensumstände konstituieren" (*Kantor*, 1924, S. 92). Ebenso thematisiert *Tolman* in seiner Verhaltensgleichung: B = f (S,H,T,P) die Wechselwirkung von Person und Umwelt, aus der Verhalten resultiert. Mit „S" ist ein Umwelt-Stimulus symbolisiert, mit „H" der Erbanteil, mit „T" die vergangene Lernerfahrung und mit „P" der physiologische Anreiz (*Tolman* 1951, S. 102). In *Lewin*'s Verhaltensgleichung: B = f (P,E) wird ebenso die Interaktion zwischen Persönlichkeit (P) und psychologischer Umwelt (E) angesprochen, aus der Verhalten entsteht. Ein wichtiger und oft zitierter „Vorläufer" des modernen Interaktionismus ist *Murray* (1938) mit seiner need-press-Theorie. Auch *Helson* vertritt mit seiner Forderung, daß Persönlichkeitsfaktoren „(...) nur insofern untersucht und verstanden werden können, als sie mit konkreten Situationen interagieren. . ." (*Helson* 1959, S. 610), einen ‚interaktionalen' Standpunkt.

Die Aufzählung von Ansätzen, die sowohl personale als auch situative Faktoren zur Bestimmung von Verhalten explizieren, ließe sich noch um einige weitere ergänzen; erinnert sei nur an *Cattell* (1963, 1973), der zur Vorhersage von Verhalten neben Traitfaktoren spezifische Situationsindizes einführt, die sich auf fokale Stimuli, Kontext-Stimuli, Lebenssituationen und Kulturmuster-Situationen beziehen. Verhalten kann vorhergesagt werden aus einer Linearkombination von Traitfaktoren und Situationsindizes. (Zu einer kritischen Darstellung des Situationskonzeptes bei *Cattell* siehe u. a. *Wakenhut* 1977 oder *Spitznagel* 1968).

‚Moderne' Formulierungen des Interaktionismus, etwa von *Endler & Hunt* (1966, 1968), *Hunt* (1965), *Argyle & Little* (1972), *Ekehammer* (1974), *Magnusson* (1976) oder *Bowers* (1973), nehmen häufig Bezug auf die o. g. Theorien, ohne allerdings, wie noch zu zeigen sein wird, in den theoretischen Erklärungen und empirischen Analysen der Wechselwirkung von Person und Situation diese Ansätze ausreichend zu berücksichtigen oder gar einer Integration zuzuführen.

Als die vier ‚Basis-Aussagen' des interaktionistischen Modells der Persönlichkeit nennen *Magnusson & Endler* (1977, S. 4):

(1) Individuelles Verhalten ist Ergebnis einer fortwährenden multidirektionalen Interaktion oder Rückkopplung zwischen dem Individuum und den Situationen, in denen es sich aufhält.

(2) Das Individuum nimmt an diesem Interaktionsprozeß aktiv und absichtsvoll teil.

(3) In diesem Interaktionsgeschehen stellen kognitive und motivationale Faktoren die wesentlichen personalen Determinanten dar.

(4) Auf der situativen Seite ist es die psychologische Bedeutung der Situation, die das Verhalten des Individuums entscheidend beeinflußt.

Diese ‚Axiome', die das interaktionale Modell der Persönlichkeit im wesentlichen definieren, finden sich in vielen Formulierungen von Persönlichkeitstheorien, ohne daß in jenen jedoch das ‚Reizwort' Interaktionismus aufträte; einige dieser Ansätze wurden bereits erwähnt.

In der Darstellung des modernen Interaktionismus stützen wir uns im wesentlichen auf die Arbeiten von *Magnusson, Endler, Hunt* und *Ekehammer*, da diese u. E. den am weitesten fortgeschrittenen Stand des Interaktionismus repräsentieren. Insbesondere *Endler & Magnusson* haben es verstanden, in ihren Sammelbänden (1976, 1977) viele Arbeiten unterschiedlichster Provenienz aufzunehmen und als ‚Beleg' für die Aktualität und Breite der Interaktionismus-Forschung heranzuziehen. Die meisten aufgenommenen Arbeiten beziehen sich in ihren Aussagen und empirischen Analysen allerdings nur auf einzelne Axiome und können damit nur eingeschränkt in die Interaktionismus-Forschung integriert werden. *Magnusson & Endler* erheben dagegen in ihren Arbeiten explizit den Anspruch, interaktionistische Forschung zu betreiben und sind daher für uns von besonderem Interesse.

Eines der Schlüsselprobleme in der Interaktionismus-Debatte bezieht sich auf die *Konsistenz* von Verhalten und Erleben von Individuen über mehrere Situationen hinweg. (*Endler & Magnusson* 1976; *Magnusson* 1976, *Endler* 1976), wobei jedoch nicht immer deutlich wird, für welche Variablen Konsistenz sinnvoll anzunehmen ist. *Magnusson & Endler* (1977) treffen vor einer näheren theoretischen Analyse verschiedener Formen von Konsistenz eine Unterscheidung zwischen *mediierenden und Reaktions-Variablen,* um so zu einer Klärung widersprüchlicher Resultate innerhalb der Persönlichkeits-Forschung beizutragen. *Mediierende Variablen* (intervenierende Variablen, hypothetische Konstrukte) werden als explikative Konstrukte aufgefaßt, die „eine Vorhersage der Prozesse, durch die situative und gespeicherte Informationen selegiert, interpretiert und zu Reaktionen transformiert werden" (S. 5), erlauben. Die Autoren klassifizieren diese Variablen in *strukturelle* Variablen (wie Intelligenz, kognitive Komplexität, Wahrnehmungsleistungen), *Inhaltsvariablen* (situativ determinierte oder abgespeicherte Informationen) und *motivationale* Variablen (wie Werte, Motive, Interessen, Bedürfnisse etc.). Unter *Reaktionsvariablen* subsumieren sie offenes Verhalten, verdecktes Verhalten (wie Gefühle), physiologische Reaktionen und artifizielles Verhalten (Testverhalten).

Die Kontroverse um Konsistenz oder Spezifität des Verhaltens ist sicherlich teilweise ein Problem der Analyseebene (s. u. a. *Raush*, 1977). Konsistenz auf der Ebene von mediierenden Variablen muß nicht verknüpft sein mit Konsistenz auf Reaktions-Variablen-Niveau. „Eine Konsequenz daraus besteht darin, daß wir Konsistenz oder Inkonsistenz auf der Reaktionsebene nicht als Basis für Schlußfolgerungen über Konsistenz (oder Inkonsistenz) auf der Ebene des ‚mediierenden Systems' benutzen dürfen" (a.a.O., S. 6).

Für diese verschiedenen Arten von Variablen werden unterschiedliche Formen der Konsistenz angenommen. *Relative Konsistenz* (personale Konsistenz) wird, wenn überhaupt, noch am ehesten für mediierende Variablen postuliert. Für Reaktions- oder Verhaltens-Variablen dagegen wird, vor dem Hintergrund der genannten Elementar-Aussagen, die Forderung nach *Kohärenz oder Änderungsstabilität* abgeleitet. „Die Änderungsstabilität eines Merkmales bedeutet die annahmegemäße Vorhersagbarkeit von situationsspezifischen Verhaltensunterschiedlichkeiten, nicht aber das Gleichbleiben des Verhaltens über verschiedene Situationen hinweg" (*Herrmann* 1973, S. 125). Kohärenz oder Änderungsstabilität des Verhaltens wird aufgefaßt als Resultat einer Wechselwirkung von personalen und situativen Faktoren.

Der Interaktionsprozeß selbst wird von den Autoren in recht allgemeiner Weise gefaßt.

Die *strukturellen* Variablen wie Intelligenz, kognitive Komplexität etc. werden geringfügig von situativen Faktoren beeinflußt und genügen somit weitgehend der Forderung nach relativer Konsistenz. Sie bestimmen das Niveau der Informationsverarbeitung, deren Differenziertheit und Komplexität. Der *inhaltliche* Prozeß des mediierenden Systems dagegen wird stärker von der konkreten Situation bestimmt, indem situationsspezifische Informationen (‚situational cues') und bereits abgespeicherte Informationen in Wechselwirkung treten. Situative Informationen werden vor dem Hintergrund der abgespeicherten Informationen wahrgenommen, selegiert und interpretiert. Der Inhalt des mediierenden Prozesses ist deshalb notwendigerweise stark abhängig von situativen Bedingungen. Unterschiedliche (situative und gespeicherte) Inhalte evozieren unterschiedliche motivationale Faktoren wie Bedürfnisse, Werte etc., die damit ebenso von situativen Bedingungen beeinflußt werden.

Diese Konzeptualisierung von Interdependenzen zwischen den mediierenden Variablen führt die Autoren zu der Schlußfolgerung, „daß in Termini von Informationsverarbeitung das mediierende System in der Art, wie es unterschiedliche Inhalte und motivationale Variablen seligiert und verarbeitet, konsistent und kohärent ist, daß aber die aktuelle Manifestation von Inhalts- und motivationalen Faktoren von Situation zu Situation differiert" *Magnusson & Endler* 1977, S. 12).

Diese Individuum-spezifische und konsistente Art der Verarbeitung von Inhalts- und motivationalen Faktoren bildet die Grundlage für kohärentes Verhalten über verschiedene Situationen hinweg. Die ‚Situation', auf die die mediierenden Variablen gerichtet sind, wird von den Autoren als *subjektive Situation* gefaßt; entscheidend für die Verhaltensbestimmung sind die subjektiven Deutungen einer Situation, nicht deren objektiven, physikalisch oder sozial eindeutig definierbaren Aspekte (s. S. 39). *Magnusson & Endler* unterscheiden zwischen der Gesamtsituation und einzelnen Elementen (,situational cues') innerhalb einer Situation. Die Gesamtsituation bildet den Bezugsrahmen für das Individuum, welcher implizite Verhaltensregeln einschließt, deren individuelle Interpretation die Verhaltensstrategien des Individuums beeinflußt (a.a.O., S. 16).

Vor dem Hintergrund der Interpretation der Gesamtsituation erlangen die situativen cues je nach Bezugsrahmen variierende Bedeutungen für das Individuum, die sein Verhalten modifizieren und lenken.

Der *dynamische* Aspekt der Interaktion bezieht sich auf die wechselseitige Beeinflussung von Person und Situation im Geschehensprozeß. Situative cues beeinflussen einerseits das Verhalten einer Person, welches andererseits zu einer Veränderung situativer cues beiträgt. Diese Form der Interaktion bezeichnen die Autoren mit ,*within-situation-interaction*', die sie von einer ,between-situations or temporal interaction' abheben (Verhalten von Individuen in mehreren Situationen). Situationen werden vom Individuum ausgewählt, vermieden, hergestellt, welches eine Restriktion der Situationen zur Folge hat, in denen sich das Individuum aufhält „und diese Typen von Situationen sind eine Funktion von und haben Relevanz für eine Person" (a.a.O., S. 20).

Magnusson und *Endler* begreifen die Interaktion demnach als „*Transaktion*" (S. 11).

Endler & Magnusson belassen es bei diesen recht allgemein gehaltenen Formulierungen des ,interaktionalen Modells', die sich in ähnlicher Form in anderen ihrer Arbeiten wiederfinden (so bei *Magnusson* 1976, *Magnusson* 1974); auch *Bowers* (1973) oder *Ekehammer* (1974) vertreten ähnliche Positionen.

Anerkennt man – in Übereinstimmung mit *Endler & Magnusson* – als ein wesentliches Ziel der Persönlichkeitsforschung, auf der Grundlage einer Zuerkennung von Persönlichkeitsmerkmalen Verhalten in verschiedenen Situationen vorauszusagen und zu erklären, so kann das interaktionale Modell nur wenig befriedigen. Persönlichkeitsmerkmale werden von *Endler & Magnusson* als eine spezifische Form der Informationsverarbeitung aufgefaßt, die in Interaktion mit situativen Bedingungen zu kohärentem Verhalten führt. Sie können andererseits über kohärente transsituative Verhaltensmuster identifiziert werden (a.a.O., S. 17).

Eine Zuerkennung von Persönlichkeitsmerkmalen ist gleichbedeutend mit dem Nachweis „konsistenter, idiographisch vorhersagbarer (Verhaltens-)Muster". (a.a.O., S. 11). *Magnusson* und *Endler* betrachten demnach Persönlichkeitsmerkmale als Annahmegefüge über menschliche Verhaltensweisen, Erleben,

Einstellungen, Wertungen, Erwartungen etc. sowie über deren vermutete Bedingungen und Interdependenzen (s. dazu *Herrmann* 1973, S. 107 ff). Situationsspezifisch unterschiedliches Verhalten soll aus diesem Annahmegefüge vorausgesagt werden.

Ein solches Annahmegefüge wird aber erst dann zu zumindest partiell empirisch überprüfbaren Voraussagen individuellen Verhaltens führen können, wenn darin Aussagen eingeschlossen sind, in welcher Weise die einzelnen Komponenten miteinander in Verbindung treten, welche konkreten Wechselwirkungen unter welchen Bedingungen zu erwarten sind; ein Annahmegefüge, das zudem auf einzelne Individuen angewendet werden soll – und dieses impliziert die Forderung nach Kohärenz – sollte Anwendbarkeitskriterien beinhalten, die den Geltungsbereich für bestimmte Klassen von Individuen theoretisch begründen. Außerdem müssen explikative und deskriptive Komponenten voneinander getrennt werden, wenn der Anspruch erhoben wird, Kohärenz nicht nur vorauszusagen, sondern auch zu erklären. Bis auf den Hinweis, daß die kognitiven Faktoren des Modells Resultat einer Wechselwirkung sozialer Lernprozesse und genetischer Dispositionen seien, fehlen derartige Teilannahmen (*Magnusson & Endler*, 1977, S. 12).

Das interaktionale Modell enthält viele ‚Leerstellen‘ der o. g. Art, so daß es schwerfallen dürfte, von diesem Modell ausgehend Untersuchungen zu konzipieren, die als empirischer Nachweis des Interaktionismus interpretiert werden können.

Am Beispiel mehrerer Arbeiten von *Ekehammer, Endler, Hunt, Magnusson* und Mitarbeitern sollen einige Problematiken des interaktionalen Modells aufgewiesen werden. Gemeinsam ist allen ausgewählten Arbeiten, daß sie explizit auf den interaktionalen Ansatz Bezug nehmen und daß ihre Resultate und Implikationen vor dem Hintergrund dieses Modells interpretiert werden. Thematisch beziehen sie sich entweder auf ‚Angst‘ oder auf allgemeine Aspekte der Situationswahrnehmung sowie auf allgemeine Überlegungen zur Konsistenz-Problematik. Von besonderem Interesse ist für uns, in welcher Weise Kohärenz operationalisiert, vorhergesagt und erklärt wird und inwieweit Analysen der Situationswahrnehmung in das interaktionale Modell integriert werden.

Die Arbeiten von *Shedletsky & Endler* (1974), *Endler, Magnusson* et al. (1976), *Endler* (1976), *Endler & Okada* (1975) gehen von der state-trait-Theorie der Angst aus (*Spielberger* 1966, 1972), aus deren Kritik das interaktionale Modell der Angst entwickelt wird.

Beide Theorien unterscheiden zwischen einem *aktuellen oder situativen Angstzustand* des Organismus, der in Stärke und Dauer fluktuiert (‚state-Angst') und *Angst als latenter, relativ stabiler Disposition* (‚trait-Angst'). Unterschiedliche Ausprägungen auf der latenten Dimension Angst korrespondieren mit interindividuellen Differenzen der Situationswahrnehmung, der Reaktionswahrnehmung und mit interindividuellen Differenzen in der Manifestation spezifischer emotionaler Zustände; die Intensität des emotionalen Zustandes korreliert positiv mit Ausprägungen auf der latenten Dimension (siehe *Spielberger* 1972, S. 31 f.). Das interaktionale Modell der Angst geht in einigen Hinsichten über die state-trait-Theorie hinaus. Zum einen postuliert es die *‚Multidimensionalität' von Angst* als trait: danach können mehrere, voneinander unabhängige Aspekte oder Facetten von Angst unterschieden werden, je nach ihrer Manifestation in verschiedenartigen Situationen (interpersonale oder Ich-Bedrohung, Angst vor physischer Bedrohung, Angst vor neuen oder ambivalenten Situationen; *Endler, Hunt & Rosenstein* 1962; *Shedletsky & Endler* 1974; *Endler & Okada* 1975; *Endler* 1976). Außerdem wird der Angststate ebenso als multidimensional (besser: multifacettiert) konzipiert, d. h. „in manchen Situationen ist es möglich, daß ein Aspekt des Angst-state evoziert wird (z. B. autonome physiologische Reaktion), nicht aber andere Aspekte (z. B. Vermeidungs-Reaktionen)" (*Endler* et al. 1976, S. 83).

Ein wesentliches Ziel der Erforschung von Angst unter interaktionaler Perspektive besteht für *Endler* und Mitarbeiter darin, die Beziehung zwischen Angst-trait und Angst-state in ihren Wechselwirkungen mit konkreten Situationen zu analysieren. *Endler & Hunt* (1969) postulieren, daß weder trait- noch state-Kennwerte ausreichende Informationen über die Ängstlichkeit von Personen liefern, wenn man nicht gleichzeitig über Kenntnis der evozierenden Situationen verfügt; in gleicher Weise argumentieren *Shedletsky & Endler*. In Übereinstimmung mit dem allgemeinen interaktionalen Modell sehen sie in der *Situationswahrnehmung* den entscheidenden, das Verhalten bestimmenden Faktor. „Die Intensität seiner (des Individuums; d. V.) Reaktionen ist proportional zum Ausmaß der wahrgenommenen Bedrohung" (*Shedletsky & Endler*, a.a.O., S. 513), das wiederum als Resultat eines Zusammenwirkens situativer cues und personaler Disposition (Angst-trait) aufgefaßt wird.

Wegen der Verschränkung situativer und personaler Faktoren

wird Stabilität nicht im Sinne relativer situativer oder personaler Konsistenz erwartet, sondern Kohärenz, also stabile und vorhersagbare idiosynkratische Verhaltensmuster (Angststates) über verschiedenartige Situationen. Am Beispiel mehrerer Untersuchungen sollen nun – ohne auf alle Aspekte der Arbeiten einzugehen – Analysestrategien herauskristallisiert werden, mit denen Kohärenz erfaßt wird.

2.2.2 Die Studie von Endler & Hunt (1969)

Grundlage dieser Arbeit sind S-R-Fragebögen zur Angst in der Tradition von *Endler, Hunt & Rosenstein* (1962).

S-R-Fragebögen zeichnen sich dadurch aus, daß sie explizit beschriebene Situationen von Reaktions-Modi, die als Indikatoren für state- oder trait-Ausprägungen aufgefaßt werden, voneinander trennen. Individuen werden gebeten, für jeden der n(sprachlich vorgegebenen) Reaktionsmodi die empfundene Intensität zu beurteilen, und zwar in jeder der m Situationen, so daß für jedes Individuum n x m-Intensitäts-Urteile vorliegen. Mit diesen Daten wird eine dreifache Varianz-Analyse gerechnet, um die Varianzanteile zulasten von Personen, Situationen, Reaktionen sowie deren Interaktionen zu bestimmen. Allerdings kann die Tripelinteraktion (Person × Situation × Reaktion) nicht unabhängig von der Fehlervarianz berechnet werden, wenn keine wiederholten Messungen vorliegen. Diese Einschränkung, die nicht ohne Konsequenzen bleibt, gilt für die meisten dem Autor bekannten Arbeiten mit S-R-Format.

In der Untersuchung von *Endler & Hunt* sollte überprüft werden, inwieweit die einzelnen Varianzanteile gegenüber einem Wechsel von Situations-, Reaktions- oder Personenstichproben in ihrer Höhe invariant bleiben.

Zunächst einige Ergebnisse: Zwar unterscheiden sich die einzelnen Varianzanteile, wenn die Urteile von Frauen und Männern, jungen und alten Probanden, Mitgliedern verschiedener sozialer Klassen miteinander verglichen werden; die Rangordnung aber bleibt jeweils stabil: Die Varianzanteile zulasten der einzelnen Interaktionen (Person × Situation; Person × Reaktion; Situation × Reaktion) sind in fast jedem Falle höher als die Varianzanteile zulasten der entsprechenden Haupteffekte. Den gleichen Effekt hat die Hinzunahme weiterer Situationen mit bedrohlichem Charakter.

Diese Resultate werden von *Endler & Hunt* als Beleg für die „idiosynkratische Organisation der Ängstlichkeit" interpretiert;

das Vorliegen relativ hoher Varianzanteile zulasten der Interaktionen Person × Situation und Person × Reaktion deuten sie als Hinweis auf Kohärenz.

Dieser Schlußfolgerung kann man jedoch sowohl unter methodischen wie inhaltlichen Gesichtspunkten nicht oder nur mit erheblichen Einschränkungen zustimmen. *Golding* (1975) verweist darauf, daß das Ausmaß an personaler oder situativer relativer Konsistenz im Extremfall unabhängig ist von der Höhe der Varianzkomponenten, während entsprechende Generalisierbarkeitskoeffizienten (*Cronbach, Gleser* et al. 1972) die Ausmaße an Stabilität der Rangordnungen von Personen über unterschiedliche Situationen oder Rangordnungen von Situationen über verschiedene Personen adäquat repräsentieren – ein Argument, das erst reichlich spät zu Modifikationen der Auswertungsstrategie führte (s. weiter unten). Weitere Einwände eher methodischer Natur finden sich bei *Lantermann* (1978 b).

Aber auch inhaltlich-theoretische Argumente können gegen eine derartige Interpretation angeführt werden. Zu einer systematischen Analyse der Wechselwirkungen zwischen Personen und Situationen bleibt eine systematische und theoriegeleitete Konstruktion und Variation von Situationen unerläßlich. Solange Situationen nur auf der Basis von Intuition ausgewählt werden (*Endler & Hunt* 1969, S. 251) bleibt offen, welche Aspekte der Situationen in welchem Ausmaße zur Verhaltensvariation beigetragen haben; Situationseffekte können daher nicht ohne weiteres auf ihre vermutete Angstevozierung zurückgeführt werden.

Ein entscheidender Einwand gegen die verfolgte Untersuchungs-Strategie betrifft die *Analyse-Ebene*. Obwohl Kohärenz als intraindividuelle Änderungsstabilität definiert wird, erfolgt die Überprüfung auf *Aggregat-Niveau*, d. h. mit Daten, die über Personen hinweg zusammengefaßt werden, bei denen nicht von vornherein vergleichbare Änderungsstabilitäten anzunehmen sind. Ein möglicher Weg, auch über Varianz-Analysen zumindest indirekte Hinweise auf individuell unterschiedliche Änderungsstabilitäten zu erhalten, besteht in der Schätzung von Tripelinteraktions-Varianzkomponenten. Die Varianzkomponente zu Lasten der Tripelinteraktion „Person × Situation × Reaktion" korrespondiert mit dem Ausmaß an interindividuell unterschiedlichen und von Situation zu Situation variierenden Reaktionsweisen, sie gibt also Aufschluß über interindividuelle Unterschiede in der Änderungsstabilität oder Kohärenz. In einer Arbeit von *Angleitner, Bierhoff & Rudinger* (1975) wurden wiederholte Messungen vorgenommen, so daß Tripelinteraktionen von der Fehlervarianz getrennt werden konnten. Aufgrund des relativ hohen Varianzanteiles, der auf die Tripelinteraktion „Person × Situation × Reaktion" zurückzuführen war, schlußfolgern sie, daß es „nicht erlaubt ist, die Existenz einer definierten ‚situativen Valenz' anzunehmen, im Sinne uniformer Response-Modi in bestimmten Situationen für alle Personen" (S. 14). Gerade dieses aber wird bei *Endler & Hunt* (implizit) bei der Interpretation der Ergebnisse vorausgesetzt. Das deskriptive Konstrukt ‚Kohärenz' wurde somit nicht adäquat in statistische Kennwerte übersetzt.

Weitere Bedenken gegen die Studie von *Endler & Hunt*, die aber auch auf die noch zu berichtenden Arbeiten zutreffen, richten sich einerseits auf den Anspruch, Stabilitäten *vorherzusagen* und andererseits auf das Fehlen inhaltlich-theoretischer Aussagen dazu, in welcher Weise Interaktionen zwischen Personen, Situationen und Reaktionen zustandekommen bzw. welche spezifischen psychologischen Prozesse für die Verschränkungen dieser Variablen verantwortlich zu machen sind. Es fehlen Aussagen über die Art des Zusammenwirkens von Angst-Trait und Situationen zur Evozierung spezifischer Angst-states. In einer Arbeit von *Lantermann* (1978 a) wird eine inhaltliche Theorie der Verschränkung dieser Faktoren entwickelt und empirisch getestet (siehe unten).

Zwar analysierten *Endler & Hunt*, wie auch *Ekehammer, Endler & Okada* und *Endler* et al. die Urteile mehrerer Individuen-Stichproben, die sich in einigen Charakteristika voneinander unterschieden (Normale vs Abnormale; Männer vs Frauen; Angehörige mehrerer sozialer Schichten); *Hypothesen* über Unterschiede wurden aber nicht formuliert; ebensowenig wurde versucht, die Replizierbarkeit von Kohärenz, die im interaktionalen Modell postuliert wird, einer empirischen Prüfung zu unterziehen.

Aus dieser Kritik an einer unkritischen Verwendung varianzanalytischer Designs zur empirischen Stützung des interaktionalen Ansatzes wurde vom Autor eine Studie konzipiert, die im folgenden berichtet werden soll. Diese Studie berücksichtigt zwar nicht alle vorgebrachten Einwände, stellt aber u. E. dennoch in einigen Hinsichten eine Verbesserung der Untersuchungsstrategie dar.

2.2.3 Eine S-R-Analyse der Extra-Introversion

In Analogie zur Vorgehensweise von *Endler, Hunt* und Mitarbeitern wurde ein interaktionales Konzept der Extra-Introversion formuliert, das mithilfe eines ,S-R-Fragebogens zur Extraversion' empirisch gestützt werden sollte. Die theoretische Begründung des interaktionalen Modells stützt sich im wesentlichen auf die gleichen Argumente, die zu einer Modifikation der trait-Angst-Theorie in eine trait-state-Theorie bzw. zu einer interaktionalen Theorie der Angst geführt haben; sie soll an dieser Stelle nicht näher expliziert werden.

In einem ersten Schritt wurde ein S-R-Fragebogen zur Extraversion entwickelt. Situationen und Reaktions-Modi wurden unter Berücksichtigung des *Eysenck*'schen Konzepts der Extraversion (u. a. 1963) ausgewählt.

Die Situationen lauten:

(1) Sie sind zu einer Feier eingeladen. Nach Ihrem Eintreffen bemerken Sie, daß Sie nicht die passende Kleidung angezogen haben.

(2) Sie gehen zu einer Party mit vielen Leuten. Sie stellen fest, daß unter den Gästen sich keiner befindet, den Sie näher kennen.

(3) Sie sitzen allein in Ihrem Zimmer, um zu arbeiten. Da schellt es an der Wohnungstür und Sie hören, daß ein Bekannter Sie sprechen möchte.

(4) Während eines Gespräches kommt einigen Teilnehmern die Idee, sich ins Auto zu setzen und für einige Tage an die See zu fahren. Sie werden aufgefordert, mitzukommen.

(5) Sie sollen mit einigen flüchtigen Bekannten eine wichtige Arbeit übernehmen, die in kürzester Zeit erledigt werden muß.

Die Reaktions-Modi lauten:

(1) Ich werde nervös.
(2) Ich bekomme Herzklopfen.
(3) Ich koste die Situation aus.
(4) Ich fange an zu schwitzen.
(5) Ich kann keinen klaren Gedanken mehr fassen.

Aus den fünf Reaktions-Modi und den fünf Situationen wurde ein Fragebogen im S-R-Format erstellt, d. h. jeder Reaktions-Modus tritt unter jeder Situation auf.

Als abhängige Variable wurden Urteile auf einer neunstufigen Ratingskala definiert, deren Abstufungen unterschiedliche Ausmaße der *Reaktions-Intensität* repräsentieren (von 1 ‚überhaupt nicht' bis 9 ‚sehr stark').

Insgesamt wurden 40 Personen (männlichen Geschlechts, Alter von 16-19 Jahren, Schüler eines Gymnasiums) im Abstand von 14 Tagen zweimal zu der Untersuchung herangezogen. Neben der Aufgabe, die jeweilige Intensität des Auftretens der fünf Reaktions-Modi in den einzelnen Situationen zu beurteilen, wurden die Probanden gebeten, Urteile zur *Selbsteinschätzung* abzugeben, sowohl über das Ausmaß ihrer Extraversion als auch über das Ausmaß ihrer Variabilität.

Die Instruktion lautete:
Wir möchten Sie bitten, sich zunächst die beiden Beschreibungen von zwei „Menschentypen" genau durchzulesen.

Typ A. Herr A ist ruhig und liebt keine Aufregungen. Er ist vorsichtig und plant alles im voraus. Er wird nicht leicht ungeduldig und ist außerdem in sich gekehrt und zurückgezogen, außer gegenüber guten Freunden.

Typ B. Herr B ist nicht gerne alleine, sondern liebt die Geselligkeit und die Abwechslung. Herr B handelt eher aus dem Augenblick heraus, lacht gerne, liebt Späße und ist schlagfertig.

Was glauben Sie – sind Sie eher Herrn A oder Herrn B ähnlich? Um diese Frage zu beantworten, geben wir Ihnen eine „Skala" vor:

	a	b	c	d	e	f	g	h	i	
genau										genau
Typ A										Typ B

Sind Sie der Meinung, daß Sie ganz genau Typ A entsprechen, dann kreuzen Sie „a" an. Sind Sie dagegen der Meinung, daß Sie ganz genau Typ B entsprechen, dann kreuzen Sie ein „i" an.

Allgemein gilt: Je weiter Sie auf der „Skala" nach rechts rücken (von a nach i), desto weniger ähneln Sie dem Typ A und desto mehr ähneln Sie Typ B.

Und nun eine letzte Frage:
Sie haben angegeben, wieweit Sie eher dem Typ A oder dem Typ B entsprechen.

Was würden Sie sagen: Trifft diese Einschätzung für *jede Situation* zu, oder inwieweit ist sie *je nach Situation Veränderungen* unterworfen. Sind Sie in *allen Situationen* so, wie Sie sich eingeschätzt haben oder sind Sie *von Situation zu Situation anders*?

Zur Beantwortung dieser Frage geben wir Ihnen wiederum eine Skala vor:

a b c d e f g h i

trifft in	ist von Situation
allen Situa-	zu Situation ver-
tionen zu	schieden

Der Umweg über die Vorgabe von Typ A und Typ B erschien notwendig, da die Konnotationen der Begriffe ‚Extraversion' und ‚Introversion' bei den Probanden nicht als einheitlich angenommen werden können, so daß eine direkte Vorgabe dieser Begriffe bei der Interpretation der Urteile Probleme aufgeworfen hätte.

Zum Schluß wurden die Probanden gebeten anzugeben, inwieweit die Selbstbeurteilung, eher dem Typ A oder dem Typ B ähnlich zu sein, für sie selbst eine *wichtige Beschreibung* ihrer eigenen Person darstellt. Auch für dieses Urteil stand ihnen eine neunstufige Ratingskala zur Verfügung (von 1 ‚sehr wichtig' bis 9 ‚sehr unwichtig').

Die Einbeziehung von Selbstwahrnehmungs-Urteilen in die Untersuchung basiert auf Überlegungen, wie sie etwa von *Bem & Allen* (1974) angestellt wurden sowie auf die in der Persönlichkeitspsychologie oftmals hervorgehobene Bedeutung des „Selbst" zur Organisation eigenen Verhaltens. Zwar hat der „Selbstbegriff" in der psychologischen Forschung viel an Eindeutigkeit verloren (vgl. u. a. *Thomae* 1965), den meisten Konzepten aber liegt die Annahme zugrunde, daß sich im Selbst Erfahrungen des Individuums abgelagert haben, deren Gesamtheit das *„phänomenale Selbst" (Snygg & Coombs* 1949) konstituieren; es umfaßt alle Teile des Selbst, die das Individuum als Teil seiner Selbst oder als Charakteristikum seiner Selbst erlebt. Nach *Newcomb* (1961) oder auch *Kelly* (1955) enthält das Selbst die Interpretation der sozialen Umwelt, so wie sie das Individuum wahrnimmt, einschließlich der Positionen, die es innerhalb eines sozialen Bezugssystems einnimmt.

Aussagen über Selbstwahrnehmung beruhen auf individuellen Erfahrungen mit eigenem Verhalten, Gefühlen etc. in einer Vielzahl von Situationen, die zur Herausbildung idiosynkratischer Beschreibungsweisen („personale Konstrukte" nach *Kelly*) führen. Aus der Kenntnis von Selbstbeurteilungen der Ausprägung, Variabilität und Relevanz hinsichtlich personaler Beschreibungsdimensionen oder personaler Konstrukte können nach der Selfperception-Theorie von *Bem* (1972) oder *Bem & Allen*

(1974) Vorhersagen über transsituative Konsistenz abgeleitet werden. Als Ergebnis einer Integration des interaktionalen Modells der Extraversion mit den Überlegungen von *Bem & Allen* zur Selbstwahrnehmung wurde folgende Hypothese formuliert:

Probanden, die die Beschreibungsdimension „Extraversion" (Unterscheidung zwischen Typ A und Typ B) für sich selbst als wichtig erachten und sich als *transsituativ konsistent* beurteilen, weisen in ihren Intensitäts-Urteilen geringere transsituative Inkonsistenz auf als Probanden, die zwar auch die Beschreibungsdimension „Extraversion" als wichtig erachten, sich aber als *transsituativ inkonsistent* beurteilen.

Ehe diese Hypothese auf ihre Gültigkeit getestet werden kann, müssen jedoch weitere Annahmen überprüft werden, die sich aus dem interaktionalen Modell der Extraversion ergeben.

Nach *Endler & Okada* (1975) resultieren Reaktions-Intensitäten (‚states') in verschiedenen Situationen aus der Wechselwirkung zwischen Disposition einer Person und dem evozierenden Charakter der Situationen; vorausgesetzt werden muß dabei, daß die Inhalte des Traits kongruent sind mit den Inhalten der evozierenden Situationen (vgl. u. a. *Endler* et al. 1976, S. 82 f.). Außerdem müssen die Reaktions-Modi und damit die Intensitäts-Urteile, wenn sie Indikatoren eines auf den trait bezogenen state repräsentieren sollen, inhaltlich in eindeutiger Beziehung zu den Inhalten von trait und Situationen stehen.

Diese Postulate werden in den Analysen von *Endler* und Mitarbeitern nicht überprüft; es bleibt daher unklar, auf welche Aspekte der Situationen die Probanden reagieren, inwieweit Kongruenz zwischen trait- und Situations-Inhalten besteht und die Reaktions-Intensitäts-Urteile als Indikatoren eines Angststates interpretiert werden dürfen. Es ist durchaus vorstellbar, zumal *Endler* und Mitarbeiter keine theoriegeleiteten, differenzierenden Vorhersagen über die Intensitäts-Variationen machen, daß nicht der Angst-trait, sondern andere Aspekte einer Person, nicht der angstevozierende Charakter, sondern andere Aspekte der Situationen zur Manifestation eines states führen.

Zur Vermeidung dieser Uneindeutigkeiten bei der Interpretation der Ergebnisse wurde in der vorliegenden Untersuchung der eigentlichen Analyse eine *Unfolding-Analyse* vorgeschaltet mit dem Ziel, die postulierte Kongruenz einer empirischen Testung zu unterziehen. Die Basis-Annahmen der Theorie der Präferenzwahlen, auf denen die Entfaltungs-Technik beruht, sind u. a. (vgl. *Coombs*, 1964, S. 141 f.):

– Individuen und Reize werden simultan in einem gemeinsamen Raum als Punkte repräsentiert.

– Die individuelle Präferenzordnung zwischen jeweils zwei Reizen entspricht der Rangordnung der Distanzen der Reizpunkte vom individuellen Idealpunkt. Der Reiz j wird dann vom Individuum i dem Reiz k vorgezogen, wenn der Abstand des Reizes j vom Idealpunkt der Person i kleiner ist als der Abstand des Reizes k vom Idealpunkt.

Für die Zwecke der vorliegenden S-R-Analyse werden einige Modifikationen des Modells eingeführt:

(1) Anstelle einer Präferenzordnung werden Reaktions-Intensitätsordnungen analysiert.

(2) Individuen und Reaktions-Modi werden simultan in einem gemeinsamen Raum als Punkte repräsentiert.

(2a) Ein Individuum wird nicht durch *einen* Idealpunkt repräsentiert, sondern durch soviele Idealpunkte, wie Situationen vorhanden sind (‚situationskonditionale Idealpunkte‘).
Erläuterung: Individuen unterschiedlicher Ausprägungen auf der Dimension ‚Extraversion‘ nehmen die gleichen Situationen in unterschiedlichem Maße als ‚Extraversions-Reaktionen‘ evozierend wahr. Sie unterscheiden sich daher hinsichtlich der Situationsgewichte voneinander (‚situationskonditionale Idealpunkte‘).

(3) Die individuellen, situationskonditionalen Reaktionsintensitäts-Ordnungen entsprechen den Rangordnungen der Distanzen der Reaktions-Modus-Punkte von den situationskonditionalen Idealpunkten.

(4) Es wird gemäß dem interaktionalen Modell der Extraversion ein *eindimensionales* Kontinuum postuliert, auf dem situationskonditionale Idealpunkte und Reaktions-Modi als Punkte repräsentiert werden. Dieses Kontinuum wird als ‚Extraversions-Kontinuum‘ interpretiert. Die Orte der Reaktions-Modi auf dem Kontinuum spiegeln unterschiedliche Ausmaße der Extraversions-‚Repräsentanz‘ wider, d. h. inwieweit ein Reaktionsmodus eher ein Indikator für Extraversion oder Introversion darstellt.
Die situationskonditionalen Idealpunkte repräsentieren die Individuum-spezifischen Wahrnehmungen der Situationen im Hinblick auf Extraversions-Repräsentanz. Unterschiede in den Idealpunkten zwischen Personen reflektieren Unterschiede zwischen den individuellen Ausprägungen auf der trait-Dimension ‚Extraversion‘.

Methode

Für jeden der 40 Probanden wurde für jede Situation eine Rangreihe der Reaktions-Modi hinsichtlich ihrer beurteilten Intensität erstellt. Dazu wurden die Daten des ersten Durchganges verwendet, da die Stabilität der Urteile über die beiden Versuchsdurchgänge recht hoch war (vgl. die nachfolgenden Generalisierbarkeitsstudien). Insgesamt wurden also für jeden Probanden fünf Rangreihen gebildet. Diese Rangordnungen bildeten die Ausgangsdaten für die Unfolding-Analyse, die mit dem Programm MINIRSA (Standardversion; Autor: E. E. *Roskam*, Universität Nijmegen, 1971) durchgeführt wurde. Der Streß als Maß für die Übereinstimmung des Modells mit den Daten betrug für die eindimensionale Lösung 0.017. Damit ist eine eindimensionale Lösung den Daten angemessen: *Reaktions-Modi und situationskonditionale Idealpunkte können auf einem eindimensionalen Kontinuum repräsentiert werden.* Eine wichtige Voraussetzung zu einer weiteren sinnvollen Analyse zur Testung des interaktionalen Modells – die Kongruenz – ist damit erfüllt.

Zur Illustration sollen einige Ergebnisse der Unfolding-Analyse dargestellt und im Vorgriff auf die weitere Analyse mit anderen Daten in Beziehung gesetzt werden (s. Abb. 2).

Im Anschluß an die Unfolding-Analyse wurden mit den Intensitäts-Urteilen *Generalisierbarkeitsstudien* durchgeführt. Es wurde bereits darauf verwiesen, daß sinnvollerweise nur Urteile derjenigen Probanden in die Analyse eingehen sollen, die die Dimension ‚Extraversion‘ als wichtige Beschreibungsdimension ihrer eigenen Person bewerten. Da alle Probanden dieser Meinung waren (die Rating-Urteile liegen ohne Ausnahme unter „4“; siehe dazu Seite 50), wurde nach diesem Kriterium kein Proband eliminiert.

Vor dem Hintergrund der a. a. Stelle genannten inhaltlichen Hypothese wurden die folgenden statistischen Hypothesen formuliert:

(1) Der Generalisierbarkeitskoeffizient $\hat{r}^2$ (μ_{pr}) ist für die Urteile der Probanden, die sich selbst als *transsituativ konsistent* eingestuft haben (Gruppe V$^-$) höher als für die Gruppe, die sich als *transsituativ inkonsistent* eingestuft haben (Gruppe V$^+$).
  Erläuterung: Dieser Koeffizient stellt einen Index dar für das Ausmaß, mit dem Reaktionspattern oder Reaktions-Hierarchien *einer* Person über die

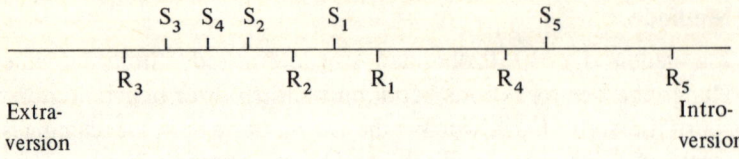

Proband No. 27: Nach eigenem Urteil stark *extravertiert* und *transsituativ inkonsistent*

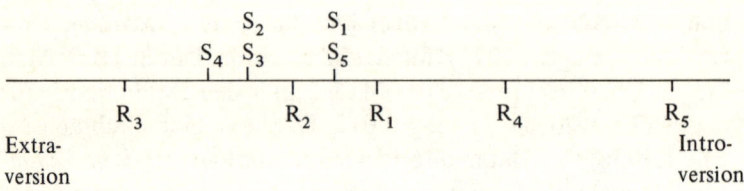

Proband No. 39: Nach eigenem Urteil stark *extravertiert* und *transsituativ konsistent*

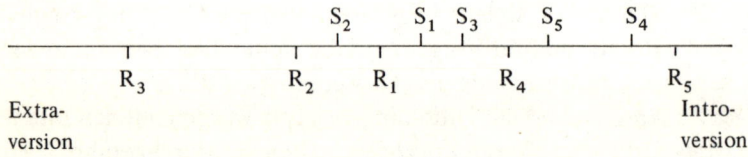

Proband No. 2: Nach eigenem Urteil stark *introvertiert* und *transsituativ inkonsistent*

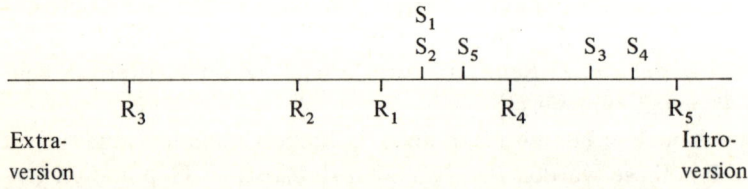

Proband No. 11: Nach eigenem Urteil stark *introvertiert* und *transsituativ konsistent*

Abb. 2: Situationskonditionale Idealpunkte (Situations-Gewichtungen) in Abhängigkeit von Selbstbeschreibungen

Situationen hinweg stabil bleiben, wobei jede Person eine andere Reaktions-hierarchie aufweisen kann. Transsituative Konsistenz wird demnach operatio-nalisiert als transsituational stabile Intensitäts-Hierarchie.

(2) Der Generalisierbarkeitskoeffizient $\hat{f}^2$ (μ_{prs}) ist für die Urteile der Gruppe V^- geringer als für die Gruppe V^+.

Erläuterung: Dieser Koeffizient gibt an, inwieweit idiosynkratische und situa-tionsspezifische Intensitätshierarchien vorliegen. Probanden der Gruppe V^+ generieren in stärkerem Maße situationsspezifische Reaktions-Hierarchien als Probanden der Gruppe V^-.

(3) Die Varianzkomponenten zulasten der Zeitpunkte fallen gering aus.

Erläuterung: Wenn transsituationale Konsistenz oder Inkonsistenz charakte-ristische Merkmale einer Person darstellen, müssen sie stabil über die Zeit bleiben, also replizierbar sein.

In einem ersten Schritt wurden Probanden den Gruppen V^+ und V^- zugeordnet. Als Kriterium wurden die Ratingurteile auf der Variabilitäts-Skala definiert; für die Gruppe V^+: Abstufun-gen von „g“ bis „i“, für die Gruppe V^-: Abstufungen von „a“ bis „c“.

14 Probanden bildeten die Gruppe V^- und 16 Probanden die Gruppe V^+. Für diese Gruppen wurden getrennte Generalisier-barkeitsstudien durchgeführt, deren wichtigsten Ergebnisse in Tabelle 1a und 1b aufgeführt sind.

Diskussion

Die Ergebnisse der Generalisierbarkeits-Studien stützen die Hy-pothese (1). Die Gruppe V^- ist im Vergleich zur Gruppe V^+ durch eine hohe transsituationale Konsistenz in ihren Reaktions-profilen charakterisiert. (Verfahren zur inferenzstatistischen Ab-sicherung der Koeffizienten-Differenzen liegen allerdings nicht vor, so daß nur auf deskriptivem Niveau interpretiert werden kann.) Ebenso wurden die Hypothesen (2) und (3) empirisch nicht widerlegt: Probanden der Gruppe V^+ zeigen in weit stärke-rem Maße idiosynkratische, situationsspezifische Reaktions-Hierarchien, die zudem über die Zeit stabil bleiben, wie ein Blick auf die geringen Varianzkomponenten zulasten des Faktors ‚Zeitpunkte‘ beweist. Zwar tendieren Probanden der Gruppe V^+ im Vergleich zur Gruppe V^- relativ deutlich zu einer Instabilität über die Zeit, insgesamt aber fallen die Varianzkomponenten derjenigen Varianzquellen, in denen die Zeitpunkte eingehen, so gering aus, daß für beide Gruppen die Urteile über die Zeit als äußerst stabil angesehen werden dürfen.

Quelle der Varianz	geschätzte Varianz-Komponente	Prozent
P	0.331	13.82
S	0.242	18.67
R	0.387	15.62
Z	0.002	0.10
PS	0.080	2.23
PR	0.617	24.88
PZ	0.002	0.08
SR	0.124	5.00
SZ	0.000	0.01
RZ	0.000	0.02
PSR	0.099	4.00
PSZ	0.003	0.11
PRZ	0.000	0.04
SRZ	0.010	0.42
PSRZ (e)	0.372	14.98
	2.269	99.98

Generalisiert über:
1. Situationen + Reaktionen + Zeitpunkte: μ_p = 0.48
2. Personen + Reaktionen + Zeitpunkte: μ_s = 0.86
3. Personen + Situationen + Zeitpunkte: μ_r = 0.93
4. Situationen + Zeitpunkte: μ_{pr} = 0.91
5. Zeitpunkte: μ_{psr} = 0.35

Tab. 1a: Ergebnis der Generalisierbarkeitsstudie für die Gruppe V^-

Aus der Kenntnis der Selbsteinschätzung einer Person hinsichtlich ihrer situativen Konsistenz konnte damit erfolgreich Kohärenz unterschiedlicher Ausprägungen vorhergesagt werden. Die geringe Korrelation zwischen Selbstwahrnehmungs-Urteilen auf der Dimension ‚Extraversion' und der Variabilität (r_{xy} = 0.07) stützt diese Interpretation zusätzlich.

Im Unterschied zu Untersuchungen von *Endler* und Mitarbeitern wurde hier ein theoretisches Annahmegefüge formuliert, aus dem individuelle Verhaltens-Variabilitäten vorhergesagt und erklärt werden konnten. Die Kombination der Unfolding-Analyse mit den Generalisierbarkeits-Studien berücksichtigte zudem die

Quelle der Varianz	geschätzte Varianz Komponente	Prozent
P	0.342	11.22
S	0.162	5.30
R	0.359	11.78
Z	0.104	3.41
PS	0.127	4.17
PR	0.365	11.98
PZ	0.025	0.82
SR	0.176	5.77
SZ	0.034	1.11
RZ	0.063	2.07
PSR	0.457	14.98
PSZ	0.017	0.55
PRZ	0.038	1.23
SRZ	0.072	2.35
PSRZ,(e)	0.708	23.32
	3.049	100.06

Generalisiert über:
1. Situationen + Reaktionen + Zeitpunkte: μ_p = 0.698
2. Personen + Reaktionen + Zeitpunkte: μ_s = 0.888
3. Personen + Situationen + Zeitpunkte: μ_r = 0.799
4. Situationen + Zeitpunkte: μ_{pr} = 0.546
5. Zeitpunkte: μ_{prs} = 0.564

Tab. 1b: Ergebnisse der Generalisierbarkeitsstudie für die Gruppe V^+

Forderung nach Kongruenz von situativen und personalen Aspekten, die damit als empirisch überprüfbares Konstrukt in die Analyse eingeführt wurde. Die Ergebnisse stützen die Hypothese, daß die beobachteten Reaktions-Hierarchien als Resultat einer *Interdependenz* (vgl. S. 11) kongruenter situativer und personaler Faktoren auf der gleichen inhaltlichen Ebene angesiedelt sind. Damit konnten wichtige Bestandteile einer interaktionalen Theorie der Extraversion empirisch getestet und belegt werden.

2.2.4 Weitere Studien zum Interaktionismus

Für das interaktionale Modell von Bedeutung ist die Annahme, daß Individuen nicht nur hinsichtlich bestimmter stabiler Verhaltensmuster differieren, sondern ebenso in der Art und Weise, in der sie situative Informationen selegieren, akzentuieren und verarbeiten. Die Individuum-spezifische Form der Informationsverarbeitung stellt eine wesentliche Determinante individuellen Verhaltens dar (vgl. das Axiom 3 des interaktionalen Modells). Aus diesem Grunde gewinnen Studien zur Situationswahrnehmung im Rahmen des Interaktionismus an besonderer Aktualität.

Magnusson (1971, 1974) ging bei seinen Analysen situativer Dimensionen von einem ,allgemeinen kognitiven Modell' aus. „Objekte in der externen Welt können für jedes Individuum als in einem kognitiven Raum repräsentiert gedacht werden, der durch die internen Interrelationen der Objekte definiert wird" (1971, S. 517). Die Position eines jeden Objektes ist determiniert durch ihre Relationen zu den kognitiven Dimensionen, die den Urteilen über Unterschiede zwischen den Objekten zugrundeliegen. Die psychologische Bedeutung oder der ,Inhalt' der Objekte bestimmt sich aus den Projektionen auf diese Dimensionen. *Magnusson* begründet seinen kognitiven Ansatz zur Situations-Analyse damit, daß das Individuum das aktive Moment in der Person × Situation-Interaktion sei und: „Es ist die einer Situation beigemessene Bedeutung, die den wichtigsten Aspekt der Situation darstellt, der beachtet werden muß, d. h. die Wahrnehmung der Situation durch das Individuum" (1974, S. 125); er vertritt damit eine ,interaktionale' Position.

Magnusson legte mehreren Personen verschiedene Situationsbeschreibungen vor, deren wahrgenommene Ähnlichkeit sie beurteilen sollten. Die Meßmodelle zur numerischen Repräsentation der (transformierten) Ähnlichkeitsurteile sind a) ein Vektormodell (1971) und b) eine hierarchische Cluster-Analyse (1974). Die Analysen führte er sowohl auf Aggregat- als auch auf Individual-Niveau durch. Ein Vergleich der Gruppen- mit den Individual-Lösungen erfolgte – der Ausdruck sei verziehen – ausgesprochen stümperhaft über eine Berechnung von Korrelationskoeffizienten der Korrelationen zwischen Faktorladungen derjenigen Faktoren, die „most nearly correspond to each other" (1971, S. 525), ohne allerdings Korrespondenzkriterien mitzuteilen. Er kommt zu dem Ergebnis, daß die Hauptdimensionen für die einzelnen Probanden die gleichen sind, daß allerdings in der internen Repräsentation der Situationen interindividuelle Unterschiede sichtbar werden, die zeitlich stabil bleiben. Dem hier skizzierten Vorgehen fehlt u. E. in erster Linie eine theoretische Begründung dessen, was quantitativ repräsentiert werden soll. *Magnusson* verzichtet auf jeden Versuch einer theoretischen Eingrenzung dessen, was er ‚Situation' nennt. Die Ähnlichkeitsurteile werden als psychologisch relevante Sachverhalte hingenommen, ohne daß eine genaue Analyse des Urteilsprozesses angestrebt worden wäre. Es wird stillschweigend vorausgesetzt, Urteile über physikalisch definierte Reize in der Tradition der Psychophysik verliefen nach gleichen Prinzipien wie Beurteilungen komplexer Sachverhalte, deren Beschreibungen Probanden u. U. mit früheren Erfahrungen assoziieren. Dem beschriebenen Vorgehen liegt implizit die Annahme zugrunde, daß es im Rahmen des interaktionalen Modells sinnvoll sei, Situationskognitionen *unabhängig* von anderen Aspekten der Person X Situation-Interaktion zu analysieren, daß sie also als quasi konstante und kontextinvariante Momente der Person betrachtet werden können.

Von vergleichbaren Positionen gehen *Magnusson & Ekehammer* (1975) aus, die in ihrer Studie Situationen auf der Basis von Ähnlichkeits-Ratings, d. h. von Kognitionen und Intensitäts-Urteilen, d. h. Reaktionen klassifizieren. Je nach Zugang gelangen sie zu unterschiedlichen Situations-Klassifikationen. Aus den Resultaten folgern sie, daß es „offensichtlich (. . .) nicht immer möglich (ist), eine individuelle Reaktion auf eine Situation ausschließlich aus der Kenntnis über deren Wahrnehmung vorherzusagen" und daß „Individuen in den Reaktionen auf eine Situation, die sie als ähnlich wahrnehmen, differieren." (S. 558). Sie fordern deshalb für die Zukunft eine systematische Erforschung der Beziehungen zwischen Wahrnehmungen und Reaktionen in verschiedenen Situationen. Aber auch bei ihnen werden Situations-Kognitionen als kontextunabhängige Prozesse verstanden, deren Interaktionen mit anderen Faktoren zu einer besseren Vorhersage individuellen Verhaltens führt (S. 558).

Im Vorgriff auf Analysen des Autors zur Situationswahrnehmung sei bereits hier die Vermutung geäußert, daß *Interaktionen zwischen Situations-Wahrnehmung und Verhalten aus dem Impli-*

kationsverhältnis des handelnden Individuums zur Situation resultieren. Je nach Handlungsplan, mit dem eine Person in eine aktuelle Situation eintritt und der von situativen Bedingungen beeinflußt wird, gestaltet sich das jeweilige besondere Verhältnis von Situations-Kognition und Verhalten. Als explikatives Konstrukt wird die *Handlung* als übergreifende und integrierende Größe eingeführt (vgl. das Kapitel 3).

Auch in den Arbeiten von *Magnusson & Ekehammer* (1975) und *Endler* et al. (1976) wird implizit davon ausgegangen, Kognitionen und Reaktionen könnten im Rahmen einer interaktionalen Analyse unabhängig voneinander analysiert werden.

Allerdings gehen sie in einigen Hinsichten über die bisher berichteten Arbeiten hinaus. Die Ausgangsdaten ihrer Untersuchungen sind wiederum Reaktionen von Individuen auf S-R-Fragebögen zur Angst. Den Autoren gelingt es aber, über eine latente Profilanalyse (*Lazarsfeld & Henry* 1968) Personengruppen mit ähnlichen Profilen zu identifizieren. So gelangen sie zu einer Klassifikation von Personen, die z. B. charakterisiert sind durch geringe Ängstlichkeit, hohe transsituationale Konsistenz und hohe Response-Konsistenz (Profil I), durch hohe Ängstlichkeit, relativ hohe transsituationale Konsistenz und geringe Response-Konsistenz (Profil II) und durch (Profil III) geringe Angst, geringe transsituative und Response-Konsistenz. (*Magnusson & Ekehammer* 1975, S. 37 f).

Die Einbeziehung von Profil-Analysen zur deskriptiven Reduktion der Beobachtungen stellt u. E. eine erhebliche Verfeinerung des bislang verwendeten Methodeninstrumentariums dar; allerdings bleiben auch diese Arbeiten auf beschreibendem Niveau. Nicht erstaunlich findet es der Autor, daß unterschiedliche Profile identifiziert werden konnten; aber auch in diesen Studien fehlen Annahmegefüge, die zu einer *Vorhersage und Erklärung* unterschiedlicher Profile hätten führen können. Es werden Interdependenzen zwischen Angst-Trait, Situationen und Angst-State konstatiert, ohne theoretisch begründete Annahmen zu entwikkeln, die so formuliert wären, daß sie zumindest partiell einer empirischen Überprüfung zugänglich wären.

Mit der bereits vorgestellten Modifikation des Unfolding-Modells wurde ein Konzept offeriert, welches spezifische Formen der Interaktion zwischen Personen, Situationen und Reaktionen postuliert, die in Übereinstimmung mit dem interaktionalen Modell stehen. Eine andere Konzeptualisierung der Interaktion, die aber mit jener wesentliche Gemeinsamkeiten aufweist, soll auf den folgenden Seiten näher dargestellt werden.

2.2.5 Polynomisch-verbundene Messung sozialer Angst

In Übereinstimmung mit dem interaktionalen Modell ging die Arbeit des Autors (*Lantermann*, 1978a) von der Hypothese aus, daß Situationswahrnehmungen wesentliche Determinanten individuellen Verhaltens darstellen. Es wird zunächst ein Interaktions-Modell spezifiziert und in einem zweiten Schritt empirisch getestet.

Das Modell besteht zunächst aus drei Annahmen:

(1) Die Elemente einer Menge von Personen $P = (P_1, . ., P_i, . ., P_n)$, einer Menge von ‚objektiven' Situationen $S = (S_1, . ., S_j, . ., S_m)$ und einer Menge von Reaktions-Modi $R = (R_1, . ., R_k, . ., R_q)$ können in bezug auf eine vierte, aus diesen Variablen zusammengesetzte Größe eindimensional angeordnet werden.

(2) Eine ‚objektive' Situation wird von Personen in eine ‚subjektive' Situation transformiert, wobei die den Situationen und Reaktions-Modi kongruente Persönlichkeits-Dimension als eine den Transformationsprozeß steuernde Größe wirksam wird.

(3) Zwei auf dem ‚subjektiven Niveau' als gleich wahrgenommene Situationen führen zu identischen Reaktionen.

Werden Personen aufgefordert, jeweils zu beurteilen, für wie *angemessen oder unangemessen* sie spezifische Beschreibungen ihrer erlebten Reaktionen in den einzelnen Situationen halten, werden die individuellen Angemessenheits-Urteile (r_{ijk}) als Funktion einer Interdependenz von Person-, Situations- und Reaktions-Modus-Parametern aufgefaßt. In Übereinstimmung mit dem modifizierten Unfolding-Modell wird postuliert, daß aus dem Transformationsprozeß eine Individuum-spezifische Situationsgewichtung resultiert (Annahme 2). Individuen unterschiedlicher Ausprägungen auf der relevanten latenten Dimension differieren in den Ausmaßen, mit denen sie eine Situation in spezifischer Hinsicht als „repräsentativ" wahrnehmen.

Im Gegensatz aber zur Unfolding-Analyse (insbesondere Annahme 3) entsprechen die Angemessenheits-Urteile nicht einer *Distanz*, sondern einer *Differenz* zwischen Reaktions-Modus und wahrgenommener Situations-Position auf der latenten Dimension.

61

Erläuterung: Das Urteil, eine vorgegebene Beschreibung einer möglichen Reaktion (Reaktions-Modus) sei der tatsächlich erlebten Reaktion in einer Situation *nicht* angemessen, kann auf zweierlei Weisen zustandegekommen sein: Die Person mag diese Reaktions-Beschreibung als *zu stark* oder als *zu schwach* empfinden. Mit einem Distanz-Modell sind diese Fälle entgegengesetzter Begründung nicht voneinander unterscheidbar. Die Distanz zwischen der Lage des Reaktions-Modus und der Situation auf der latenten Dimension ist in beiden Fällen gleich, die Differenz dagegen unterscheidet sich im Vorzeichen.

Werden diese inhaltlichen Aussagen in numerische Aussagen überführt, lautet das Interaktionsmodell:

$$r_{ijk} = P_i\, S_j - R_k$$

Die individuellen Urteile über die Angemessenheit einer vorgegebenen Beschreibung (‚Reaktions-Modus‘) zur Charakterisierung tatsächlich erlebter Gefühlszustände in einer Situation (r_{ijk}) sind eine Funktion der Differenz des Produktes der Skalenwerte der Person (P) und der Situation (S) und dem Skalenwert des Reaktions-Modus (R).

$\langle P,S,R, \gtreqless_{o} \rangle$ als dual-distributiv-verbundene Meßstruktur

Wird von jeder Person P_i in jeder Situation S_j für jeden Reaktions-Modus R_k ein Urteil r_{ijk} über die Angemessenheit erbeten, kann die resultierende Urteilsmatrix R daraufhin getestet werden, ob das oben beschriebene Interaktionsmodell mit den Daten in Übereinstimmung steht oder nicht. Aus den Urteilen r_{ijk} können die Ordinalrelationen $\gtreqless_{o}$ der Angemessenheit über das kartesische Produkt $P \times S \times R$ bestimmt werden.

Ist das empirische Relativ $\langle P, S, R, \gtreqless_{o} \rangle$ eine dual-distributiv-verbundene Struktur, dann existieren reelle Funktionen f_1, f_2, f_3 derart, daß für alle $P_1, P_2 \in P$; $S_1, S_2 \in S$; und $R_1, R_2 \in R$ gilt:

$$P_1 S_1 R_1 \gtreqless_{o} P_2 S_2 R_2 \text{ gdw } f_1(P_1)f_2(S_1) + f_3(R_1) \gtreqless_{o} f_1(P_2)f_2(S_2) + f_3(R_2),$$

wobei f_1, f_2 Verhältnisskalen sind und f_3 eine Intervallskala (siehe u. a. *Orth* 1974, S. 72 ff.).

Unter der Voraussetzung, daß $\langle P,S,R, \gtreqless_{o} \rangle$ eine dual-distributiv-verbundene Struktur darstellt, können die r_{ijk}-Werte als eine Differenz des Produkts aus den Skalenwerten der Personen und Situationen und der Skalenwerte der Reaktions-Modi interpretiert werden. Ist diese Voraussetzung erfüllt, können die Urteile als empirische Stützung des Interaktions-Modell aufgefaßt werden.

Empirische Studie

Aus dem S-R-Fragebogen zur Angst von *Ekehammer, Magnusson & Ricklander* (1974) wurden fünf Reaktions-Modi, die auf dem Faktor „Gefühl der Furcht oder psychischen Angst" hoch laden, ausgewählt. Außerdem wurden fünf fiktive Situationen konstruiert, die sich einerseits eng an den Erfahrungsbereich der Probanden (9 Teilnehmer eines Volkshochschulkurses über „Psychologische Probleme des Alterns") anlehnen, daneben verschiedene Ausmaße sozialer Angst induzieren sollten. *Die Situationen lauten:*

(1) Sie werden aufgefordert, in einem Volkshochschul (VHS)-Kurs aus dem Stegreif einen zehnminütigen Vortrag zu halten über ein vom Kursleiter festgelegtes Thema.

(2) Das Ergebnis Ihres Intelligenztestes soll in wenigen Augenblicken im VHS-Kurs öffentlich mitgeteilt werden.

(3) Sie wollen einen VHS-Kurs besuchen, betreten den Seminarraum und stellen nach wenigen Augenblicken fest, daß Sie im falschen Raum sitzen.

(4) Sie vertreten eine andere Meinung als ein anderer Kursteilnehmer und nehmen sich vor, bei der nächsten Gelegenheit diesem öffentlich zu widersprechen.

(5) Sie haben sich zu Hause gründlich auf ein Thema vorbereitet und sollen in wenigen Augenblicken in dem VHS-Kurs mit dem Vortrag zu diesem Thema beginnen.

Die Reaktionen lauten:

(1) In Panik geraten
(2) eine quälende Unruhe verspüren
(3) ein Gefühl der Niedergeschlagenheit verspüren
(4) nervös werden
(5) unsicher werden.

Aus den Situationen und Reaktionen wurde ein Fragebogen im S-R-Format erstellt. Als *abhängige Variable* wurde eine 25-stufige Skala der Angemessenheit definiert:

$-12 - 11 - 10 - 9 - 8 - 7 - 6 - 5 - 4 - 3 - 2 - 1 \qquad 0 \qquad +1 + 2 + 3 + 4 + 5 + 6 + 7 + 8 + 9 + 10 + 11 + 12$
zu stark   angemessen   zu schwach

Die Instruktion lautete:

Wir möchten Sie in den folgenden Minuten bitten, uns einige Fragen zu beantworten, die auf Ihr Verhalten und Erleben in Situationen gerichtet sind, die jederzeit in der Volkshochschule eintreten können.

Ein Beispiel: Stellen Sie sich einmal ganz intensiv vor, Sie hätten vergessen, eine VHS-Kurs-Karte zu kaufen. Nach einigen Sitzungen werden Sie überraschend von einem Angestellten der VHS in Gegenwart der anderen Kursteilnehmer aufgefordert, Ihre Karte vorzuzeigen.

Wir möchten nun wissen, *welches Gefühl oder welche Reaktion dieser Situation am ehesten gerecht wird oder ihr am meisten entspricht.*

Manch einer gerät in einer solchen Situation in Panik, ein anderer wird nur ein wenig nervös, ein dritter verspürt eine quälende Unruhe.

Für jede Situation gibt es ein *Gefühl* oder eine *Reaktion, die Ihnen ganz persönlich* in dieser Situation am ehesten entspricht oder für *Sie selbst* am meisten angemessen ist.

„Nervös werden" ist vielleicht ein Gefühl, das in der beschriebenen Situation für Sie *nicht angemessen* ist, weil nervös werden eine *Untertreibung* oder eine *zu schwache Reaktion* darstellt. Sie geraten evtl. nicht in Panik, weil „in Panik geraten" für Sie in dieser Situation eine *unangemessen übertriebene oder zu starke Reaktion* darstellt.

Was meinen Sie nun, wie angemessen sind in dieser Situation, wie Sie oben beschrieben wurde, die folgenden Gefühle oder Reaktionen für *Sie ganz persönlich?*

unsicher werden

$-12-11-10-9-8-7-6-5-4-3-2-1 \qquad 0 \qquad +1+2+3+4+5+6+7+8+9+10+11+12$

zu stark $\qquad\qquad\qquad\qquad\qquad$ angemessen $\qquad\qquad\qquad\qquad\qquad$ zu schwach

eine quälende Unruhe verspüren

$-12-11-10-9-8-7-6-5-4-3-2-1 \qquad 0 \qquad +1+2+3+4+5+6+7+8+9+10+11+12$

zu stark $\qquad\qquad\qquad\qquad\qquad$ angemessen $\qquad\qquad\qquad\qquad\qquad$ zu schwach

nervös werden

$-12-11-10-9-8-7-6-5-4-3-2-1 \qquad 0 \qquad +1+2+3+4+5+6+7+8+9+10+11+12$

zu stark $\qquad\qquad\qquad\qquad\qquad$ angemessen $\qquad\qquad\qquad\qquad\qquad$ zu schwach

ein Gefühl der Niedergeschlagenheit verspüren

$-12-11-10-9-8-7-6-5-4-3-2-1 \qquad 0 \qquad +1+2+3+4+5+6+7+8+9+10+11+12$

zu stark $\qquad\qquad\qquad\qquad\qquad$ angemessen $\qquad\qquad\qquad\qquad\qquad$ zu schwach

in Panik geraten

$-12-11-10-9-8-7-6-5-4-3-2-1 \qquad 0 \qquad +1+2+3+4+5+6+7+8+9+10+11+12$

zu stark $\qquad\qquad\qquad\qquad\qquad$ angemessen $\qquad\qquad\qquad\qquad\qquad$ zu schwach

Haben Sie noch Fragen?

Beurteilen Sie bitte auf den folgenden Seiten jedes Mal in derselben Weise, *wie angemessen oder unangemessen eine Reaktion für Sie ganz persönlich in der jeweils beschriebenen Situation wäre.*

Der S-R-Fragebogen wurde den neun Teilnehmern insgesamt viermal vorgelegt; zwischen dem 1. und 2. Durchgang und dem 3. und 4. Durchgang lag jeweils eine Woche, zwischen dem 2. und 3. Durchgang 5 Wochen. Mit diesem Erhebungsplan war beabsichtigt, die *Reliabilität* der Urteile von der *Stabilität* über ein längeres Zeitintervall getrennt zu erfassen.

Ergebnisse

Da die Produktmomentkorrelationen als Maße für die Reliabilität sehr hoch waren ($r_{1.,2.Dg.} = 0.97$ und $r_{3.,4.Dg.} = 0.94$), wurden die Urteile des 1. und

2. Durchgangs sowie des 3. und 4. Durchgangs jeweils gemeinsam in die Analysen zur Testung des interaktionalen Modells einbezogen. Diese Testung wurde mithilfe des Programms UNICON (Autor: E. E. *Roskam*, Nijmegen, 1971; vgl. *Roskam* 1968) vorgenommen. Dieses nichtmetrische Verfahren ermöglicht eine Überprüfung der Übereinstimmung vorliegender Datenmatrizen spezifischen Formats (auf der Grundlage faktorieller Erhebungspläne) mit postulierten Meßstrukturen. Neben einem Maß für die Übereinstimmung („Streß") berechnet das Programm simultan die Skalenwerte der eindimensionalen und der mehrdimensionalen Variablen-Manifestationen (Skalenwerte der Personen, Reaktions-Modi, Situationen und der mehrdimensionalen „Angemessenheit") unter der jeweiligen Modell-Spezifikation.

Zur Testung des Interaktions-Modell: $r_{ijk} = P_i S_j - R_k$ wurden alle Möglichkeiten einfacher Polynome im Falle dreier Variablen (additives, distributives, dual-distributives und multiplikatives Polynom) zur Analyse der Angemessenheits-Urteile herangezogen. Es wurde damit überprüft, inwieweit das dual-distributive Modell sowohl relativ zu den anderen Polynomen als auch absolut den Daten angemessen ist. Die Replikationen werden in diesem Programm zunächst wie unabhängige Daten behandelt, die getrennt berechneten Skalenwerte dann kombiniert und die kombinierten Werte in den weiteren Iterationsprozeß eingegeben.

Die Streß-Werte sind – getrennt für die kombinierten Werte des 1. und 2. sowie des 3. und 4. Durchganges – in Tabelle 2 wiedergegeben, die Skalenwerte für die Personen, Situationen und Reaktionen in Tabelle 3.

Polynome	Stress für 1. + 2. Dg	Stress für 3. + 4. Dg
1. P + S + R	0.076	0.098
2. (P + S) R	0.098	0.121
3. (P + R) S	0.098	0.122
4. (S + R) P	0.093	0.134
5. PS + R	0.022	0.016
6. PR + S	0.093	0.121
7. RS + P	0.106	0.164
8. PSR	0.001*	0.097

* degenerierte Lösung (alle Situations-, Reaktions- und Personenwerte identisch)

Tab. 2: Abweichungswerte („Stress") für einfache Polynome.

Skalenwerte für Personen		Skalenwerte der Reaktions-Modi		Skalenwerte der Situationen	
1.+2.Dg	3.+4.Dg	1.+2.Dg	3.+4.Dg	1.+2.Dg	3.+4.Dg
P_1 0.96	0.96	R_1 0.75	0.77	S_1 1.86	1.88
P_2 0.73	0.71	R_2 0.60	0.61	S_2 1.66	1.67
P_3 0.85	0.84	R_3 0.43	0.45	S_3 1.47	1.45
P_4 1.06	1.09	R_4 0.25	0.25	S_4 1.27	1.29
P_5 0.62	0.61	R_5 0.06	0.02	S_5 1.08	1.10
P_6 1.06	1.04				
P_7 0.81	0.84				
P_8 0.91	0.89				
P_9 0.67	0.68				

Tab. 3: Skalenwerte von Personen, Situationen und Reaktions-Modi des 1.+2. und 3.+4. Durchganges.

Diskussion

Die Korrelationen zwischen den Skalenwerten des (1.+2.) und (3.+4.) Durchganges sind äußerst hoch ($r_p = 0.98$; $r_s = 0.97$; $r_r = 0.99$) und damit die Stabilität der Skalenwerte über ein Zeitintervall von fünf Wochen. Der mögliche Einwand, die Angemessenheits-Urteile seien in ihrer Variabilität durch ‚Deckeneffekte' künstlich eingeschränkt und gäben daher nicht die eigentlichen Meinungen der Probanden wieder, gilt nicht für die vorliegenden Daten-Matrizen, da die Extremwerte („−12" und „+12") äußerst selten verwendet wurden, von 225 möglichen Urteilen im Durchschnitt 5mal.

Im Sinne des interaktionalen Modells r = PS−R stellen die Personen-Parameter transsituativ stabile Merkmale der Personen dar, die jedoch *nicht* mit intraindividuell und transsituativ konsistenten Reaktions-Weisen korrespondieren müssen. In Interdependenz mit den Situations-Parametern (den ‚Aufforderungsgehalten' der Situation im Sinne einer personübergreifenden oder mittleren Angst-Repräsentanz) führen sie zu *situationsspezifischen* Verhaltens-Mustern.

Das Modell führt allerdings zusätzliche Annahmen ein, die im Falle seiner empirischen Geltung erfüllt sind. Im Unterschied zum Unfolding-Modell bleiben die Situations-Rangordnungen und -Distanzen für alle Personen invariant. Individuen unterscheiden sich ausschließlich durch situationsübergreifende Gewichtungsfaktoren. Diese Aussage entspricht dem Axiom der „gemeinsamen Unabhängigkeit von Personen und Situationen", das im Falle des Vorliegens einer dual-distributiv-verbundenen Struktur der geforderten Art nicht (oder bei einer so unwesentlichen Abweichung wie in unserem Falle mit Streß-Werten von 0.022 bzw. 0.016 nur unerheblich) verletzt wird. In Übereinstimmung mit dem Unfolding-Modell werden die Reaktions-Positionen interindividuell und intersituativ konsistent postuliert; diese Forderung ergibt sich aus dem „Axiom der Unabhängigkeit der Reaktionen von den Personen und Situationen", dessen Geltung in unserem Fall ebenso vorausgesetzt werden kann.

Ein Vorteil des Modells besteht darin, daß es zu Skalenwerten der Personen führt, die als stabile, situationsinvariante Indikatoren eines Merkmals der Person, ihrer „sozialen Angst", interpretiert werden kann.

Mit den beiden Studien des Autors wurden zusätzlich zu Hypothesen über transsituative Konsistenz inhaltliche Theorien über den Interaktionsprozeß zwischen Personen, Situationen und Reaktionen einer empirischen Testung zugeführt. Neben der von *Endler* und Mitarbeitern formulierten Annahme, Interaktionen zwischen Trait und kongruenten Situations-Aspekten führten zu idiosynkratischen und stabilen Reaktionsweisen, wurde versucht, den Prozeß der Interaktion oder Interdependenz näher zu bestimmen, empirisch zu überprüfen und so zu einem besseren Verständnis des Interaktionsgeschehens beizutragen. Aber auch an dieser Stelle sei auf einen späteren Abschnitt verwiesen. Dort wird von einer Untersuchung berichtet, die von demselben S-R-Fragebogen zur sozialen Angst ihren Ausgang nimmt, aber zusätzliche Bedingungen einführt, die sich auf unterschiedliche *Handlungszusammenhänge*, in denen Individuen in den Situationen stehen, beziehen.

Nach den Ergebnissen ist zu vermuten, daß sich die Situationswahrnehmungen je nach Implikationen der Situationen für eine Person ändern, ohne daß damit Änderungen der Positionen der Personen auf der latenten Dimension korrespondieren. Situationswahrnehmungen sind nicht kontextinvariant, sondern variieren je nach ‚Stellenwert‘ oder Bedeutung der Situation für die Erreichung spezifischer Handlungsziele.

2.2.6 Exkurs: Person × Situation im Kontext ‚kognitiver Strukturiertheit‘

Strukturelle Variablen wie Wahrnehmungsleistungen, kognitive Komplexität *(Magnusson & Endler)*, Fähigkeiten zur Konstruktion und Generierung von Kognitionen und Verhalten, Kodie-rungsstrategien, personale Konstrukte *(Mischel)* stellen dem in-teraktionalen Modell gemäß relativ Zeit-überdauernde und Si-tuations-übergreifende Merkmale dar, die zu Individuum-spezi-fischen Informationsverarbeitungsweisen führen. Diese wie-derum determinieren die Situations-Wahrnehmung, von der ent-scheidend abhängt, wie eine Person sich in einer Situation verhält.

Die Persönlichkeitspsychologie blickt bei der Analyse von relativ stabilen Wahrnehmungssystemen oder Informationsver-arbeitungsprozessen auf eine lange Tradition zurück; damit an-gesprochen sind Konzepte sogenannter ‚kognitiver Stile‘, die im allgemeinen als Konstrukte definiert sind, die mit der Absicht zusammenfassender Beschreibung oder Erklärung empirischer Befunde als theoretisch postulierte, kognitive, relativ stabile Eigenarten spezifischer Struktur und Funktion aufgefaßt werden. So postulieren *Witkin* et al. (1954) auf der Grundlage von Beobachtungen stabiler interindividueller Differenzen in der Fä-higkeit zur Raumorientierung eine Dimension *„Feldabhängig-keit" vs. Feldunabhängigkeit"*, die als Konstrukt Beobachtungen zusammenfaßt und zu erklären versucht, daß Individuen in un-terschiedlichen Ausmaßen in der Lage sind, einzelne Stimuli aus einem unmittelbaren und engbegrenzten Wahrnehmungsfeld auszusondern und disparate Elemente eines Wahrnehmungsfel-des in einem Wahrnehmungsurteil zu berücksichtigen. *Witkin* und Mitarbeiter legten 1962 (*Witkin* et al. 1962) eine theoreti-sche Neukonzeption vor, welche *die kognitive Differenziertheit* kognitiver Strukturen in den Mittelpunkt rückte, wobei Feldab-hängigkeit nur noch einen Aspekt eines allgemeinen kognitiven Stils umfaßt. Folgende Annahmen sind mit dem Differenzie-rungskonzept verbunden:

„(1) Der Grad der Differenzierung steigt mit fortschreitender Entwicklung und ist damit intraindividuell unterschiedlich.

(2) Der Grad der Differenzierung ist zu einem bestimmten Alter interindividuell unterschiedlich.

(3) Der Rangplatz eines Individuums in Bezug auf seine Altersgruppe bleibt relativ stabil.

(4) Differenzierung manifestiert sich im Grad der Artikulation von Außenwelt- und Selbsterfahrungen sowie im Ausmaß verfügbarer spezialisierter Steue-rungs- und Abwehrmechanismen". (*Angleitner*, 1977, S. 22).

Unterschiedliche Differenzierungsgrade korrespondieren nach *Witkin* und Mitarbeitern u. a. mit Graden sozialer Beeinflußbarkeit; Personen größerer kognitiver Differenziertheit lassen sich weniger leicht beeinflussen, vertrauen stärker ihren eigenen Urteilen und richten damit ihr soziales Verhalten weniger nach situativen Anforderungen aus, sondern nach internen Standards, im Unterschied zu Individuen geringerer kognitiver Differenziertheit.

Gardner (u. a. 1959, 1960) entwickelte das Konzept des *‚leveling-sharpening'* zur Beschreibung und Erklärung der individuellen Organisation der Auseinandersetzung mit der Umwelt, die zu einer kognitiven Kontrolle des Stimulusinput führt. Folgende kognitive Kontrollprinzipien wurden herausgearbeitet:

(1) field-articulation (stimmt weitgehend mit Feldabhängigkeit überein),
(2) leveling-sharpening (Damit sind Unterschiede in der Angleichung neuer Reize an vorangehende Reize gemeint; von maximaler Angleichung bis Betonung der Neuheit und Einzigartigkeit.)
(3) scanning-nonscanning (Breite Aufmerksamkeitssteuerung vs. Akzentuierung der Aufmerksamkeit auf ganz bestimmte Aspekte des Reizfeldes.)
(4) equivalence range (Detaillierte bis grobe, dichotome Reizkategorisierung)
(5) tolerance for unrealistic experience (Ausmaß, mit dem eine Person sich von strenger Realitätsorientierung entfernen und Wahrnehmungen anerkennen kann, von denen sie weiß, daß sie nicht real sind.)
(6) constrictive vs. flexiber (Grad der Anfälligkeit für eine Störung durch starke, aber im Kontext irrelevante Reize.)

Gardner und Mitarbeiter gehen von dem Kontrollsystem des leveling-sharpening aus, das bei der Differenzierung von Reizen von Bedeutung ist. *‚Levelers'* gleichen neue Reize maximal vorangehenden an, strukturieren das Reizfeld kaum und ordnen neue Reize in eine vorhandene dominante Struktur ein.

‚Sharpeners' betonen den Aspekt der Neuartigkeit von Reizen, reagieren besser auf graduelle Veränderungen und strukturieren das Reizfeld komplex und differenziert.

Byrne (u. a. 1964) unterscheidet zwischen *Sensibilisierern* und *Verdrängern*, die durch unterschiedliche Ausmaße an kognitiver Abwehr angsterregender Stimuli gekennzeichnet sind. Sensibilisierer zeigen häufig eine Tendenz zur Reduktion von Angst durch Beherrschung der Reize und ihrer Folgen, während Verdränger angsterregende Reize meiden oder kognitiv ‚abwehren'.

Kelly (1955) oder *Bieri* (1966), der den *Kelly*-Ansatz weiter verfolgte, postulierten eine Dimension der *kognitiven Komplexität*. Eine Person ist kognitiv umso komplexer, über je mehr ,personale Konstrukte' oder begriffliche Kategorien und Unterscheidungsmöglichkeiten sie zu einer Perzeption und Einordnung ihrer Umwelt verfügt. Kognitive Komplexität spiegelt somit die relative Differenziertheit der Beurteilungsdimensionen wider. Mit den Graden kognitiver Komplexität korrespondieren Extremität von Urteilen, unterschiedliche Informationsverarbeitungskapazitäten oder die Fähigkeit, Verhalten anderer Personen vorherzusagen. Kognitiv komplexe Personen sind eher in der Lage als kognitiv Simple, Differenzen im Erleben und Verhalten zwischen sich und anderen zu erkennen.

Die Theorie der *kognitiven Strukturiertheit* von *Harvey, Hunt & Schroder* (1961), *Harvey* (1963, 1966), *Schroder* et al. (1967) stellt einen Versuch zur Integration und Präzisierung bislang vorliegender Arbeiten zu kognitiven Stilen dar. In unserem Zusammenhang wichtig ist die Konzeptualisierung der kognitiven Strukturiertheit als *Interaktionsweise* einer Person mit seiner Umwelt und nicht mehr als zeit- und situationsübergreifende Persönlichkeitsdisposition. Interaktion wird dabei als ein aktiver Prozeß der Informations-Erkennung und -verarbeitung begriffen.

Kognitive Strukturen differieren nach den Graden ihrer Differenziertheit, Diskriminiertheit und Integriertheit. Differenziertheit und Diskriminiertheit sind Merkmale der Informationsaufnahme. *Differenziertheit* bezieht sich auf die Fähigkeit zur Aufschlüsselung von Informationen nach einer größeren Anzahl von ,Hauptdimensionen'. *Diskriminiertheit* als Differenziertheit zweiter Ordnung *(Bieri)* bezieht sich auf den Grad der verfügbaren Abstufungen auf diesen einzelnen Dimensionen. Unterschiedliche Grade der kognitiven Organisiertheit der aufgenommenen Informationen entsprechen unterschiedlichen *Integriertheits-Graden*, die definiert sind als die Zahl der möglichen Verbindungen der einzelnen Dimensionen oder auch als Zahl möglicher alternativer Kombinationen der begrifflichen Unterscheidungen und Einordnungen. Je höher der Grad an Integriertheit, desto differenzierter kann die Person auf Situationen mit eigenen Handlungsprogrammen antworten (vgl. dazu *Dörners* Konzept des Realitätsbereichs, a.a.O.), da sie die aufgenommenen Informationen in vielfältiger Weise miteinander kombinieren und gewichten kann.

Die drei Komponenten sind in der Theorie der kognitiven Strukturiertheit hierarchisch zugeordnet, ohne daß eine vollständige Abhängigkeit postuliert wird. Auf der Ebene der Differenziertheit und Diskriminiertheit muß ein bestimmter Strukturierungsgrad vorliegen, damit eine Integriertheit höherer Ordnung möglich wird. Hohe Differenziertheit muß jedoch nicht unbedingt einhergehen mit hoher Integriertheit, nämlich dann, wenn die Kategorien relativ nebeneinanderstehen und nur eine begrenzte Anzahl möglicher Interrelationen zwischen den einzelnen Komponenten wahrgenommen werden.

Der kognitive Strukturiertheitsgrad einer Person wird bestimmt durch die *Anzahl der relevanten Dimensionen*, die bei der Informationsverarbeitung zur Verfügung stehen, den *Grad der Abstufungen* auf den einzelnen Dimensionen und durch das *Niveau der Integriertheit*. Mit dem Strukturiertheitsgrad einer Person kovariieren nach *Harvey* et al. (a.a.O.) Grade der Offenheit und Flexibilität bei allen Formen der Informationsverarbeitung. Individuen mit geringer Strukturiertheit ihres kognitiven Systems sind unfähig, ihre Vorstellungen und Begriffe den sich verändernden Bedingungen der Situation anzupassen, sie tendieren dazu, in stereotyper Weise zu reagieren (*Seiler* 1973, S. 41).

Sie tendieren zu Übergeneralisierungen und stereotypen Urteilen und sind nur beschränkt in der Lage, Situationen in verschiedener Weise zu interpretieren. Diese Tendenz geht einher mit der Neigung zur Dichotomisierung und einer Verankerung von Verhalten und Urteilen in äußeren Bedingungen. Individuen mit hohem Strukturiertheitsgrad verfügen dagegen über ein hohes Maß an Fähigkeit zur eigenständigen Handlungsregulation (vgl. *Seiler* 1973, S. 43). Die drei Komponenten des kognitiven Systems werden in der Theorie von *Harvey* und Mitarbeitern als Persönlichkeitsdimensionen aufgefaßt, die das *aktuelle* Niveau der Informationsverarbeitung einer Person in einer Situation determinieren. Allerdings wird nicht eine generelle, in allen Situationen gleich wirksame und gleich ausgebildete kognitive Struktur postuliert, sondern deren *Bereichsspezifität* betont. (Ein hoher Grad an kognitiver Strukturiertheit im Bereich wissenschaftlicher Aktivitäten kann z. B. durchaus einhergehen mit einem geringen Maß an kognitiver Strukturiertheit in sozialen Situationen.)

Die kognitive Strukturiertheit stellt außerdem nur *eine* Quelle zur Determination des aktuellen Informationsverarbeitungs-Niveau dar. Eine weitere Einflußgröße ist nach *Harvey* und Mitarbeitern in der *Komplexität der Umwelt* zu sehen.

Das sich über mehrere Situationen in variabler Weise manifestierende Verarbeitungsniveau wird nach *Krohne* (1977) in Anlehnung an *Schroder* (1970) als *Informationsverarbeitungskapazität* (IVK) bezeichnet. Die Höhe der IVK wird nach der Theorie der kognitiven Strukturiertheit bestimmt aus der Interdependenz von Umweltkomplexität (UK) und kognitiver Strukturiertheit eines kognitiven Systems (KS), zwischen denen eine umgekehrt-U-förmige funktionale Beziehung postuliert wird. (*Schroder* et al., a.a.O.). Mit zunehmender UK steigt IVK zunächst bis zu einem Maximum an, um dann bei weiterer Steigerung der UK wieder abzusinken.

Interindividuelle Differenzen hinsichtlich des KS schlagen sich in drei Aspekten nieder:

„Personen mit hoher KS erhöhen mit steigender UK ihre IVK schneller als solche mit geringer KS, sie erreichen darüber hinaus ein absolut höheres Kapazitäts-Niveau und manifestieren den Kapazitätsabfall, verglichen mit Personen mit niedriger KS, erst bei höherer UK" (*Krohne*, 1977 S. 59).

Die behauptete Interdependenz von UK und KS wird auch von *Oerter* et al. (1977) in ihrem Isomorphie-Modell kognitiver Sozialisation oder von *Berry* (1976) im Rahmen seines „ecological-cultural behavioral model" betont; von beiden Ansätzen wird im Kapitel 3 noch ausführlich die Rede sein. *Oerter, Berry, Seiler* oder *Harvey* und Mitarbeiter erklären die Interdependenz von UK und KS als Resultat von *Akkomodation* und *Assimilation*, wie sie von *Piaget* konzipiert worden sind (*Piaget* 1947, 1974). Die Interdependenz von UK und KS wird damit nicht als Ergebnis einer passiven Einwirkung von Umweltaspekten auf das Individuum begriffen, sondern als Resultat einer aktiven Auseinandersetzung der Person mit ihrer Umwelt. Einerseits bezieht sie immer neue Gegenstandsbereiche in ihr Verhaltens- oder Vorstellungsschema ein und gelangt damit zu einem immer umfassenderen kognitiven Schema, andererseits werden ihr Veränderungen der Schemata von außen aufgezwungen; dies führt zu einer Anpassung an die Außenwelt.

‚Kognitive Strukturiertheit‘ umfaßt damit wesentliche Bestandteile des interaktionalen Modells und führt zu einer Präzisierung seiner Annahmen: Personen lassen sich danach unterscheiden, inwieweit sie kognitive Systeme unterschiedlicher Differenziertheit in Interaktion mit ihrer Umwelt herausgebildet
haben. Das Ausmaß an kognitiver Differenziertheit korrespondiert mit der Fähigkeit, einzelne situative cues aus der Gesamtsituation auszugliedern, die Aufmerksamkeit auf ganz bestimmte
situative Aspekte zu lenken und damit in spezifischer Weise
darauf zu reagieren. Individuen mit hohen Graden an KS lassen
sich weniger von äußeren Bedingungen als von internen Standards in ihrem Verhalten leiten und sind eher in der Lage als
Individuen geringerer KS, ihre abgespeicherten Informationen
zu Handlungsplänen und Handlungsprogrammen zu organisie-
ren, die mit ihren eigenen Handlungszielen übereinstimmen. Mit
der Unterscheidung von IVK und KS sowie der postulierten
Interdependenz mit situativen Aspekten (UK) entspricht die
Theorie der kognitiven Strukturiertheit einem weiteren Axiom
des interaktionalen Modells.

Eine Person mit einem spezifischen kognitiven Strukturiert-
heits-Grad nimmt die Situation spezifischer Komplexität, in die
sie eintritt, in besonderer Weise wahr und ordnet sie gemäß ihres
kognitiven Systems. Als Resultat der Interdependenz von personaler Disposition (KS) und situativer Eigenart (UK) gelangt sie
zu einer spezifischen IVK, von der das ‚Bild‘ der Situation, das
sich die Person macht, determiniert wird. Dieses Bild entscheidet
mit darüber, in welcher Weise sie auf diese Situation reagiert.

Theorien kognitiver Stile können somit sinnvoll in ein interaktionales Modell integriert werden. Ihre explizite Einbeziehung
kann zu einer besseren differentiellen Vorhersage und Erklärung
transsituativer Konsistenz oder Inkonsitenz einer oder mehrerer
Personen in umschriebenen Situationen beitragen.

2.3 ‚Person × Situation' unter sozialpsychologischer Perspektive

Mit der Erörterung interaktionistischer Positionen in der Differentiellen und Persönlichkeitspsychologie wurden weitere Argumente für das in Kapitel 3 beschriebene handlungspsychologische Modell der Person × Situation-Interaktion vorgestellt: Die behauptete Intentionalität menschlicher Aktivitäten, die motivkongruente Selektion und Akzentuierung von Elementen einer ‚objektiven' Situation oder die Verschränktheit von personalen und situativen Faktoren beim Prozeß der Verhaltensgenerierung sind auch für das handlungspsychologische Modell von großer Bedeutung.

Im folgenden Abschnitt wird keineswegs versucht, möglichst umfassend interaktionale Konzepte im Bereich der Sozialpsychologie darzustellen, vielmehr sollen am Beispiel einiger Forschungsfelder mögliche interaktionale Betrachtungsweisen sozialen Geschehens veranschaulicht werden, die auch für eine spätere handlungspsychologische Orientierung von Nutzen sein können.

Im ersten Abschnitt werden Theorien und empirische Studien diskutiert, die Informationsverarbeitungsprozesse zum Thema haben, die bei der Kognition und Beurteilung anderer Personen, ihrer ‚Eigenarten' und ihres (beobachteten oder gedachten) Verhaltens ins Spiel kommen. Die ‚geronnenen' Spuren dieser Informationsverarbeitungsprozesse stellen kognitiv-evaluative Schemata dar, die zu einer schnellen und sicheren Orientierung in sozialen Situationen beitragen und das individuelle sozial-interaktive Verhalten beeinflussen.

Auch Theorien über soziale kognitiv-evaluative Verarbeitungsprozesse können unter interaktionaler Perspektive betrachtet werden, und zwar in einem doppelten Sinne: zu fragen ist, inwieweit sie einerseits Interdependenzen von Eigenarten der urteilenden Person und des Urteils-Kontextes in ihre Analysen einbeziehen, aus denen soziales Verhalten resultiert; andererseits lassen sich die Theorien danach unterscheiden, inwieweit sie ‚naiven Interdependenztheorien‘, d. h. ‚alltäglichen‘ Annahmen über die Verschränkung personaler und situativer Faktoren bei der Beurteilung beobachteten Verhaltens, gerecht werden.

Im zweiten Abschnitt stehen sozialpsychologische Theorien im Vordergrund, die gleichfalls kognitiv-evaluative Prozesse zum Inhalt haben, darüberhinaus aber Annahmen über Zusammenhänge zwischen Kognitionen, Evaluationen und sozial-interaktivem Verhalten formulieren.

Soziale Informationsverarbeitungsprozesse sind notwendige Vorbedingungen (und Resultat) sozial-interaktiven Verhaltens. Die individuelle Sichtweise, oder allgemein die subjektive Transformation externer Ereignisse in den ‚subjektiven Lebensraum‘, ist Niederschlag einer Interdependenz von ‚objektiven‘ Stimuli und personalen Determinanten: Sozial-interaktives Verhalten basiert auf diesen Informationsverarbeitungsprozessen und führt gleichzeitig zu Veränderungen der internen Repräsentation sozialer Situationen.

Auch in der sozialpsychologischen Forschung können personzentrierte, situationszentrierte oder interaktionale Perspektiven voneinander abgehoben werden. *Sampson* (1976) beispielsweise beginnt seine Darstellung der Sozialpsychologie mit dem Kapitel: „Person, Situation, Interaction: An Introduction to the social psychological Perspective", in dem er eine Klassifikation sozialpsychologischer Forschung nach person-, situationszentrierten oder interaktionistischen Zugängen vornimmt. Sie differieren in den Ausmaßen, mit denen sie systematisch personale und situative Determinanten des Verhaltens in theoretische Aussagen und empirische Analysen einbeziehen. Für eine interaktionale Forschungsstrategie reicht es u. E. jedoch nicht, neben experimentellen Bedingungen auch Organismus-Variablen als weitere ‚unabhängige‘ Variablen einzuführen, ohne gleichzeitig Konzepte der Interdependenz von personalen und situativen Faktoren zu entwickeln und einer empirischen Testung zuzuführen. Eine Konstatierung oder Vorhersage von Korrelationen oder Interaktionen im varianzanalytischen Sinne zwischen Organismus-Variablen (wie Alter, Geschlecht, ‚Dominanz‘, ‚Einstellung‘) und experimentell induzierten unabhängigen Variablen darf nicht mit einer in unserem Sinne interaktionalen Betrachtungsweise verwechselt werden. Für diese Art sozialpsychologischer Forschung – erinnert sei nur an die zahlreichen 2×2×2 varianzanalytischen Designs – gelten die gleichen Einschränkungen, die bereits gegen den ‚modernen‘ Interaktionismus in der Persönlichkeits- oder Differentiellen Psychologie vorgebracht worden sind.

In ihrem kritischen Überblick über verschiedene Persönlichkeits-Modelle und deren Brauchbarkeit für eine Erklärung und Vorhersage sozialen Verhaltens nennen *Argyle & Little* (1972) einige Gründe, warum soziales Verhalten nicht einem strengen Trait-Modell folgt, sondern eher mit einem interaktionalen Modell der Persönlichkeit vereinbar ist. Sie gewinnen Evidenz für diese Sichtweise aus einer Untersuchung über Verhaltensweisen mehrerer Individuen in einer größeren Anzahl von zwischenmenschlichen ‚Beziehungs-Typen‘. Sie lehnen sich in ihrer Strategie einerseits an *Kelly*'s REP-Test zur Analyse personaler Konstrukte an, andererseits an die Arbeiten von *Endler* und Mitarbeitern. Die Resultate verweisen ohne Ausnahme auf einen hohen Anteil von Varianz zulasten der Interaktionen ‚Person × Situation‘. In einer anschließenden Analyse individueller Urteile decken sie interindividuelle Unterschiede in der kognitiven Repräsentation der Beziehungs-Typen oder sozialen Situationen auf. Diese Ergebnisse interpretieren sie als Stützung eines interaktionalen Modells der Persönlichkeit zur Erklärung und Vorhersage sozialen Verhaltens, das sie in Anlehnung an *Levy* (1970) oder *Kelly* (1955) bezeichnen mit ‚Persönlichkeit als das kognitive System einer Person‘. Individuelles Verhalten wird danach bestimmt durch personale Konstrukt-Systeme, und Verhaltenskonsistenz tritt dann auf, wenn eine Person zwei oder mehrere Situationen als ähnlich konstruiert hat (*Argyle & Little* 1972, S. 5).

Dieser allgemeine Ansatz zur Erklärung sozialen Verhaltens ist vereinbar mit *Lewins* allgemeiner Verhaltensgleichung (1936), nach der aktuelles Verhalten abhängt vom momentanen Zustand der Person (P) und dem momentanen Zustand der psychisch repräsentierten Umwelt (U). P und U bilden gemeinsam die ‚Gesamtsituation‘ (S) oder den psychologischen Lebensraum.

$$V = f(P,U)$$
$$V = f(S)$$

P und U werden als interdependente Größen aufgefaßt; P kann als eine Funktion von U und U als eine Funktion von P betrachtet werden. Das Verhalten einer Person in einer aktuellen Situation resultiert aus einer Interdependenz von personalen Determinanten und Determinanten der Umwelt, soweit sie auf das Verhalten einer Person einwirken.

Die Gesamtsituation, konstituiert von interdependenten Relationen zwischen P und U, wird als ‚Inbegriff aktuell möglichen Verhaltens' aufgefaßt. Zu einer Erklärung von Verhalten sind somit zunächst zwei Bedingungen zu erfüllen: Erstens muß der Lebensraum oder die Gesamtsituation wissenschaftlich erfaßbar sein und zweitens die Funktion f bestimmt werden, die das Verhalten mit dem Lebensraum verbindet (*Lewin*, 1963, S. 272). Es würde den Rahmen dieser Arbeit sprengen, weitere Einzelheiten des *Lewin*'schen Ansatzes darzulegen oder im Detail auf Weiterentwicklungen dieser Theorie einzugehen, die sich ganz allgemein darin voneinander unterscheiden, welche Spezifikationen von f, V, U und P vorgenommen werden.

Die Theorie sozialer Vergleichsprozesse (*Festinger* 1954) oder die Dissonanztheorie (*Festinger* 1957) können ebenso als in unserem Sinne Theorien der Interdependenz aufgefaßt werden, wenn sie auf die Ausgangsbedingungen eines sozial-interaktiven Verhaltens, auf die „kognitiven Anfangsbedingungen" (*Irle* 1974, S. 325) bezogen werden; andererseits können sie als explikative Momente von Annahmegefügen angesehen werden, die auf Vorhersage und Erklärung *sozialer Interaktion* gerichtet sind. *Piontkowski* (1976) verweist an zahlreichen Stellen ihrer Arbeit zur ‚Psychologie der Interaktion' auf die Verschränktheit von Kognitionsprozessen und interaktivem Verhalten, wobei sozialen Vergleichsprozessen und Dissonanzphänomenen zur Erklärung „der in Interaktion immer auch beteiligten Kognitionen über den Interaktionspartner, sein Verhalten und seine Einstellungen" (S. 46) eine bedeutsame Rolle eingeräumt werden.

Im weiteren Verlauf dieses Kapitels soll die *Lewin*'sche Metatheorie, repräsentiert in der allgemeinen Verhaltensgleichung V = f (P,U), mit spezifischen sozialpsychologischen Theorien in

Verbindung gebracht werden, die sich sowohl hinsichtlich ihrer Spezifikationen von f, der Verhaltensklassen, auf die sie gerichtet sind, als auch in den personalen und situativen Determinanten (als deren Funktion jene Verhaltensweisen begriffen werden) voneinander unterscheiden. Sie weisen jedoch relevante Überschneidungen und Gemeinsamkeiten auf, indem sie soziales Verhalten aus einer Interdependenz von personalen und situativen Faktoren erklären.

2.3.1 Interpersonale Wahrnehmung

Der *Lewin*'schen Verhaltensgleichung gemäß ist das beobachtete Verhalten einer Person in einer aktuellen Situation eine Funktion der Gesamtsituation, d. h. Ergebnis einer Interdependenz personaler und situativer Faktoren. Viele sozialpsychologische Konzeptionen beziehen sich nun nicht auf *tatsächliches* Verhalten und dessen Erklärung aus situativen und personalen Determinanten, sondern auf besondere Weisen der *Wahrnehmung und Beurteilung von Verhalten und Eigenarten* Anderer oder der eigenen Person sowie auf Schlußfolgerungsprozesse, die auf Eigenarten eines beobachteten Akteurs oder auf mögliche Verursachungen eines beobachteten Verhaltens gerichtet sind.

Solche Konzepte der ‚interpersonalen Wahrnehmung und Urteilsbildung' bemühen sich häufig um eine in sozialpsychologischer Terminologie explizite Formulierung einer impliziten Theorie des ‚Alltagsmenschen', die dieser etwa über Korrespondenzen zwischen Eigenschaften einer Person (‚implizite Persönlichkeitstheorie') hat oder über Ursachen eines beobachteten Verhaltens in einer oder mehreren Situation(en) (‚Attribution in der Personwahrnehmung'). Bei der Attribuierung von Ursachen ist von besonderem Interesse, inwieweit und unter welchen Bedingungen eher ‚interne' (dispositionale) oder ‚externe' (situative) Faktoren von der urteilenden Person beachtet werden.

Sozialpsychologische Aussagen über Bedingungen, die mit spezifischen Formen von Attribuierungsprozessen korrespondieren, beziehen sich sowohl auf Eigenarten der urteilenden Person und des Kontextes, in dem Wahrnehmungen oder Urteile stattfinden, als auch auf ‚Eigenarten' der wahrgenommenen Person und des situativen Kontextes, innerhalb dessen die Person agierend wahrgenommen wird.

In Analogie zur *Lewin*'schen Verhaltensgleichung können die postulierten Interrelationen allgemein so dargestellt werden:

$$A(V' = f' (P',U') = f(P,U; \{K,P', U',V' \in U\})$$

Das Urteil (A) einer Person (P) darüber, in welcher Weise (f') ein beobachtetes Verhalten (V') aus einer Interdependenz von Eigenarten der Stimulusperson (P') und der Stimulus-Situation (U') resultiert, ist eine Funktion (f) einer Interdependenz von Determinanten der urteilenden Person (P) und Determinanten der Urteilssituation (U): vom Urteilskontext (K) und dem Stimulusmaterial (P',U',V').

Kausalattribuierungsprozesse sind damit in zweifacher Hinsicht interdependenter Natur: Sie implizieren einerseits ‚naive' Annahmen über die Verursachung eines beobachteten Verhaltens aus einer Interdependenz von beobachteter Person und beobachteter Stimulus-Situation (‚implizite Interdependenztheorie'), die andererseits wiederum in Abhängigkeit von Interdependenzen personaler und situativer Determinanten der urteilenden Person, ihrer Gesamtsituation, entstehen.

Sozialpsychologische Theorien über interpersonale Wahrnehmung nehmen in ihre jeweiligen Annahmegefüge ausnahmslos nur einzelne Aspekte des vorgestellten allgemeinen Modells auf und analysieren zudem häufig Urteile über unterschiedliche Elemente der Stimulussituation.

a) Implizite Persönlichkeitstheorien

Im Rahmen der interpersonalen Wahrnehmung ist spätestens seit *Asch* (1946) die Frage nach wahr- oder angenommenen Relationen zwischen Eigenschaften von Personen immer wieder Gegenstand sozialpsychologischer Forschung geworden (siehe u. a. *Bruner & Tagiuri* 1954; *Cronbach* 1955; *Tagiuri & Petrullo* 1958; *Schneider* 1973; *Rosenberg & Sedlack* 1972). *Bruner & Tagiuri* führten den Terminus ‚naive, implizite Persönlichkeitstheorie' ein zur Charakterisierung eines (nicht notwendig rational begründeten) Urteilens über das gemeinsame Auftreten von Eigenschaften bei einem Individuum. *Cronbach* (1955) erweiterte in seiner ‚lay theory of personality' diese Urteilstendenz auf Annahmen über den Mittelwert und die Varianz einer jeden (angenommenen) Eigenschaft. Die Wahrnehmung eines Attributes einer Person läßt nach Meinung des Wahrnehmenden Schlußfolgerungen auf andere, nicht beobachtete Attribute der Person zu (*Hays* 1958). Eigenschaften werden nicht als voneinander unabhängig aufgefaßt, zwischen ihnen werden vielmehr Interrelationen angenommen, die allgemein beschrieben werden können als: Eigenschaft A impliziert (nicht) Eigenschaft B; A tritt (nicht) gemeinsam mit B auf; Informationen über A und B sind (nicht) redundant (vgl. *Lantermann* 1976).

Scotland & Canon (1972) sehen eine wichtige Funktion der impliziten Persönlichkeitstheorie (IPT), die sie als kognitives Schema höherer Ordnung bezeichnen, in der Reduktion und Vereinfachung komplexer Informationen über andere Personen. Im Rahmen ‚klassischer‘ Zugänge zur Analyse von IPT (einen umfassenden Überblick geben *Rosenberg & Sedlack*, a.a.O., oder *Schneider*, a.a.O.) stehen *dispotionstheoretische* Ansätze im Vordergrund; sie fragen, welche Eigenschaften Stimuluspersonen zugeschrieben und welche Interrelationen zwischen diesen angenommen werden. Diese Ansätze lassen sich weiter untergliedern in Arbeiten zur *allgemeinen* IPT, *teilkonkretisierten* IPT und *vollkonkretisierten* IPT (vgl. *Laucken* 1974, S. 35 f.). Auf der Ebene von Analysen einer allgemeinen IPT sucht man nach allgemeingültigen und für alle Personen geltenden Beziehungen zwischen attribuierten Eigenschaften (u. a. *Asch* 1946, *Hays* 1958 oder *Wishner* 1960). Studien zur teilkonkretisierten IPT befassen sich mit subjektklassen- oder stimulusobjektklassenspezifischen Eigenschaftsgefügen (so bei *Hofer* 1970).

Analysen zur IPT in vollkonkretisiertem Zustand thematisieren die Abhängigkeit angenommener Eigenschaftszusammenhänge von konkreten Stimuluspersonen, Stimulussituationen, von Charakteristika des Attributors und manchmal auch von konkreten Urteilskontexten.

Allgemeine Konzepte der IPT sehen Personenbeurteilungen als Funktion personaler Determinanten des Attributors:

$$A(P') = f(P)$$

Das Urteil über Eigenschaften einer beliebigen Person (P') ist eine Funktion einer allgemeinen, für alle Attributoren geltenden ITP (P).

Teilkonkretisierte Konzepte der IPT umfassen weitere Spezifikationen von Personenbeurteilungen:

$$A(|P'_j|) = f(|P_{j,i}|)$$

Urteile einer Klasse von Attributoren über Eigenschaften einer Klasse von Stimuluspersonen ($|P'_j|$) sind eine Funktion gruppenspezifischer IPTn über eine spezifische Klasse von Stimuluspersonen ($|P_{j,i}|$).

Vollkonkretisierte Konzepte der IPT sind charakterisiert durch die Hinzunahme weiterer Determinanten der Personenbeurteilung:

$$A(P',U') = f(P,U; \{K,P',U' \in U\})$$

Ein Urteil (A) über Eigenschaften einer Stimulusperson (P') in einer Stimulussituation (U') ist eine Funktion einer Interdependenz personaler Determinanten des Attributors (P), des Urteilskontextes (K) sowie des Stimulusmaterials (P',U').

Ein theoretisch wohl begründetes, aber mit methodischen Schwächen behaftetes Beispiel einer Analyse von Aspekten einer impliziten Persönlichkeitstheorie auf vollkonkretisiertem Niveau stellt die Arbeit von *Krohne* (1973) dar, die im folgenden dargestellt werden soll. Ausgehend von der Theorie der kognitiven Differenziertheit (*Harvey* et al., a.a.O.) formuliert *Krohne* ein theoretisches Modell der Personwahrnehmung, das Eigenschaften von Stimulus-Personen, des Urteilskontextes und der attribuierenden Person umfaßt.

Als wichtige *Attributor-Eigenschaft* wird die personspezifische Art der Verarbeitung von psychologischem Streß angesehen, wobei nicht-defensiver Angstverarbeitung die beiden Angst-Abwehrsysteme der Zuwendung (,Sensitizer') und Vermeidung (,Represser') nach *Byrne*, a.a.O. (vgl. Kap. II.2.) gegenübergestellt werden. Als *Situationsparameter* (Urteilskontext) wird das Ausmaß an psychologischem Streß definiert, der in einer Beurteilungssituation auf den Attributor einwirkt.

Streß wird in der Untersuchung zu induzieren versucht über eine Variation der Aufgabenhaltung (ich-orientiert vs aufgaben-orientiert). Der *Reizparameter* (Stimulusperson) wird gefaßt als die Valenz, die eine zu beurteilende Person für den Attributor besitzt. Ohne auf weitere Einzelheiten der theoretischen Begründung des Modells einzugehen, sollen einige von Krohne formulierten Annahmen genannt werden:

(1) „Sensitizer beurteilen Personen differenzierter als Represser.

(2) Negativ erlebte Personen werden differenzierter beurteilt als positiv erlebte Personen.

(3) Psychologischer Streß erhöht die Differenziertheit der Personenbeurteilung bei Sensitizern und senkt sie bei Repressern." (1973, S. 87).

Da *Differenziertheit* (Annahmen über die Anzahl unabhängiger Dimensionen, über die eine Person bei der Kategorisierung aufgenommener Reize verfügt,) ein wesentliches Merkmal einer impliziten Persönlichkeitstheorie darstellt, formuliert *Krohne* mit seinen Annahmen gleichzeitig Hypothesen über die implizite Persönlichkeitstheorie von Attributoren.

Allerdings läßt die Operationalisierung der abhängigen Variablen ‚kognitive Differenziertheit' manche Frage offen. Kognitive Differenziertheit ist ein Individual-Konstrukt, die Operationalisierung aber bezieht sich auf über mehrere Personen aggregierte Urteils-Strukturen; außerdem werden die Urteile über mehrere Stimulus-Personen zusammengefaßt. Implizit wird also postuliert, daß die Urteilsdimensionen und damit die impliziten Persönlichkeitstheorien invariant bleiben gegenüber einem Wechsel von Stimuluspersonen und theoretisch definierten Klassen von Attributoren. Diese Annahmen wären zumindest explizit in das Modell aufzunehmen und *vor* einer Testung der Hypothesen (1) bis (3) empirisch zu überprüfen.

Die Erfassung der kognitiven Differenziertheit selbst erfolgt unter Ignorierung hinlänglich bekannter und bewährter Verfahren, so daß die verwendete Technik zur Erfassung der kognitiven Differenziertheit (über Varianzanalysen) unverständlich bleiben muß, zumal sie der theoretischen Konzeption widerspricht. Die von *Krohne* berichteten Ergebnisse einer empirischen Überprüfung des Modells sollen daher hier nicht wiederholt werden, da sie u. E. nicht im Sinne einer Stützung oder Widerlegung der Theorie interpretiert werden können.

Trotz der methodischen Schwächen aber stellt die Arbeit in ihrer theoretischen Konzeption eine u. E. beispielhafte Konkretisierung eines interdependenten Modells der Personwahrnehmung dar. Sie berücksichtigt sowohl personale als auch situative Determinanten des Urteilsverhaltens, die Forderung nach *Kongruenz* situativer und personaler Faktoren (vgl. das Kapitel II 2 über den modernen Interaktionismus) wird aufgenommen und somit Erklärungen über *interdependente* Relationen zwischen den postulierten Einflußfaktoren ermöglicht.

Theorien zur impliziten Persönlichkeitstheorie sollten u. E. mehr als bisher weitere Komponenten des vorgestellten allgemeinen Modells der Personwahrnehmung berücksichtigen und somit zu differenzierten Prognosen und Erklärungen von spezifischen Urteilsweisen beitragen. Im nachfolgenden Teil der Arbeit werden Theorien der Attribuierung in der Personwahrnehmung vorgestellt, die eher *prozeßorientiert* sind, d. h. sich auf die Verwendung ‚naiver' Verhaltenstheorien zur Beurteilung beobachteten *Verhaltens* beziehen. Allerdings vernachlässigen diese Ansätze wiederum häufig Konzepte dispositionstheoretischer Zugänge, wie noch zu zeigen sein wird.

b) Attribution in der interpersonalen Wahrnehmung

Im Unterschied zu dispositionstheoretischen Konzepten konzentrieren sich prozeßtheoretische Konzepte der interpersonalen Wahrnehmung auf wahrgenommenes *Verhalten* einer Person; insbesondere werden ‚naive' Hypothesen über Ursachen eines beobachteten Verhaltens expliziert sowie alltagspsychologische Folgerungen aus beobachtetem Verhalten auf bestimmte Dispositionen des Akteurs einer genauen Analyse zugänglich gemacht.

Dispositions- wie prozeßtheoretische Zugänge können Bestandteile einer ‚naiven Verhaltenstheorie' sein; diese umfaßte dann zum einen dispositionale Konzepte, „zum anderen (. . .) aber auch – im Gegensatz zu manchen wissenschaftlichen Persönlichkeitstheorien – naiv-theoretische Vorstellungen darüber, wie diese dispositionalen Bestände in aktuelle Prozesse einfließen und somit das in einer bestimmten Situation konkret beobachtbare Verhalten ‚steuern'" (*Laucken* 1974, S. 38). Über die anzunehmenden vielfältigen Verschränkungen naiver dispositions- und prozeßtheoretischer Konzepte liegen bisher kaum empirisch gesicherte Einsichten vor; eine theoretisch und empirisch verankerte, in diesem Sinne umfassende ‚naive Verhaltenstheorie' gilt es damit erst noch zu entwickeln.

Ein erster Versuch zu einer generellen naiven Verhaltenstheorie von *Laucken* basiert auf (willkürlich) selegierten verbalen Äußerungen, die dem Verfasser im Laufe einiger Jahre zu Ohren gekommen waren; die faszinierenden Flußdiagramme können u. E. nicht darüber hinwegtäuschen, daß sich *Laucken* stark im Spekulativen bewegt und somit die ‚naive Verhaltenstheorie' von *Laucken* eher als „naive Verhaltenstheorie von *Laucken*" zu interpretieren ist, zumal zahlreiche theoretisch und empirisch gestützte Ergebnisse sozialpsychologischer Forschung zur interpersonalen Wahrnehmung kaum oder gar nicht Berücksichtigung finden, wie z. B. Arbeiten zur Attribution.

Attribuierungstheorien in der interpersonalen Wahrnehmung sind also als prozeßtheoretisch zu kennzeichnen, insofern sie auf Erklärung von und Schlußfolgerungen aus *Verhalten* gerichtet sind. Wie andere kognitive Theorien sozialen Verhaltens versuchen attributionstheoretische Ansätze, soziales Verhalten auf der Grundlage interner kognitiv-bewertender Organisations- und Interpretationsprozesse zu erklären.

Interpersonales Verhalten ist durch kognitiv-bewertende Prozesse vermittelt und wird durch kognitiv-bewertende Prozesse reguliert. Beobachtete Konsequenzen eigenen und fremden Verhaltens wirken wiederum zurück auf die kognitiv-evaluative Repräsentation der sozialen Situation, so daß soziales und kognitiv-evaluatives Verhalten in interdependenten Relationen zueinander stehen.

Heider's ‚naive Verhaltenstheorie' (1958), auf die grundlegende Annahmen attributionstheoretischer Arbeiten unterschiedlicher Provenienzen zurückgehen, beschränkt sich im wesentlichen auf kognitiv-evaluative Sachverhalte eines sozial-interaktiven Geschehens und legt den Akzent auf den Prozeß der Personwahrnehmung, aus der Prognosen interpersonaler Interaktionen abgeleitet werden. Nach *Heider* hat jede Person ein Bewußtsein ihrer Umgebung und der Ereignisse ihrer Umgebung; dieses Bewußtsein oder dieser ‚Lebensraum' wird konstituiert von subjektivem Wissen über räumliche, funktionale und evaluative Relationen zwischen den Ereignissen und der Person. Wahr- oder angenommene funktionale und evaluative Relationen sind Ergebnis von schlußfolgernden Prozessen, die motiviert sind von einem generell unterstellten *Wunsch nach Kontrolle und Vorhersagbarkeit* von Ereignissen der Umwelt. Schlußfolgerungen beziehen sich auf ‚dispositionale Eigenarten' (*Heider,* a.a.O., S. 30), auf apersonale oder personale Bestandteile der Umgebung oder auf Ursache-Wirkungs-Relationen, denen in der Theorie von *Heider* große Bedeutung beigemessen wird.

Die Inferenztheorie von *Jones & Davis* (1965) greift den dispositionalen Aspekt schlußfolgernder Prozesse heraus, wie sie bereits von *Heider* konzipiert worden waren. *Jones & Davis* thematisieren insbesondere die Art und Weise, wie aus beobachtetem Verhalten eines Akteurs auf dessen Absichten und darüberhinaus auf dessen Dispositionen, d. h. intrapersonalen Verhaltensursachen geschlossen wird.

Das Ausmaß, in dem transsituative Verhaltenskonsistenz einer Person vorausgesagt werden kann, kovariiert mit der *Korrespondenz* zwischen beobachteter Handlung und (erschlossener) Disposition des Akteurs. Korrespondenz kann mit *Irle* als das Maß definiert werden, in dem Handlung und eine attribuierte Disposition gleichartig beschrieben werden. „Persönliche Verursachung führt zu einer Konstanz von Handlungen in variierenden Situationen sozialer Interaktionen" (*Irle* 1974, S. 131).

Die erschlossene Korrespondenz nimmt in dem Maße ab, wie Handlungen durch den situativen Kontext erzwungen werden. Inferenzen auf eine Disposition auf der Grundlage beobachteten Verhaltens werden beeinflußt von Annahmen des Attributors darüber, was ‚normales' Verhalten in einer Situation ist. Je stärker die Handlung nach Auffassung des Wahrnehmenden von ‚üblichen' Handlungen anderer Personen in derselben Situation abweicht und je weniger das beobachtete Verhalten sozial erwünscht oder rollenkonform ist, desto sicherer werden Inferenzen auf zugrundeliegende Dispositionen des Akteurs. Die Korrespondenz zwischen Handlung und Disposition steigt weiterhin, wenn die Handlung zu wenigen, unüblichen Effekten geführt hat, die noch dazu als nur mit dieser Handlung und nicht mit möglichen Handlungsalternativen verbunden gesehen werden. Unter der zusätzlichen Annahme, daß der Handelnde die Handlungseffekte antizipiert und angestrebt hat, attribuiert der Wahrnehmende eine Intention und darüberhinaus eine Disposition des beobachteten Akteurs.

Die Theorie von *Jones & Davis* konkretisiert damit mehrere Komponenten des allgemeinen Modells; sie läßt jedoch die Stimulusperson unspezifiziert, d. h. es werden keine Annahmen über mögliche Modifikationen der Attribuierung durch eine Variation der Stimuluspersonen formuliert.

Ergänzt werden können die bisher im Rahmen des Modells von *Jones & Davis* erörterten Einflußfaktoren durch zusätzliche Annahmen über die *Betroffenheit* des Wahrnehmenden von einer wahrgenommenen Handlung. Bereits *Jones & de Charms* (1957) postulierten einen Zusammenhang zwischen Extremität und Prägnanz von Urteilen in der interpersonalen Wahrnehmung und der Abhängigkeit des Wahrnehmenden vom Wahrgenommenen. Führen Mißerfolge des letzteren auch zu Nachteilen für den Wahrnehmenden, dann sind Urteile extremer und entschiedener. Verallgemeinernd formuliert *Irle* (1974, S. 134): „Je mehr das Verhalten der beobachteten Person interferiert mit den Zielen und Werthaltungen des Beobachters, um so wahrscheinlicher werden Folgerungen von Korrespondenzen zwischen dispositiven Attributen und manifestem Verhalten".

Hier werden also explizit ein Stimulusparameter, die ‚Valenz' der Stimulusperson (vgl. *Krohne*, a.a.O.) und ein weiterer Attributor-Parameter (Ziele und Werthaltungen) eingeführt, so daß das allgemeine Interdependenz-Modell weiter konkretisiert wird:

$$A(P',U') = f(P,U; \{V',P',U' \in U\})$$

Ein Urteil (A) einer Person (P) über Dispositionen einer Stimulusperson (P') in einer Stimulussituation (U') ist eine Funktion einer Interdependenz personaler Determinanten des Wahrnehmenden P (Ziele und Werthaltungen; normative Standards) und der Stimulussituation U; die Stimulussituation besteht aus dem beobachteten Verhalten V' und dessen Effekten, der Stimulusperson P' (deren Valenz) und dem wahrgenommenen situativen Kontext U'.

Die attribuierende Person interpretiert auf der Grundlage ihrer normativen Standards die Situation hinsichtlich darin üblicher Handlungen und Effekte und zieht vor diesem Hintergrund Schlüsse auf Dispositionen des Akteurs, die noch zusätzlich modifiziert werden durch unterschiedliche Ausmaße an Interferenz zwischen beobachtetem Verhalten und Werthaltungen des Beobachters. In diesem Sinne stellt die Zuschreibung von Dispositionen eine Funktion einer *Interdependenz* personaler und situativer Determinanten dar.

Kelley (1967, 1973) hat eine Erweiterung des Handlungs-Dispositions-Modells von *Jones & Davis* vorgenommen, die hier kurz erläutert werden soll. Im Kontext mit unserem Thema ist von besonderem Interesse, daß in dieser Konzeption nicht nur mögliche Bedingungen angegeben werden, die zu einer *personalen Dispositions*-Attribuierung führen, sondern daß sie weitere ‚naive' Regeln expliziert, deren Anwendungen durch den Alltagspsychologen zu verschiedenartigen Kausalattribuierungen führen. So werden Voraussetzungen genannt, die dazu führen, daß (1) entweder die handelnde Person selbst, (2) die Umstände (Zeitpunkte), (3) der Sachverhalt, auf den die Handlung gerichtet ist (‚Gegebenheit') oder eine Kombination dieser Faktoren als Ursachen eines Verhaltens oder dessen Effekte angenommen werden.

Je nach Anzahl von Beobachtungen, auf denen Attribuierungen basieren, werden nach der Attribuierungstheorie unterschiedliche Urteilsprinzipien wirksam: liegt nur eine Beobachtung zugrunde, wird das Konfigurationsprinzip, bei mehr als einer Beobachtung das Kovariationsprinzip wirksam. Das Kovariationsprinzip besagt: Ein Effekt wird derjenigen der möglichen Ursachen zugeordnet, mit der er kovariiert. Die subjektive Gewißheit einer Attribuierung auf eine der drei Verursachungsklassen auf der Grundlage des Kovariationsprinzips hängt davon ab, ob ein Verhalten deutlich unterscheidbar mit einem Element aus einer der drei Klassen verbunden ist, ob hinsichtlich der Adäquatheit eines Verhaltens in Bezug auf einen Stimulus Konsensus mit anderen Personen besteht und ob das Verhalten konsistent über die Zeit hinweg ist.

Im Falle einer Attribuierung auf der Grundlage nur einer Beobachtung können zwei Fälle des Konfigurationsprinzips wirksam werden: sind mehrere Ursachen plausibel, so wird ein bestimmtes Verhalten (Effekt) nur mit großer Vorsicht auf eine bestimmte Ursache zurückgeführt (‚Abschwächungsprinzip‘); das Steigerungsprinzip besagt, daß Handlungen und deren Effekte in stärkerem Maße auf personale Faktoren zurückgeführt werden, wenn mit einer Handlung bestimmte Kosten oder Risiken verbunden sind.

Die Attributionstheorie von *Kelley* beachtet damit weitere Komponenten des allgemeinen Modells. Sie bezieht sich – in Abhebung von den bisher erörterten Konzepten – pointiert auf eine allgemeine ‚naive Verhaltenstheorie‘, indem sie nach *allgemeinen* Verursachungen eines beobachteten Verhaltens fragt und nicht bloß Bedingungen einer *personalen* Verursachung expliziert. Sie macht jedoch keine Angaben über Attribuierungs-Modifikationen in Abhängigkeit von Stimuluspersonen- oder Attributor-Parameter:

$$A(V' = f'(P',U')) = f((P),U; \{K,P',U',V' \in U\})$$

Die Attribuierung einer Ursache eines beobachteten Verhaltens oder von Verhaltenseffekten (V') einer Stimulusperson (P') in einer Stimulussituation (U') (‚Gegebenheit‘) ist eine Funktion von (nicht spezifizierten) Attributor-Eigenschaften (P), des Kontextes K (Zeitpunkt(e) der Beobachtung), von (nicht spezifizierten) Eigenarten der Stimulusperson (P'), der Stimulussituation (U') und des beobachteten Verhaltens (V').

In einer Untersuchung zur „Attribution impliziter Persönlichkeitstheorien in einer Interaktionssituation" erweiterten *Bierhoff & Bierhoff* (1977) die Attributionstheorie von *Kelley*, indem sie *generell* nach Motiven fragten, die das Verhalten einer Stimulusperson erklären, ohne bei der Frage nach internen vs. externen Ursachen stehenzubleiben. Ihre Annahme, daß unterschiedliche Interaktionsmuster (Lehrer-Schüler-Interaktionen) verschiedene ‚naive' Erklärungen eines beobachteten interaktiven Verhaltens provozieren, bestätigte sich weitgehend; weitere Annahmen, daß Konsequenzen des Lehrerverhaltens (‚Erfolg vs. Mißerfolg') oder das Geschlecht der Beurteiler die Verwendung naiver psychologischer Theorien beeinflussen, konnten dagegen in ihrer empirischen Studie nicht bestätigt werden.

Bierhoff & Bierhoff spezifizierten damit einige Parameter des allgemeinen Interdependenzmodells interpersonaler Wahrnehmung, die bei *Kelley* ‚Leerstellen' geblieben waren.

In zwei Arbeiten des Autors, die im folgenden berichtet werden, wird der Einfluß (spezifizierter) personaler Determinanten von Attributoren auf die Beurteilung von Verhalten (spezifizierter) Stimuluspersonen in systematisch variierten Stimulussituationen analysiert. Die erste Studie untersucht den Effekt von Einstellungen gegenüber alten Menschen auf Beurteilungen einer ‚alten' Stimulusperson in Situationen unterschiedlicher Valenzen, die zweite Studie Beurteilungen von Verhalten eines ‚Vorbestraften' und eines ‚Unbescholtenen' in Situationen unterschiedlicher ‚Delikt-Valenzen'.

Beide Arbeiten spezifizieren somit Parameter von Attributoren, der Stimulusperson und der Stimulussituation.

c) Generalisierung über Personen und Situationen bei der Beurteilung alter Menschen

Die Annahmen dieser Arbeit (*Lantermann & Laveaux* 1978) basieren auf einer Verbindung einerseits der Reizklassifikationstheorie von *Tajfel* (1959) und deren Verallgemeinerung auf soziale Reize durch *Lilli* (1970, 1975) mit andererseits der von *Jones & Nisbett* (1971) formulierten Beobachter/Akteur-Theorie der Kausalattribution. Insbesondere wird der Einfluß von Stereotypisierungstendenzen über eine Klasse sozialer Objekte als Merkmal von Attributoren auf die Beurteilung von Verhaltensweisen eines *Elementes* dieser Klasse in verschiedenen Situationen theoretisch und empirisch zu analysieren versucht.

Für die Bildung von Stereotypisierungstendenzen ist die Implikation des Urteilsobjektes für die beurteilende Person wichtig, da in solchen Fällen die Aufmerksamkeit auf bestimmte Aspekte des Reizobjektes (Urteilsobjekt) eingeschränkt und somit eine differenzierte Wahrnehmung stark behindert wird. Stereotype sind nach *Lilli & Lehner* (1971, S. 289) definiert als „konsistente, einfache klassifikatorische Urteile". *Lilli* (1970, 1975) hat die Entstehung von Stereotypen auf dem Hintergrund der Reizklassifikationstheorie von *Tajfel* erklärt. Im wesentlichen besagt sie, daß immer dann, wenn einer Stimulusserie eine Klassifikations-Variable zugrundeliegt, die in einem Zusammenhang zu den Reizen steht, diese innerhalb der Kategorien zusammengefaßt und aufgrund ihrer Zugehörigkeit zu einer Kategorie beurteilt werden. *Lilli & Lehner* (a.a.O.) nehmen an, daß der Zusammenhang zwischen einfacher Klassifikation und der Wahrnehmung oder Beurteilung komplexer Stimuli über einen Transferprozeß zustandekommt. „Der gleiche Response erfolgt auf alle Reizsituationen, die in Bezug auf selegierte Merkmale mit der ursprünglichen Reizsituation identisch sind" (*Lilli & Lehner*, a.a.O., S. 290).

Ziel dieser Arbeit war eine systematische Analyse von Kategorisierungs- und Generalisierungstendenzen bei der Perzeption von Verhaltensweisen sozialer Objekte in *Interaktion mit situativen Umständen,* unter denen diese wahrgenommen werden. Sie unterscheidet sich damit wesentlich von ‚klassischen' Untersuchungsstrategien zur Erfassung von Stereotypisierungstendenzen (u. a. bei *Katz & Braly* 1933; *Bergler* 1966, *Bergius* et al. 1970), die in der Regel die ‚Stimulussituationen' (Items) auf typische Verhaltens- und Erlebensweisen einer Klasse sozialer Objekte einengten unter Vernachlässigung situativer Bedingungen, unter denen die entsprechenden Verhaltensweisen auftreten.

Unsere Untersuchung verfolgte dagegen eine Strategie, die es erlaubt, Generalisierungen über *soziale Objekte* wie *über Situationen,* in denen Urteilsobjekte wahrgenommen werden, zu analysieren. Attribuierungsurteile werden damit auf personale und situative Faktoren der Stimulussituation zurückgeführt. Über das Ausmaß der individuellen Beachtung situativer und personaler Momente bei der Beurteilung von Verhaltensweisen eines sozialen Objektes wurde folgende Hypothese formuliert:

Personen mit stärkeren Tendenzen zur Stereotypisierung über eine Klasse sozialer Objekte vernachlässigen bei der Beurteilung von Verhaltensweisen eines Elementes dieser Klasse situative Aspekte der Stimulussituation stärker als Personen mit geringen Stereotypisierungstendenzen.

Methode

In dieser Studie stehen Stereotypisierungsprozesse über die Klasse *alter Männer* im Vordergrund, da nicht von vornherein von vergleichbaren Urteilsprozessen hinsichtlich alter Männer und alter Frauen ausgegangen werden kann (vgl. u. a. *Axelrod & Eisdorfer* 1961). Ausmaße an Stereotypisierungen werden operationalisiert als Ausmaße der Generalität, mit der spezifische Verhaltensweisen alten Männern zugeschrieben werden, damit als das Ausmaß der perzipierten Ähnlichkeit zwischen sozialen Objekten, die das gleiche Orientierungsmerkmal („alt zu sein") enthalten. Die Stärke der Verknüpfung des Klassifikationsmerkmales ‚alter Mann' mit spezifischen Verhaltensweisen innerhalb vorgegebener Situationen und damit das Ausmaß der Beachtung situativer Komponenten der Stimulussituationen wurde quantitativ bestimmt durch ein Maß der Generalisierbarkeit.

Die *Klassifikation der Probanden* (24 männliche Volkshochschüler mit einem durchschnittlichen Alter von 19,6 Jahren) in drei a priori definierte Gruppen wurde auf der Basis ihrer Urteile über die Generalität von Verhaltensweisen alter Männer vorgenommen. Die Zuordnung der Personen zu den Gruppen G^+ (hohe positive Generalisierer), G^- (hohe negative Generalisierer) und G^o (mittlere Generalisierer) geschah über eine Clusteranalyse mit vorgegebenen Startvektoren (WANG-Programm, Institut für medizinische Statistik und Dokumentation an der RWTH Aachen).

Die Stimulusperson wurde so charakterisiert:

„Herr P. ist 75 Jahre alt und seit vier Jahren Witwer. Er lebt von seiner Pension als ehemaliger Beamter. Sein einziger Sohn lebt mit seiner Familie in einer 500 km entfernten Großstadt."

Die zu beurteilenden *Verhaltensweisen* waren die folgenden:

R 1:   Herr P. fühlt sich dieser Situation einfach nicht gewachsen.
R 2:   Herr P. ist einen Moment lang verwirrt, fängt sich aber schnell und ist bald wieder Herr der Situation.
R 3:   Herr P. fühlt sich hilflos und weiß nicht, wie er sich verhalten soll.

Die Stimulussituationen, in denen die Stimulusperson agierend wahrgenommen wird, unterscheiden sich hinsichtlich dreier (bipolarer) Parameter:

freundlich – feindlich
ausgeglichen – gestört
verschlossen – offen.

Insgesamt wurden acht Situationen konstruiert, die jeweils eine Realisierung von drei Aspektausprägungen darstellen.

Als abhängige Variable wurden die Urteile der Probanden über die Wahrscheinlichkeit des Auftretens jeder der drei Verhaltensweisen in den Situationen definiert.

Zur Überprüfung der Hypothese wurden die Urteilsstrukturen einer jeden Probandengruppe getrennt betrachtet. Für jeden Probanden innerhalb einer Gruppe liegen $3 \times 8 = 24$ ‚Sicherheitsurteile' vor. Mit den Daten der Gruppen wurden Generalisierbarkeitsstudien durchgeführt, wobei insbesondere der Generalisierbarkeitkoeffizient $\hat{r}^2$ (X_{PSr}, μ_{pr}) von Interesse ist, da er das Ausmaß an Konsistenz der individuellen Urteile über die Situationen hinweg schätzt (vgl. die Argumentation im Kap. II.2.). Der Generalisierbarkeitskoeffizient für die Interaktion Person × Verhaltensmodus repräsentiert das Ausmaß der situativen Beeinflussung der Urteile im Sinne einer (idiosynkratischen) Generalisierung von Urteilsprofilen über die Situationen.

Die Ergebnisse der Generalisierbarkeitsstudien sind in Tabelle 4 wiedergegeben.

Quelle	Varianzkomponente	Prozent
Person (P)	0.743	3.9
Situation (S)	0.174	1.0
Verhaltens-Modus (R)	15.965	84.1
PS	0.258	1.4
PR	0.112	–.
RS	0.393	2.1
Rest	1.321	7.0

$\hat{r}^2$ (X_{pSr}, μ_{PR}) = 0.814

Tab. 4a: G.-Studie für die Gruppe G$^+$

91

Quelle	Varianzkomponente	Prozent
P	1.151	9.1
S	0.085	1.0
R	10.398	32.2
PS	0.067	–
PI	0.004	–
RS	0.000	–
Rest	0.946	7.5

$\hat{r}^2 (X_{pSr}, \mu_{PR}) = 0.901$

Tab. 4b: G.-Studie für die Gruppe G⁻

Quelle	Varianzkomponente	Prozent
P	0.252	2.4
S	0.029	–
R	0.827	8.4
PS	5.862	58.0
PI	0.057	–
RS	2.559	25.4
Rest	0.532	5.5

$\hat{r}^2 (X_{pSr}, \mu_{PR}) = 0.284$

Tab. 4c: G.-Studie für die Gruppe G⁰

Die Autoren fassen die Ergebnisse der Untersuchung in folgender Weise zusammen:

„Die Resultate der Generalisierbarkeitsstudien entsprechen der Hypothese. Die Generalisierbarkeits-Koeffizienten für die Gruppen G⁺ und G⁻ liegen erheblich höher als der Koeffizient für G⁰.

Die Klassifikationsvariable ‚alter Mann' hat offenbar je nach Gruppenzugehörigkeit unterschiedliche Einflüsse auf die Urteilsbildung. Für Probanden aus den Gruppen G⁺ und G⁻ scheint eine deutliche Überlagerung der Stimulussituationen durch das Orientierungsmerkmal stattgefunden zu haben, welche zu einer relativen Ignorierung anderer Momente der Stimulussituation geführt hat, indem die situativen Aspekte kaum oder gar nicht beachtet wurden. Anders dagegen bei Probanden mit schwächer ausgeprägten Generalisierungstendenzen über die Klasse alter Männer.

Individuen mit einer starken Generalisierung über Elemente einer Klasse sozialer Objekte generalisieren offenbar auch über verschiedene Situationen, wenn sie um Urteile über Reaktionsweisen eines Elementes aus derselben Klasse gebeten werden. Es finden Stereotypisierungs-Prozesse über beide Aspekte der Stimulussituationen statt".

In einer nachfolgenden Untersuchung sollte die *Objektspezifität* der Generalisierungsneigung (im Sinne von *Harvey, Hunt & Schroder* oder Seiler) über situative Momente der Stimulussituation nachgewiesen werden, denn es wäre denkbar, daß die mit dieser Urteilsneigung korrespondierende interne (personale) Kausalattribuierung eine allgemeine ‚naive Interdependenztheorie' darstellt, die – unabhängig von der wahrgenommenen Zugehörigkeit einer Person zu einer sozialen Klasse – auch bei Urteilen anderer Ereignisse oder Personen zu immer gleichen situationsignorierenden Informations- und Schlußfolgerungsprozessen führt. Aus diesem Grunde wurden dieselben Probanden sechs Wochen nach dem ersten Versuch erneut gebeten, Reaktionsweisen einer Person in verschiedenen Situationen zu beurteilen; in diesem Falle allerdings war das Alter der Stimulusperson *nicht* spezifiziert. Die entsprechenden Generalisierbarkeitskoeffizienten lagen zwischen 0.18 und 0.26. Dieses Resultat widerspricht der Annahme einer allgemein wirksamen ‚naiven Interdependenztheorie', so daß die Hypothese der Objektspezifität gestützt wird.

Die theoretischen Annahmen dieser Studie konkretisieren wiederum einige Komponenten des allgemeinen Interdependenz-Modells interpersonaler Wahrnehmung:

$$A(V' = f' (P',U')) = f(P,U; \{P',U'V' \in U\})$$

Ein Urteil eines Wahrnehmenden über die Wahrscheinlichkeit des Auftretens beobachteten Verhaltens einer Stimulusperson innerhalb mehrerer Situationen ist eine Funktion personaler Determinanten des Wahrnehmenden (Stereotypisierungstendenz) in Interdependenz mit Stimuluspersonen-Parametern (‚Element einer sozialen Klasse') und Valenzen der Stimulussituationen.

Interdependenz liegt insofern vor, als einerseits die Stärke der Generalisierungsneigung korrespondiert mit dem sozialen Objekt (‚Objektspezifität') und andererseits die Stärke dieser Tendenz darüber entscheidet, in welchem Maße Parameter der Stimulussituationen verhaltens-(urteils-)wirksam werden. Je nach

Generalisierungsneigung über eine Klasse sozialer Objekte verwenden Personen verschiedene ‚naive Interdependenztheorien‘ zur Erklärung beobachteten Verhaltens.

d) Transsituative Konsistenz-Attribuierung bei der Beurteilung von ‚Vorbestraften‘ und ‚Unbescholtenen‘

Diese Arbeit von *Hocke, Immig & Lantermann* (in Vorb.) geht von denselben theoretischen Annahmen aus, die auch der Studie von *Lantermann & Laveaux* zugrundeliegen. Sie unterscheidet sich jedoch in einigen Hinsichten, die im folgenden dargestellt werden.

Die Probanden (66 männlichen und 66 weiblichen Geschlechts mit einem Durchschnittsalter von 34,6 Jahren) wurden hinsichtlich ihrer *Vorurteilsbehaftetheit* zwei Klassen zugeordnet. Grundlage der Klassifikation bildete ein Fragebogen mit 10 Aussagen, welche die Vorurteilsaspekte Dichotomisierung, Generalisierung und interne (personale) Attribuierung berücksichtigen.

Dabei werden zwei Formen interner Attribuierung voneinander unterschieden:

Interne Attribuierung auf der Grundlage einer angenommenen *Vererbung* krimineller Veranlagung.

Interne Attribuierung auf der Grundlage mangelnder *Willensstärke*, sich gegen ‚kriminelle Versuchung‘ zu wehren.

Nach *Irle* (a.a.O., S. 385 ff.) stellen Dichotomisierung und Generalisierung wichtige Merkmale eines Vorurteils dar. Den Erörterungen von *Lantermann & Laveaux* gemäß implizieren diese Momente eines Vorurteils eine interne Attribuierung von Verhaltensweisen eines Vorurteilsobjektes. Daher wurde dieser Aspekt zur Klassifikation der Probanden in Vorurteilsbehaftete (V^+) und Vorurteilsfreie (V^-) mit herangezogen.

Als Verfahren wurde wiederum eine Clusteranalyse mit vorgegebenen Startvektoren verwendet; 56 Probanden bildeten die Gruppe V^+, 29 die Gruppe V^-. 47 Probanden konnten nach dem definierten Kriterium (Abstand eines individuellen Vektors vom ‚Idealvektor‘) keiner der beiden Gruppen zugeordnet werden.

Die Probanden wurden aufgefordert, entweder das Verhalten eines ‚Vorbestraften‘ oder eines ‚Unbescholtenen‘ zu beurteilen.

Stimulusperson 1 (NK) wurde beschrieben als:
Herr A. wurde am 16. 8. 1936 in Euskirchen geboren, ist also 38 Jahre alt. Er

ist verheiratet und hat ein Kind. Momentan lebt Herr A. in Alsdorf bei Aachen. Er ist Automechaniker von Beruf.

Stimulusperson 2 (K)
Herr A. wurde am 16. 8. 1936 in Euskirchen geboren, ist also 38 Jahre alt. Er ist verheiratet und hat ein Kind. Momentan lebt Herr A. in Alsdorf bei Aachen. Er ist Automechaniker von Beruf. Herr A. ist wegen Diebstahls vorbestraft.

Mit der Einführung einer zweiten Stimulusperson sollten mögliche Effekte einer *Dichotomisierung* kontrolliert werden.

Die Stimulussituationen unterscheiden sich hinsichtlich ihrer *Delikt-Valenz* (Aufforderung zum Diebstahl) voneinander. Die unterschiedlichen Ausmaße an Deliktvalenz wurden durch eine Skalierung von Urteilen einer Stichprobe (61 Studenten der RWTH Aachen) über die Schwere eines Deliktes einer Stimulusperson innerhalb spezifischer Situationen bestimmt. Auf der Basis der Skalierung (über das Modell des kategorialen Urteils, Fall B; *Torgerson* 1958) wurden fünf Situationen ausgewählt, deren Skalenwerte möglichst breit auf der latenten Dimension („Delikt-Valenz') streuen und annähernd gleiche Abstände zueinander aufweisen, um so einen möglichst weiten Bereich von Delikt-Valenzen gleichmäßig in Situationen zu repräsentieren.

Beispiel einer Situation:
Nach einem abendlichen Besuch in einer Gaststätte schlendert Herr A. über einen Parkplatz, als er ein Auto entdeckt, dessen Fenster halb heruntergekurbelt ist. Im Inneren des Wagens kann er eine Handtasche und einen Fotoapparat erkennen. Herr A. hätte also die Gelegenheit, Fotoapparat und Handtasche zu entwenden.

Als abhängige Variable wurden Urteile über die Wahrscheinlichkeit definiert, mit der die jeweilige Stimulusperson das in der Situation angesprochene Diebstahl-Delikt begeht.

Aus der Definition eines Vorurteiles und deren Implikation für eine personale Kausalattribuierung wurden folgende Hypothesen abgeleitet, die im wesentlichen auf der Argumentation von *Lantermann* und *Laveaux* beruhen; Einzelheiten der inhaltlichen Begründungen finden sich in *Hocke, Immig & Lantermann* (a.a.O.):

(1a) Delikt-Urteile der Probanden mit Vorurteilen gegenüber Vorbestraften sind transsituativ konsistent.

(1b) V^+ halten es für relativ wahrscheinlich, daß Stimulusperson 2 („Vorbestrafter') und für relativ unwahrscheinlich, daß

Stimulusperson 1 (‚Unbescholtener‘) in den Situationen ein kriminelles Delikt begehen.

(2a) Delikt-Urteile von Probanden ohne Vorurteil (V^-) sind transsituativ inkonsistent.

(2b) V^- zeigen in ihren Wahrscheinlichkeitsurteilen keinen wesentlichen Unterschied zwischen Stimulusperson 1 und Stimulusperson 2.

Die Hypothesen 1a) und 2a) beruhen auf der postulierten Korrespondenz zwischen Vorurteil und interner Kausalattribuierung, die Hypothesen 1b) und 2b) auf der Annahme eines zusätzlichen Effektes einer Dichotomisierung.

Diese Hypothesen wurden über folgenden Versuchsplan empirisch getestet (Abb. 3).

			S_1	S_2	S_3	S_4	S_5
V^+	K	P_1 P_m					
	NK	P_{m+1} P_n					
V^-	K	P_{n+1} P_o					
	NK	P_{o+1} P_q					

Abb. 3: Versuchsplan.

Da anzunehmen ist, daß Probanden die Absicht der Untersuchung erkennen würden, falls man von Ihnen Urteile sowohl über die Stimulusperson 1 als auch über die Stimulusperson 2 erbäte, wurden die Probanden innerhalb einer jeden Gruppe

(V^+ und V^-) jeweils zufällig den Bedingungen K (Stimulusperson 1) und NK (Stimulusperson 2) zugeordnet. Außerdem wurde die Zellhäufigkeit durch Zufallsselektion der Probanden gleich gesetzt ($n_{ijk} = 13$).

Die resultierende Datenmatrix wurde varianzanalytisch (‚splitplot-design' nach *Kirk* 1968) ausgewertet; die Verwendung von Generalisierbarkeitsstudien wäre in diesem Fall nicht sinnvoll, da jeder Proband nur unter dem Situationsfaktor wiederholt auftritt, nicht aber unter der Bedingung K vs. NK.

Die entsprechenden statistischen Hypothesen beziehen sich auf die Wechselwirkungen V × K und V × S sowie auf einfache Haupteffekte:

(1) Es bestehen signifikante Wechselwirkungen zwischen V und K

(2) Es besteht ein signifikanter einfacher Haupteffekt von K auf V^+.

Erläuterung: Ein signifikanter Unterschied zwischen K und NK soll gemäß den Hypothesen 1b) und 2b) nur für V^+, nicht aber für V^- bestehen.

(3) Es besteht eine signifikante Wechselwirkung von V und S.

(4) Es besteht ein signifikanter einfacher Haupteffekt von S auf V, für zumindest eine Situation S_k.

Erläuterung: Ein signifikanter Unterschied zwischen den Situationen soll gemäß den Hypothesen 1a) und 2a) nur für die Gruppe V^- bestehen.

Teile der Ergebnisse (für die Gesamt-Analyse) sind in Tabelle 5 aufgeführt.

Quelle	SS	df	MS	F	α = 0.05
V	314.6	1	314.6	0.27	ns
K	6742.2	1	6742.2	5.86	s
V x K	11299.2	1	11299.2	9.81	s
Subj. inn.	55267.7	48	1151.4		
S	27721.17	4	6930.3	20.24	s
V x S	3723.63	4	930.9	2.72	s
S x K	1834.1	4	458.5	1.34	ns
V x S x K	1408.3	4	352.1	1.03	ns
S x Subj. inn	65749.7	192	342.45		

Tab. 5: Ergebnisse der Varianzanalyse.

Diskussion

Die Ergebnisse der Varianzanalyse und der (nicht aufgeführten) Testung auf einfache Haupteffekte stützen weitgehend die Hypothesen. Nur Probanden der Gruppe V^+ machen deutliche Unterschiede zwischen den Urteilen über Delikt-Wahrscheinlichkeiten bei Vorbestraften und Unbescholtenen ($F_{V×K}$ und $F_{K,V}$ sind signifikant). Zur besseren Anschaulichkeit sollen die Mittelwerte für die Wechselwirkung V × K dargestellt werden (Abb. 4).

AV (Wahrscheinlichkeit)

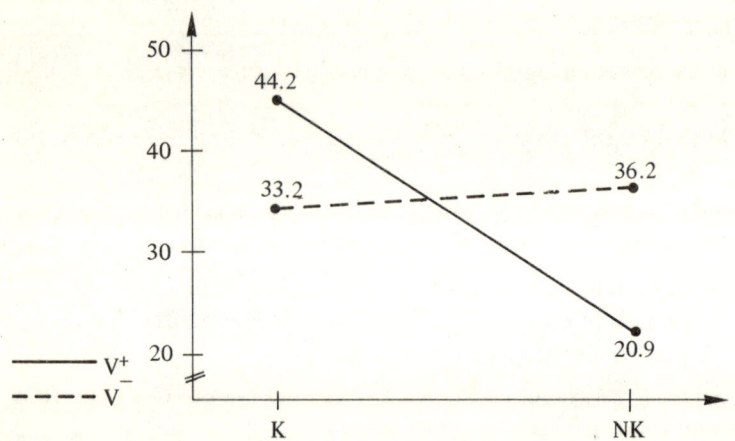

Abb. 4: Wechselwirkung V × K.

Weiter ist dem Test auf einfache Haupteffekte zu entnehmen, daß Probanden der Gruppe V^+ die Stimulusperson NK deutlich niedriger beurteilen als Probanden der Gruppe V^-; der Unterschied in der Beurteilung der Stimulusperson K ist zwar auch relativ hoch ($M_{V^+,K}$: 44.2; $M_{V^-,K}$: 33.2), aber nicht überzufällig ausgeprägt. V^- haben sowohl für Stimulusperson K wie NK im Durchschnitt relativ hohe Wahrscheinlichkeiten für das Begehen eines kriminellen Deliktes angenommen, während V^+ es für NK nahezu ausgeschlossen halten, daß sie ein kriminelles Delikt begeht. Auch die Hypothesen 1a und 1b konnten weitgehend bestätigt werden (signifikante Wechselwirkung V × S).

Allerdings ist diese Signifikanz sowohl auf eine unterschiedliche Beurteilung der Situationen durch die V^+ als auch auf eine unterschiedliche Beurteilung der Situationen durch die Probanden der Gruppe V⁻ zurückzuführen ($F_{S,V^+} = 5.7$; $F_{S,V^-} = 17.2$). Ein zusätzlich berechneter Mehrfachvergleich (HSD-Test nach *Turkey*) verweist auf die „Sonderstellung" einer der fünf Situationen. Während für die Gruppe V⁻ die Unterschiede zwischen jeweils zwei Situationen in jedem Falle signifikant wurden, ist bei der Gruppe V⁺ der einfache Haupteffekt im wesentlichen auf nur *eine* Situation zurückzuführen.

Die Ergebnisse sollen noch einmal zusammengefaßt werden: Personen mit einem Vorurteil gegenüber Vorbestraften nehmen an, daß eine vorbestrafte Person in allen möglichen Situationen auch unterschiedlicher Delikt-Anreize *immer*, und nicht vorbestrafte Personen *niemals* ein kriminelles Delikt begehen werden. Hier scheint der Dichotomisierungs-Aspekt eines Vorurteiles besonders wirksam zu werden: Personen mit Vorurteilen neigen zu bewertenden Annahmen großer *Inter*klassendifferenzen und geringer *Intra*klassendifferenzen. Nichtvorbestrafte (zu denen sie sich zählen) sind immun gegen Versuchung, Vorbestrafte (von denen sie sich überdeutlich abgrenzen) handeln dagegen immer und überall gleich kriminell.

Anders dagegen bei Personen ohne Vorurteile:
Sie sehen in erster Linie die Versuchung der Situation als Ursache eines kriminellen Deliktes, gleichgültig, ob ein Vorbestrafter oder ein Unbescholtener ihr ausgesetzt ist. (Inwieweit diese Annahme Resultat einer anderen ‚impliziten Interdependenztheorie' darstellt, bliebe zu untersuchen).

Auch diese Untersuchung verweist also auf eine Interdependenz von personalen Determinanten des Wahrnehmenden mit Determinanten der Wahrnehmungssituation für die Verwendung spezifischer ‚naiver Verhaltenstheorien' zur Erklärung und Prognose von Verhalten anderer und der eigenen Person.

Naive Verhaltenstheorien, so wurde bereits mehrfach betont, fließen in Regulierungs- und Steuerungsprozesse eigenen sozialen Verhaltens ein. Sie tragen zu einer kognitiv-evaluativen Strukturierung externer und interner Informationen bei und bestimmen so mit, auf welche Aspekte einer sozialen Situation in welcher Weise eine Person reagiert und einwirkt. Im anschließenden Teil der Analyse sollen nun einige Ansätze zur Erklärung und Prognose *sozial-interaktiven Verhaltens* dargestellt werden, deren Aussagen Annahmen über kognitiv-evaluative Prozesse einschließen und die mit dem allgemeinen interaktionalen Modell menschlichen Verhaltens kompatibel sind.

2.3.2 Sozial-interaktives Verhalten

Wenn hier psychologische Theorien sozialer Interaktionen dargestellt werden, so nicht mit der Absicht eines repräsentativen Überblicks; umfassende Einsichten zu diesem Themenbereich vermitteln *Graumann* (1972) oder *Piontkowski* (1976). Vielmehr geht es uns um eine Beschreibung und kritische Würdigung von Konzeptionen, die zum einen Aspekte des allgemeinen interaktionalen Modells explizieren und darüberhinaus in ein noch zu entwickelndes handlungspsychologisches Annahmegefüge zur Erklärung von Person × Situation-Interaktionen eingebracht werden können. Es werden auch keine Spezifikationen des Interaktionsbegriffs vorgenommen.

Als sozial-interaktives Verhalten einer Person A wird hier jedes Verhalten verstanden, das auf zumindest eine andere Person B gerichtet ist und Auswirkungen auf das Verhalten von B hat, welches wiederum rückwirkend Auswirkungen auf das Verhalten von A haben kann.

Soziale Interaktionen lassen sich nicht auf einzelne sozialinteraktive Verhaltensakte der an einer Interaktion beteiligten Personen reduzieren, sondern weisen zusätzlich Merkmale auf, die Struktur und Prozeß des Ineinandergreifens und der Aufeinanderfolge sozial-interaktiver Verhaltensakte in einer Interaktions-Situation charakterisieren. Die Verwendung des Interaktions-Begriffs zielt darauf ab, das, „was *zwischen* Mir und dem oder den anderen, zwischen Individuum und Gruppe oder Gesellschaft geschieht, zu artikulieren (...)" (*Graumann* 1972, S. 1111).

Interaktionen können allgemein als *wechselseitige Einwirkungen*, als *Austausch* oder als *wechselseitige Abhängigkeit* gefaßt werden (vgl. *Graumann*, a.a.O.). Auf diese, einzelne sozialinteraktive Verhaltensweisen der an einer Interaktion beteiligten Individuen übergreifenden und umfassenden Merkmale einer Interaktion wird hier nicht näher eingegangen.

Es werden solche Theorien berücksichtigt, die kognitiv-evaluative Organisationsprozesse explizieren, welche vor, während und nach einem sozial-interaktiven Akt anzunehmen sind und die soziales Verhalten einer Person einleiten, steuern und kontrollieren.

a) Annahmen des Symbolischen Interaktionismus

Der symbolische Interaktionismus, verstanden als eine Metatheorie sozialen Verhaltens, als „eine bestimmte Betrachtungsweise innerhalb der empirischen Sozialwissenschaften" (*Blumer*
1973, S. 101 f.), erscheint uns gut geeignet, um einige allgemeine
Merkmale sozial-interaktiven Verhaltens zu verdeutlichen, die
auch als implizite oder explizite Annahmen in manchen sozialpsychologischen Theorien sozialer Interaktion enthalten sind.

Der symbolische Interaktionismus beruht im Prinzip auf drei
Prämissen:

(1) Individuen handeln Dingen gegenüber auf der Grundlage der
Bedeutungen, die diese Dinge für sie haben.

(2) Die Bedeutungen solcher Dinge werden aus sozialer Interaktion abgeleitet oder entstehen aus ihr.

(3) Bedeutungen werden in der Auseinandersetzung mit den
Dingen gehandhabt und abgeändert (vgl. *Blumer*, a.a.O.,
S. 81).

Auf diesen Prämissen beruhen alle weiteren Annahmen des
symbolischen Interaktionismus, von denen hier nur solche genannt werden sollen, die mit unserem Thema im engen Zusammenhang stehen; wir beziehen uns dabei vornehmlich auf die
Zusammenfassungen von *Rose* (1967), *Blumer* (1973) und
McCall & Simmons (1974):

(1) Die Bedeutungen der Dinge ergeben sich aus ihren Implikationen für die
Handlungspläne eines Individuums.
Das gleiche Ding kann hinsichtlich verschiedener Handlungspläne verschie-
dene Bedeutungen annehmen.

(2) Die Bedeutungen von Dingen ergeben sich nicht nur aus den Implikationen
für das eigene Handeln, sondern auch aus der Interpretation von Implikationen dieser Dinge für Handlungen anderer Personen. Diese Interpretationen
modifizieren selbst wiederum die ursprünglichen Bedeutungen.

(3) Zur Planung und Ausführung einer Handlung ist eine Identifizierung der
Dinge und deren Bedeutungen notwendig. Diese Dinge erstrecken sich auf
die eigene Person (Bedürfnisse, Fähigkeiten, Werte etc.), auf andere Personen, die mittelbar oder unmittelbar an einer Interaktions-Situation beteiligt
sind, auf deren Handlungen und antizipierte Handlungen sowie auf alle
materiellen und sozialen Gegebenheiten, insofern sie in einem Implikationsverhältnis zur intendierten Handlung stehen.

(4) Für soziale Handlungspläne müssen die Bedeutungen auf allgemeiner Übereinstimmung beruhen (gemeinsame ‚Situationsdefinition'; vgl. *Thomas*
1923). Die Bedeutungen der Dinge für eine Handlung „werden herausgear-

beitet durch die Teilnehmer oder Partner (einer Interaktionssituation; d. V.), sie werden akzeptiert, verworfen oder modifiziert auf der Basis der Reaktionen der Anderen in einem Prozeß der Situations-Definitions-Verhandlung" (*Ball* 1972, S. 76).

Diese allgemeinen Annahmen des symbolischen Interaktionismus werden in den verschiedenen sozialpsychologischen Theorien, die hier zur Sprache kommen, in unterschiedlichem Ausmaße berücksichtigt und in verschiedener Weise konkretisiert. Ohne Ausnahme schränken sie jedoch den ‚Dingbereich', auf den Verhalten bezogen konzipiert wird, stark ein. Nicht zu Unrecht beklagt daher *Kruse* (1978) die „Umweltlosigkeit der Sozialpsychologie", da sie den Teil einer Ökologie außer acht lasse, der räumlich-materiale Bedingungen umfaßt (S. 179).

Erst allmählich scheint sich eine ökologisch orientierte Sozialpsychologie zu entwickeln, welche die Bedeutungen von Momenten einer konkreten Umwelt für die Entstehung, Aufrechterhaltung und Behinderung sozialen Verhaltens stärker als bisher ins Blickfeld rückt. *Graumann* (1972) kommt das Verdienst zu, als erster im deutschsprachigen Raum ausführlich auf materiale Bedingungen der Kommunikation (und damit der Interaktion) eingegangen zu sein.

b) Fishbeins Theorie zur Relation von Einstellung und Verhalten

Vor dem Hintergrund zahlloser empirischer Studien und theoretischer Konzepte zur Erklärung und Prognose von Relationen zwischen Einstellung und Verhalten, auf die hier nicht eingegangen werden soll (einen Überblick geben u. a. *Six* 1975, oder *Ajzen & Fishbein* 1977), entwickelten *Fishbein* (1967a, b, c; 1973) und *Ajzen & Fishbein* (1973) eine Theorie, deren Anwendung zu einer im Vergleich bis dahin nicht gekannten präzisen Vorhersage von Verhalten gegenüber sozialen Objekten führten. Von manchen Autoren, so von *Sampson* (1976, S. 40 ff.), wird diese Theorie als Beispiel einer interaktionistischen Konzeption bezeichnet; inwieweit dieses gerechtfertigt erscheint, soll noch erörtert werden.

Fishbein postuliert ganz allgemein, daß soziales Verhalten Funktion eines personalen Einstellungsfaktors und eines sozialnormativen Faktors ist; Verhalten wird angesehen als Resultante eines gemeinsamen Effekts von Einstellung gegenüber diesem Verhalten, normativen Überzeugungen und der Bereitschaft, sich den Normen gemäß zu verhalten. Die Theorie lautet (*Fishbein*, 1967c, 1973), in der Terminologie von *Irle* (1974, S. 351):

$$H \approx HI = (A_H) \cdot w_o + ((N_p) (M_p)) \cdot w_1 + ((N_S) (M_S)) \cdot w_2$$

H: offenes Verhalten oder Handlung
HI: Handlungsintention
A_H: die Einstellung zur Handlung
N_p: persönliche Überzeugung von P, was sie in dieser Situation tun sollte
M_p: die Motivation von P, sich dieser persönlichen Norm zu ergeben
N_S: die Überzeugung seitens P, was die soziale Umwelt an Verhalten von ihr in dieser Situation erwartet
M_S: die Motivation von P, sich dieser sozialen Norm zu ergeben
w_o, w_1, w_2: *empirisch* zu ermittelnde Gewichte.

A_H wird im Sinne eines Erwartungsmodells (siehe Kap. II.1) definiert (*Ajzen & Fishbein*, 1973, S. 43):

$$A_H = \sum_{i=1}^{n} P_i a_i$$

P_i: bezieht sich auf die subjektive Wahrscheinlichkeit, daß ein spezifisches Verhalten zu einem Ergebnis i führt,
a_i: repräsentiert die individuellen Evaluationen des Ergebnisses i und
n: ist die Anzahl der Ereignisse, die mit einer bestimmten Handlung assoziiert werden.

A_H, N_p, M_p, N_S, M_S werden im Kontext einer Prognose von Verhalten in einer *aktuellen* Situation als unabhängige Variablen definiert, deren relative Bedeutungen (repräsentiert in den Gewichten w_i) zur Verhaltensvorhersage jedoch von Situation zu Situation und Person zu Person variieren können (vgl. *Ajzen & Fishbein*, 1973).

A_H, N_P und M_P stellen intrapersonale, N_S und M_S externe bzw. soziale Einflußfaktoren dar (vgl. *Irle*, 1974, S. 352).

Es wäre allerdings u. E. präziser, von *Kognitionen und Evaluationen intrapersonaler und externer Informationen* zu sprechen; Intrapersonale und externe (soziale) Informationen werden insoweit selegiert, kogniziert und bewertet und tragen damit in dem

Maße zur Determination der einzelnen Größen bei, in dem sie als verhaltensrelevant kogniziert und bewertet werden.

N_S und M_S sind daher nicht als externe, unmittelbar wirksame Einflußfaktoren zu interpretieren, sondern gewinnen ihre Verhaltenswirksamkeit nur vermittelt über ihre subjektiven Transformationen, deren Resultate intern repräsentiert werden als personale Annahmen über Erwartungen anderer Personen über eigenes Verhalten. Gemäß dem allgemeinen Verhaltensmodell von *Lewin* spannen die personalen und situativen Faktoren die ‚Gesamt-Situation' auf, die in bestimmter Weise (definiert durch die Funktion f) mit dem Verhalten in Verbindung steht.

$$H = f\,((A_H, N_p, M_p),\ (N_S, M_S))$$
$$H = f\,(\qquad P \qquad ,\quad U \quad)$$

Zunächst zur Funktion f

Nach der Theorie von *Fishbein* ist f eine lineare Funktion; eine Handlung resultiert aus einer Linearkombination der unabhängigen Variablen. Eine u. E. erste entscheidende Schwäche der Theorie besteht in den theoretisch unbestimmten Gewichtungsfaktoren, deren Höhe nicht aus der Theorie abgeleitet, sondern nur empirisch bestimmt werden kann. Diese Gewichte stellen andererseits wichtige Informationen dar, wenn die Gleichung nicht nur zur nachträglichen Feststellung einer Übereinstimmung von Modell und Daten taugen soll, sondern zur *Vorhersage* von Verhalten. Streng genommen kann mit dieser Theorie Verhalten einer Person in einer Situation nur dann präzise prognostiziert werden, wenn entweder das Verhalten der Person wiederholt in der Situation beobachtet wurde, um so zu einer stabilen Schätzung der Regressionsgewichte zu gelangen, auf deren Grundlage dann späteres Verhalten vorhergesagt werden kann; oder aber das Verhalten einer Stichprobe von Personen wird beobachtet und die Regressionskoeffizienten mit diesen Daten geschätzt. Das letztere Vorgehen aber ist nur unter der (nicht ohne weiteres prüfbaren) Prämisse zu rechtfertigen, daß die Stichproben-Koeffizienten auch auf Individual-Niveau Geltung haben, also jede Person gleiche Gewichtungen der einzelnen Komponenten vornimmt.

Zur ‚Gesamtsituation'

In dem Modell werden keine Aussagen über Interrelationen zwischen personalen und externen Größen getroffen; die Gesamt-Situation ist damit nur unzureichend bestimmt, da zwar ihre Elemente, nicht aber ihre interne Struktur angegeben werden. Es sind z. B. regelhafte Beziehungen zwischen Ausmaßen an Diskrepanz zwischen M_P und M_S oder N_P und N_S denkbar, die aber aus der Theorie von *Fishbein* nicht abgeleitet werden können. Auch die Höhe der Ausprägungen der einzelnen Variablen können in systematischer Weise korrespondieren.

Das Modell von *Fishbein* stellt daher kein in unserem Sinne interaktionales Modell sozialen Verhaltens dar, wie von *Sampson* behauptet wird, sondern ein Konzept, das *statische Interaktionen impliziert* (siehe das Einleitungskapitel).

Dennoch aber führten Anwendungen und empirische Überprüfungen des Modells zu Ergebnissen, die im Sinne eines interaktionalen Modells interpretiert werden können.

So berichten *Ajzen & Fishbein* (a.a.O.) von unterschiedlichen Gewichtungen der einzelnen Komponenten in Abhängigkeit situativer Faktoren (Kooperation vs. Wettbewerb) und personaler Faktoren (männliches vs. weibliches Geschlecht). Unter kooperativen Bedingungen hatte die normative Komponente ein Gewicht von 0.7 und die Einstellungskomponente einen Wert von 0.3, während unter kompetitiven Bedingungen die Relationen vertauscht waren. Frauen gewichten hinsichtlich ihres Sexualverhaltens die Einstellungskomponente sehr hoch und die normative sehr gering, während für Männer die normative Komponente erheblich wichtiger war.

Verhalten ist danach zwar eine Funktion personaler und situativer Faktoren, die relativen Beiträge zur Verhaltensdetermination aber variieren von Person zu Person und Situation zu Situation. Diese Variation kann aber nicht im Rahmen des *Fishbein*-Modells erklärt oder prognostiziert werden, da keine Aussagen über interdependente Relationen zwischen personalen und situativen Determinanten getroffen werden.

Wird das theoretische Annahmegefüge dagegen um Konzepte ergänzt, die Aussagen über Interdependenzen zwischen den von *Fishbein* postulierten Größen einschließen oder auf diese anwendbar sind, wäre das Modell in einen integralen Bestandteil eines interaktionalen Modells sozialen Verhaltens überführbar. Konzepte des ‚locus of control' (*Rotter* 1966) oder der ‚kognitiven Differenziertheit' (vgl. Kap. II.2) schließen Prognosen über soziale Beeinflußbarkeit unter Vernachlässigung interner Verhaltensstandards ein. Personen mit geringer Differenziertheit oder einem hohen Maß an ‚externer Kontroll-Erwartung' neigen zu einer ‚Außensteuerung' ihres Verhaltens; diese Prognosen beziehen sich gemäß der postulierten Bereichsspezifität der Konstrukte (zur locus of control-Bereichsspezifität siehe u. a. *Mischel, Zeiss & Zeiss* 1974 oder *Weiner* et al. 1971) auf bestimmte Klassen von Situationen.

Aus der Kenntnis von Ausmaßen kognitiver Differenziertheit oder externer Kontroll-Erwartung einer Person, bezogen auf spezifische Situationsklassen, werden damit Vorhersagen auf Gewichtungen personaler und situativer Determinanten in der *Fishbein'*schen Verhaltensgleichung möglich.

Auch die Dissonanztheorie könnte etwa zur Erklärung von Diskrepanzen zwischen N_P, N_S und M_P, M_S herangezogen werden. Nach *Irle's* Reformulierung der Dissonanztheorie (*Irle* 1974, S. 315 ff.) gilt z. B. die Erwartung, bei Personen mit geringem Anspruchsniveau „Hypothesen als Teil ihres Selbst vorzufinden, die durch empirische Ereignisse bestätigt werden können"; sie werden solche Hypothesen als Anteil des Selbst aufnehmen, „die objektiv immun gegen empirische Prüfungen sind" (S. 315). Auf diesen Fall gewendet, werden Personen mit geringem Anspruchsniveau wahrgenommene große Diskrepanzen eher ignorieren als Personen mit hohem Anspruchsniveau, die sich stärker um eine Reduzierung der Dissonanz bemühen, die aus unterschiedlichen Anforderungen an das eigene Verhalten (interne und externe Quellen) resultiert.

Die Theorie von *Fishbein* müßte um Konzepte dieser Art, die die Verschränktheit situativer und personaler Faktoren thematisieren, erweitert werden, um zu präziseren Vorhersagen und theoretischen Erklärungen der Relationen von Einstellung und Verhalten zu gelangen; erst ein derart angereichertes Annahmegefüge wäre als interaktionales Modell sozialen Verhaltens zu charakterisieren.

c) Austauschtheorie

Für *Thibaut & Kelley* (1959) oder *Jones & Gerard* (1967) ist das Verhalten einer Person innerhalb einer Interaktions-Situation in erster Linie von *Kosten-Nutzen-Erwägungen* bestimmt. ‚Situationsdefinitionen' erstrecken sich auf den Austausch greifbarer oder nicht greifbarer, lohnender oder kostspieliger Interaktionsprodukte. Materiale und soziale Sachverhalte und soziale Interaktionen sowie deren Ergebnisse erlangen nur insofern Bedeutung für die handelnde Person, als sie mit ‚Kosten' oder ‚Nutzen' einer Handlung verbunden wahrgenommen werden. Die individuell perzipierten Ausmaße an Kosten und Nutzen einer Handlung (die ‚Bedeutung' für eine Handlung) können sich im Laufe einer Interaktionssequenz ändern. Die perzipierte Höhe von Kosten und Nutzen hängt von individuellen Standards ab, mit denen antizipierte oder tatsächlich eingetretene Ereignisse verglichen werden. Am ‚Vergleichs-Niveau' (VN) schätzt die Person ab, welche Belohnungen und Kosten sie ‚erfahrungsgemäß' in einer Interaktionssituation erwarten darf, am ‚Vergleichsniveau für Alternativen' (VN_{alt}), ob sie im Vergleich zu konkurrierenden möglichen Interaktionen bessere oder schlechtere Ergebnisse erzielt.

Das VN wiederum ist nur relativ konstant, denn es variiert mit den zuletzt in einer Interaktionssequenz erreichten Ergebnissen; außerdem hängt das VN auch von intrapersonalen Eigenarten ab. Eine Person, die glaubt, ihr eigenes Schicksal kontrollieren zu können und Macht über es zu haben, bewertet den Wert von Interaktionsergebnissen häufig anders als Personen, die die Handlungsergebnisse von anderen Personen abhängig sehen.

Handlungspläne von an einer Interaktion beteiligten Individuen sind allgemein auf das Ziel gerichtet, die Kosten-Nutzen Relationen des Partners zu beeinflussen, um die eigene erstrebte Kosten-Nutzen Relation zu realisieren.

Diese Pläne enthalten häufig eine Vorwegnahme selbsterzielter Ergebnisse und möglicher Verhaltensweisen der anderen. Die Entscheidung darüber, ob eine Interaktionssituation verlassen wird, hängt ab von der Höhe des VN_{alt}. Fallen die perzipierten Ergebnisse einer Interaktion unter dieses Niveau, dann verliert sie stark an Attraktivität; je höher ein aktuelles Ergebnis über dem VN_{alt} einer Person liegt, desto abhängiger ist diese Person von der Interaktion.

Die Austauschtheorie, die hier nur knapp skizziert wurde, versucht also, sozial-interaktives Verhalten (z. B. die Aufgabe einer Beziehung) zu erklären aus kognitiv-evaluativen Vergleichsprozessen. Individuen in einer Interaktionssituation schätzen die möglichen Kosten und Nutzen einer intendierten Handlung ab, vergleichen diese antizipierten Ergebnisse mit Kosten und Nutzen alternativer Handlungen und entscheiden sich schließlich für dasjenige Verhalten, welches am ehesten ihrer angestrebten Kosten-Nutzen Relation entspricht. Gleichzeitig wirken perzipierte Handlungsergebnisse wiederum zurück auf personale Standards und verändern somit u. U. die Verhaltenspläne einer Person.

d) Theorie der kognitiven Dissonanz

Ein wesentliches Motiv sozial-interaktiven Verhaltens besteht in dem Wunsch nach kognitiver Klarheit. Die Theorie der kognitiven Dissonanz von *Festinger* (1957), von der hier einige Aspekte dargestellt werden, stellt generell ein Annahmegefüge bereit, welches die Bedingungen spezifiziert, unter denen ‚kognitive Konsonanz' (als Konkretisierung von kognitiver Klarheit) entsteht, erreicht oder nicht erreicht werden kann. Wir beziehen uns bei unserer Darstellung im wesentlichen auf die Reformulierung der Dissonanztheorie von *Irle* (1974, S. 310 ff.), die in einigen Argumenten über die ursprüngliche Theorie von *Festinger* hinausgeht, indem sie das explikative Kontrukt einer personalen Hypothese über Beziehungen zwischen Kognitionen von Realität, die gemeinsam an einem Ort auftreten, einführt. Die ‚Dingwelt', die in der Theorie beachtet wird, sind alle im weitesten Sinne Objekte der Realität, insofern sie von Individuen, über deren Verhalten Aussagen getroffen werden sollen, kogniziert werden. Die ‚Bedeutungen' der Objekte ergeben sich aus ihrer Funktion zur Reduzierung von Dissonanz.

Die Realität schließt physikalisch oder soziologisch definierte oder auch symbolische oder abstrakte Realitäten sowie Aspekte der eigenen Person mit ein. „Es ist jede nur denkbare Realität gemeint" (*Irle* 1974, S. 311).

Zwischen je zwei Kognitionen können Beziehungen unterschiedlicher Art bestehen, irrelevante und relevante, letztere werden weiter aufgespalten in konsonante und dissonante.

Irrelevante Beziehungen zwischen zwei Kognitionen X und Y liegen dann für eine Person P vor, wenn X und Y in keinem Implikationsverhältnis stehen, d. h. wenn aus dem Auftreten von X an einem bestimmten Ort in Raum und Zeit keine Hypothese über das Auftreten von Y am selben Ort vorliegt.

Konsonante Beziehungen zwischen X und Y ergeben sich dann für eine Person P, wenn das Auftreten von je zwei Kognitionen X und Y an demselben Ort für die Person durch eine Hypothese erklärt werden kann.

Wenn dagegen das Auftreten von je zwei Kognitionen X und NON-Y oder

Y und NON-X an demselben Ort für eine betreffende Person einer Hypothese widerspricht, liegt eine *dissonante Beziehung* vor. Zusätzlich können *ambivalente Beziehungen* vorliegen, wenn die Person zu einem kognitiven Ereignis zwar noch über keine Erklärung (Hypothese) verfügt, aber auch nicht annimmt, daß eine irrelevante Beziehung vorliegt, das kognitive Ereignis also nach Meinung von P *erklärungsbedürftig* ist.

Diese Hypothesen, die selbst wieder Kognitionen darstellen, können von P ihrem Selbst, ihrer Umwelt oder ihrer Umwelt *und* ihrem Selbst zugeordnet werden. *Irle* postuliert nun, daß „das Auftreten von Kognitionen X mit NON-Y an demselben Ort in Raum und Zeit nur dann kognitive Dissonanz produziert, wenn dieses Ereignis einer Hypothese widerspricht, welche von der betroffenen Person P innerhalb ihres Selbst lokalisiert wird" (S. 313). *Die Übernahme* einer Hypothese aus der Umwelt in das Selbst geschieht, soweit und sobald ein Minimalwert der subjektiven Wahrscheinlichkeit überschritten wird, daß diese Hypothese wahr ist. So können ambivalente Beziehungen zu relevanten werden.

Die Stärke einer kognitiven Dissonanz oder Konsonanz wird mit *Irle* (S. 314) als eine Funktion der subjektiven Wahrscheinlichkeit einer Hypothese des Selbst der betroffenen Person P, daß diese Hypothese wahr ist, begriffen. Die subjektive Wahrscheinlichkeit selbst ist eine positive Funktion der Anzahl von Bestätigungen und eine negative Funktion der Anzahl von Nicht-Bestätigungen der Hypothese. Positive Bestätigung kann auch erreicht werden, wenn andere Personen diese Hypothese unterstützen. Kognitive Dissonanz kann auch darüber reduziert werden, daß Hypothesen ins Selbst aufgenommen werden, die ein ‚Sowohl-Als-Auch' postulieren: X kann mit Y oder auch mit NON-Y auftreten. Eine solche Hypothese ist gegen Falsifizierung immun, da sie beide disjunkte Klassen von Ereignissen in gleicher Weise vorhersagt. Die Stärke kognitiver Dissonanz hängt auch ab von dem Anspruchsniveau von P, Hypothesen als Teil ihres Selbst vorzufinden, die durch empirische Ergebnisse bestätigt werden konnten (vgl. das Kapitel über *Fishbein's* Einstellungs-Verhaltens-Theorie).

Ehe auf einige Verhaltenskonsequenzen, die aus dieser Konzeptualisierung von kognitiver Dissonanz abgeleitet werden, eingegangen werden soll, soll auf einige Problematiken dieser Theorie hingewiesen werden:

(1) Es wird implizit unterstellt, daß irrelevante Beziehungen zwischen zwei Kognitionen X und Y (‚Zufallshypothese') nicht in Beziehung zur Stärke kognitiver Dissonanz gesetzt werden können. Dagegen kann argumentiert werden, daß die Zufallshypothese mit *hoher subjektiver Wahrscheinlichkeit* wahr sein und damit ein ‚überzufälliges' gemeinsames Auftreten von X und Y zu einer Erhöhung kognitiver Dissonanz führen kann.

(2) Hypothesen selbst werden als Kognitionen aufgefaßt; zwischen Hypothesen bestehen demnach genauso kognizierte Beziehungen; derartige *Beziehungen höherer Ordnung* werden aber in der Theorie nicht explizit berücksichtigt.

Dazu ein Beispiel aus einer angenommenen ‚Dreierbeziehung': Eine Person P mag aus Erfahrung wissen, daß immer dann, wenn zwei andere Personen Q und R bei ihm zu Besuch sind, Q R niemals zu Worte kommen läßt. (H 1).

Außerdem hat P schon häufig miterlebt, daß, wenn R mit einer dritten Person T zu Besuch ist, R T niemals zu Worte kommen läßt (H 2).

Weiterhin hat P bereits oft feststellen müssen, daß, wenn Q und T bei ihm zu Besuch sind, T Q in Grund und Boden redet (H 3).

So auch dieses Mal. T redet ständig, Q schweigt beharrlich. Die Hypothese H 3 ist also bestätigt.

Dennoch aber befindet sich P im Zustand kognitiver Dissonanz: *P hat die Hypothese einer Transitivität von ‚In-Grund-Und-Boden-Reden'-Verhaltens generiert, die dazu führt, daß H3 zu H1 und H2 in dissonanter Beziehung steht.*

(3) Hypothesen beziehen sich in der Theorie auf je zwei Kognitionen. Dazu besteht aber u. E. keine Notwendigkeit. Es können auch Hypothesen entwickelt werden, die auf gemeinsames Auftreten von X mit Y *und* Z bezogen sind: Immer dann, wenn die Kognition X auftritt, treten auch die Kognitionen Y und Z auf. Diese Hypothesen lassen sich nicht reduzieren auf Hypothesen über je zwei Kognitionen.

Die Theorie der kognitiven Dissonanz postuliert nun, daß eine Person P dazu tendiert, diesen Zustand der Spannung kognitiver Dissonanz zu vermeiden und/oder ihm zu entkommen. Je stärker die kognitive Dissonanz ist, desto stärker ist die Tendenz zur Reduktion kognitiver Dissonanz (*Irle*, S. 315).

Im Rahmen sozialer Interaktion bestehen nun mehrere Verhaltensmöglichkeiten, die zu einer Reduktion der Dissonanz führen können. Die Person kann beispielsweise sich um eine soziale Unterstützung derjenigen Hypothese des Selbst bemühen, die zu einer kognitiven Dissonanz geführt hat, und damit die subjektive Wahrscheinlichkeit, daß die Hypothese wahr ist, zu erhöhen versuchen. Sie sucht evtl. andere Personen auf, von denen sie annimmt, daß diese ihr ähnlich sind.

In einer Untersuchung von *Hakmiller* (1966, a,b) wurde zunächst kognitive Dissonanz und Konsonanz induziert und anschließend den Probanden die Gelegenheit gegeben, mit einer beliebigen Person ihrer Gruppe zu kommunizieren.

Personen aus der Dissonanzbedingung wählten in stärkerem Maße Personen, die zuvor mit ihnen Übereinstimmung gezeigt hatten, ihnen also ähnlich waren.

Eine andere Verhaltensmöglichkeit in einer Interaktions-Situation zur Reduzierung von Dissonanz, die ja nach der Theorie immer dann entsteht, wenn Hypothesen des Selbst einer betroffenen Person nicht bestätigt werden, besteht darin, daß sich die Person bemüht, eine Leistung zu erbringen, die über ihrer Selbsteinschätzung liegt; in diesem Fall bewirkt das positive Gefühl eines Erfolgserlebnisses Dissonanzreduktion durch eine Erhöhung des Selbstkonzeptes (vgl. *Piontkowski* 1976, S. 205).

Zur Reduktion von Dissonanz, die aus sozialer Nichtübereinstimmung stammt, gibt es noch weitere grundsätzliche Möglichkeiten: P kann ihre Einstellung ändern, so daß sie mit der Meinung der Anderen übereinstimmt; P kann versuchen, die Einstellung der Anderen zu ändern, mit denen sie nicht übereinstimmt oder aber die Personen, deren Meinungen zu einer Dissonanz geführt hatten, abwerten.

Die kognitive Dissonanztheorie trägt somit zu einer Erklärung und Prognose sozial-interaktiven Verhaltens bei:

Eine Person P kogniziert die Ereignisse in einer Interaktionssituation und prüft diese im Hinblick auf deren Übereinstimmung mit ihren Hypothesen. Aus Nichtübereinstimmung resultiert ein Zustand kognitiver Spannung oder Dissonanz, welche zu einer Tendenz zur Reduktion der kognitiven Spannung führt. Die Person entscheidet sich schließlich für dasjenige Verhalten, das zu einer Veränderung derjenigen Kognition führt, deren Änderung den relativ geringsten psychischen Aufwand erfordert.

e) Das ‚generative-Regel-Modell‘ der Interaktion Person × Situation

Im Unterschied zu den bisher erörterten Theorien sozialer Interaktionen bezieht sich das ‚generative-Regel-Modell‘ von *Argyle* (1977) explizit auf den symbolischen Interaktionismus sowie auf Aussagen des ‚modernen‘ Interaktionismus. Aus der Kritik an einer Forschungsstrategie, die er als ‚prädiktive Modelle der Person × Situation-Interaktion‘ bezeichnet – gemeint sind Arbeiten, die auf *statistische Interaktionen* gerichtet sind –, leitet er sein Konzept sozial-interaktiven Verhaltens ab. Von zentraler Bedeutung für dieses Modell ist die Annahme, daß Personen

Situationen, in denen sie handeln, ‚definieren'. Damit wird der etwa von *Bowers* (1973), *Pervin* (1968), *Wachtel (1973) oder auch im interaktionalen Modell von Endler & Magnusson* postulierte *Transaktionsprozeß* zwischen Person und Situation angesprochen: Personen handeln auf der Grundlage ihrer Situationsdefinition und der Situationsdefinitionen der anderen an einer Interaktionssituation beteiligten Personen. Person und Situation können nur unter methodologischen Gesichtspunkten voneinander getrennt werden, da Individuen ihre Situationen auswählen und modifizieren und diese Wahlen und Modifikationen personale Eigenarten widerspiegeln. Personen wählen diejenigen Situationen, die ihren Eigenarten am ehesten entsprechen (‚fit' the personalities; *Pervin*).

Das generative-Regel-Modell basiert auf einer Integration einfacher S-R-Modelle sozialer Interaktion und des Modells der sozialen Fertigkeiten von *Argyle* (1967).

S-R-Modelle berücksichtigen nach *Argyle* nicht den Einfluß individueller Handlungspläne auf sozial-interaktives Verhalten. Die Schwächen des Modells der sozialen Fertigkeiten sieht *Argyle* in erster Linie darin, daß es zu global ist, nicht ernsthaft die Handlungen und Handlungspläne der anderen an einer Interaktion beteiligten Personen berücksichtigt und Situationsdefinitionen, konkretisiert als von allen Beteiligten anerkannte soziale Regeln in der sozialen Situation, nicht mit einbezieht. Das generative-Regel-Modell geht von einer Interaktionssequenz aus, an der zumindest zwei Personen beteiligt sind.

Das aktuelle Verhalten einer Person A ist Ergebnis eines gemeinsamen Einflusses von A's Handlungsplänen und dem unmittelbar vorausgegangenen Verhalten einer anderen Person B, die ihrerseits auf der Grundlage ihrer Handlungspläne und des vorausgegangenen Verhaltens von A handelt.

Diese postulierte Verschränkung von Handlungsplänen und Handlungen zweier Personen A und B soll in Abb. 5 veranschaulicht werden:

x_A und x_B müssen gemeinsame Elemente aufweisen, damit A und B in der Lage sind, die eigenen Handlungspläne und Handlungen sowie die der anderen sinnvoll in eine Planung der jeweils nachfolgenden Handlung einzubeziehen. Diese gemein-

Soziale Interaktion

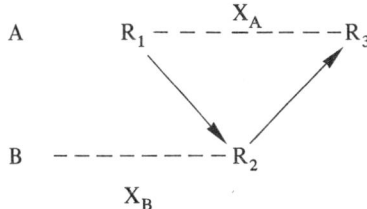

Abb. 5: Integration des S-R-Modells und des Modells sozialer Fertigkeiten (modifiziert nach Argyle, 1977, S. 359).

samen Elemente stellen die *Regeln* dar, die innerhalb der sozialen Situation von allen Beteiligten anerkannt werden.

Voraussetzung eines kontinuierlichen Interaktionsprozesses stellt damit – in Übereinstimmung mit einem Postulat des symbolischen Interaktionismus – die gemeinsame *Situations-Definition* dar, die auf einem Konsens wahrgenommener und akzeptierter Normen, Regeln und Erwartungen basiert (*Forgas* 1976, S. 199).

Zur Analyse von Person × Situation-Interaktionen müssen sowohl situative wie personale Faktoren miteinbezogen werden. Neben den sozialen Verhaltensregeln nennt *Argyle* folgende weitere *Komponenten einer sozialen Situation:*

(1) *Bestimmte Bewegungen,* die in einer Situation nahegelegt werden.

(2) *Ziele,* die von interagierenden Personen in der Situation angestrebt werden (Kooperation; sexuelle Betätigung; Tanzen, Diskutieren, Problemlösen etc).

(3) *Strukturelle/motivationale Themen:* Sie stellen eine Kombination der Ziele dar. (Beispiele: Party, Essen, Tanzen, Flirten, Reden).

(4) *Rollen- und Rollenverteilungen,* die in einer Situation nahegelegt werden.

(5) *Setting:* Die materialen Bedingungen einer sozialen Situation (Tisch, Tanzfläche, Spiegel etc.).

(6) *Konzepte:* Sie sind Bestandteile von Regeln, die gewußt werden müssen, um die Regel zu verstehen und anwenden zu können. (Beim Skat: der Skat, Herz-Hand usw.).

An personalen Eigenarten, die sozial-interaktives Verhalten modifizieren und lenken, nennt *Argyle*:

(1) *Wahl der Situationen:* Es gibt interindividuelle Differenzen von Situations-Wahlen. „Die systematische Analyse des Situationsbereichs (einer Person; d. V.) ist möglicherweise der interessanteste Aspekt interindividueller Differenzen" (*Argyle* 1977, S. 366).

(2) *Gruppierung von Situationen:* Es existieren interindividuelle Unterschiede in der perzipierten Zugehörigkeit von Situationen zu verschiedenen Klassen von Situationen.

(3) *Motivation:* Jede Situation besteht normalerweise aus mehreren situativen ‚cues'. Es werden interindividuelle Differenzen in der situativen Motivation angenommen, d. h. in bezug darauf, welches Motiv in der Situation aktualisiert wird.

(4) *Fähigkeit:* Je nach situativer Strukturiertheit können interindividuelle Unterschiede in der Ausprägung spezifischer Fähigkeiten wirksam werden.

(5) *Kenntnis der Regeln und Konzepte:* Individuen verschiedener sozialer oder kultureller Herkunft unterscheiden sich u. a. hinsichtlich ihrer Kenntnisse der Regeln und Konzepte voneinander.

Person × Situation-Interaktionen können aus einem Zusammenwirken dieser personalen und situativen Faktoren erklärt werden. In stark strukturierten Situationen (‚formellen' Situationen; *Argyle*, S. 365) wird das Verhalten stärker durch die Situation gesteuert als in schwach strukturierten Situationen, in denen Verhaltensalternativen möglich sind, ohne soziale Regeln zu verletzen. *Transsituative Verhaltenskonsistenz* ist über Situationen zu erwarten, die relevante Übereinstimmungen in ihren Komponenten aufweisen.

Das generative-Regel-Modell von *Argyle* trägt so zu einer Erklärung von Interaktionssequenzen und interindividuellen Verhaltensvariationen innerhalb sozialer Situationen bei. Auf der Grundlage gemeinsamer Situations-Definitionen, die auf einer Übereinstimmung von Normen, Regeln, Erwartungen etc. beruhen, die in einer Situation angesprochen sind, werden sinnvoll aufeinander abgestimmte sozial-interaktive Verhaltensweisen der an einer Interaktion beteiligten Personen möglich. Interindividuelle Differenzen sozial-interaktiver Verhaltensweisen korrespondieren mit Unterschieden in der Kognition von Aspekten der sozialen Situation. Welche der gemeinsam akzeptierten Verhaltensregeln zur Generierung eigenen Verhaltens aktualisiert werden, hängt nicht nur ab von dem Verhalten des Interaktionspartners, sondern auch von Fähigkeiten der Person, von ihrem Wissen über die Regeln, von ihrer situationsspezifischen Motiviertheit und weiteren Aspekten der Person.

Kapitel 3
Person, Situation und Handlung

Nachdem in den vorangegangenen Kapiteln unterschiedliche Konzeptionen der Person-Umwelt-Beziehungen dargestellt worden sind, soll nun im dritten Kapitel das handlungspsychologische Modell der Person × Situation-Interaktion hergeleitet, beschrieben und in einzelnen Bestandteilen empirisch getestet werden. Das Modell enthält viele Komponenten, die bereits im Zusammenhang mit der Darstellung der kognitiv-verhaltenstheoretischen Ansätze, der Interaktionismus-Forschung oder der sozialpsychologisch orientierten Konzeptionen mehr oder weniger detailliert dargestellt worden sind.

Mit dem Konstrukt ,Handlung' wird zusätzlich eine Größe eingeführt, die nach unserer Auffassung in geeigneter Weise die bereits erörterten Konzepte, Begriffe und theoretischen Postulate in eine Ordnung bringt, die theoretisch sinnvoll und empirisch haltbar ist. Mit der Einführung von ,Handlung' wird jedoch mehr als nur die Hoffnung auf ihre ordnungsstiftende Funktion verbunden. Die Verwendung des Begriffs zwingt u. E. zu Schlußfolgerungen, deren Reichweite sowohl theoretischer wie methodologischer Art noch nicht abzusehen ist.

Im ersten Abschnitt werden wiederum Begriffs-Klärungen vorgenommen, ,Verhalten' von ,Handlung' und ,Tätigkeit' abgegrenzt. Sodann werden psychologische Theorien (aus der Entwicklungs- und Motivationspsychologie) vorgestellt, die sich explizit und zentral auf ,Handlung' beziehen. Danach folgt eine Detail-Analyse der Handlung, ihrer allgemeinen Struktur und ihres allgemeinen Verlaufs.

Schließlich wird das Konstrukt „Handlung" in die Analyse von Person-Situation-Interaktionen einbezogen und das handlungspsychologische Modell mit dem Ziel formuliert, Verhalten, soweit es als operatives Moment einer

Handlung identifiziert werden kann, aus einer spezifischen Interdependenz von personalen und situativen Determinanten zu erklären und zu prognostizieren. In zwei Untersuchungen zur sozialen Angst und zur Relation von Einstellung und Verhalten werden einzelne Aspekte des Modells konkretisiert und empirisch getestet.

Im Zentrum dieses Kapitels steht ein handlungspsychologisches Modell der Person × Situation-Interaktion zur Erklärung und Prognose individuellen Verhaltens innerhalb spezifischer ‚objektiver' Situationen.

In seiner allgemeinsten Form lautet das Modell:

$$V_H = f(P; U/H)$$

Das Verhalten V_H einer Person P (das ‚operative Moment' einer individuellen Handlung H) in einer aktuellen Umgebung (U) ist eine Funktion f einer handlungskonditionalen Interdependenz von personalen und Umgebungs-Faktoren.

Je nach Handlungszusammenhang, in den Person und Umgebung eingebettet sind, werden unterschiedliche Aspekte der Person und der Umgebung ausgegliedert und aufeinander bezogen; aus dieser handlungskonditionalen Interdependenz von personalen und Umgebungs-Faktoren resultiert ein konkretes Verhalten.

Im weiteren Verlauf wird ‚Umgebung' von ‚Situation' abgegrenzt. ‚Umgebung' meint die ‚objektiv' faßbare Außenwelt eines Individuums, die unabhängig von ihm mit physikalischen, soziologischen, juristischen, geographischen etc. Kategorien beschreibbar ist. ‚Situation' dagegen bezieht sich auf die kognitiv-evaluative interne Repräsentation einer Umgebung oder eines Umgebungs-Segmentes, auf die ‚subjektive Situation'.

3.1 Verhalten, Handlung, Tätigkeit

Das, was an menschlicher Aktivität beobachtet, registriert oder gemessen werden kann, ist das *Verhalten* oder sind Verhaltenssequenzen einer Person. Verhalten kann in unterschiedlichen Maßen der Beobachtung zugänglich sein (offenes oder verdecktes Verhalten), ist charakterisiert durch seine zeitliche und räumliche Erstreckung und weist weitere Merkmale auf, die beobachtet oder gemessen werden können; Verhalten stellt somit einen *empirischen Sachverhalt* dar. *Drever* und *Fröhlich* (1968) definieren Verhalten als „allgemeine Bezeichnung für die Gesamtheit aller beobachtbaren, feststellbaren oder meßbaren Aktivitäten des lebenden Organismus" (S. 246). Das Ankreuzen eines Fragebogens, die Aussonderung von Schweiß, das Anheben eines Fingers, der Vollzug einer Bewegung sind Beispiele von Verhalten spezifischer zeitlich-räumlicher Erstreckung mit spezifischen, beobachtbaren oder meßbaren Eigenschaften.

Die Klassifizierung eines Verhaltens als ‚aggressiv‘, ‚zielgerichtet‘, ‚bedingter Reflex‘, ‚gesteuert‘, ‚offen‘ dagegen beruht zwar auf empirischen Sachverhalten, stellt aber bereits eine verallgemeinernde oder abstrahierende Aussage dar, die über das beobachtete Geschehen hinausweist. Ihr liegen Kategorien zugrunde, die zum Zwecke zusammenfassender Beschreibung konkreter Verhaltensweisen in Interaktion mit einem theoretischen Konzept aufgestellt werden; die Kategorien stellen damit deskriptive theoretische Konstrukte dar. Derartige Konstrukte sind zu einer (theoriegeleiteten) Beschreibung empirisch aufweisbarer Datenzusammenhänge geeignet.

Dieselben Konstrukte können aber auch mit der Absicht einer *Erklärung* beobachteten Verhaltens entwickelt und verwendet werden. Will man erklären, *warum* eine Person sich in die hinterste Reihe eines Vortragssaales setzt, obwohl die vorderen Reihen kaum besetzt sind, so erhält die Kategorie ‚zielgerichtet‘ zusätzlich eine erklärende Funktion. Das theoretische Konstrukt ‚Zielgerichtetheit‘ wird damit zu einem *explikativen Konstrukt* (vgl. *Herrmann* 1969, S. 61 f. oder 1973, S. 128 ff.).

‚Handlung‘ wird in diesem Sinne als theoretisches Konstrukt aufgefaßt, welchem innerhalb eines theoretischen Annahmegefüges deskriptive oder auch explikative Funktion zugeschrieben wird. Mit ‚Handlung‘ wird zunächst eine Untermenge möglicher Verhaltensweisen bezeichnet, denen ganz allgemein die Attribute *zielgerichtet‘*, *motiviert‘* und *erwartungsgesteuert‘* zugeordnet werden können. Wenn auch nicht von einer einheitlichen und verbindlichen Definition dieses Konstruktes ausgegangen werden kann (vgl. *Thomas* 1976, S. 2), sollen doch in einer ersten Annäherung wesentliche Attribute einer Handlung genannt werden, die in den meisten Definitionen und Verwendungen des Begriffs in Erscheinung treten.

Detailliert wird das Handlungskonzept erst zu einem späteren Zeitpunkt erläutert. Mit *Boesch* (1977) verstehen wir unter Handlung zunächst ein „bestimmtes, thematisch umschreibbares und zum mindesten in Teilen absichtliches Tun des Menschen" (S. 18). Die darin angesprochene *Intentionalität* von Handlung wird in allen dem Autor bekannten Definitionen als wesentliches Merkmal einer Handlung bezeichnet.

Diese Intentionalität wird in der Regel als eine Absicht begriffen, eine Ist-Lage in eine Soll-Lage zu überführen. Die Verwendung des Konstruktes ‚Handlung' zur Kennzeichnung eines beobachteten Verhaltens unterstellt damit dem beobachteten Akteur eine mehr oder weniger beabsichtigte *Veränderung* der gegenwärtigen Ist-Lage. In den Handlungsdefinitionen von *Hellpach* (1951) oder *Thomae* (1965) wird der Aspekt der Handlungsfolgen besonders betont: „Handlung ist demnach (. . .) eine relativ in sich geschlossene Folge innerhalb des subjektiven Aktivitätskontinuums, die eine für das handelnde Subjekt sinnvolle Veränderung der Welt, wie es sie erlebt, bewirkt." (*Thomae*, S. 53). Handlung kommt aufgrund eines Vorsatzes, eines Motivs oder einer Bedürfnislage (*Lewin*, 1926) zustande. Handeln ist immer, auch darin sind sich die Autoren einig, *motiviert* oder besser: vorsätzlich.

Für *Heckhausen* (1977) kommt Handeln dadurch zustande, daß zwischen der erlebten Ist-Lage und der erwünschten Soll-Lage ein *Erwartungsgefälle* besteht; eine Handlung wird unter der Erwartung geplant und vollzogen, daß sie mit einer gewissen subjektiven Sicherheit aus der unbefriedigenden Ist-Lage hinaus und zu einer möglichst weitgehenden Annäherung an die gewünschte Soll-Lage hinführt.

Vorläufig sollen diejenigen *Verhaltensweisen eines Individuums als operatives Moment einer Handlung bezeichnet werden, denen die Attribute vorsätzlich, zielgerichtet und erwartungsgesteuert in prüfbarer Weise zugeschrieben werden können.*

Handlungen selbst umfassen neben dem operativen Moment, also dem ausführenden Teil, weitere Komponenten und weisen eine spezifische Struktur und einen spezifischen Verlauf auf; an anderer Stelle wird das Konstrukt ‚Handlung' im Detail definiert.

Von einigen Autoren, so von *Rubinstein* (1973), *Leontjev* (1977), *Volpert* (1974) oder *Hacker* (1973) wird zusätzlich zur Handlung der Begriff ‚*Tätigkeit*' eingeführt. Für unsere Analyse ist insbesondere der Tätigkeits-Begriff von *Leontjev* von Interesse, der daher in einigen Aspekten dargestellt werden soll.

Tätigkeit ist zunächst immer *gesellschaftliche* Tätigkeit, indem sie in das System gesellschaftlicher Beziehungen integriert ist. „Außer dieser Beziehung existiert keine menschliche Tätigkeit" (S. 23). Das heißt nicht, daß das Individuum in der Gesellschaft einfach die äußeren Bedingungen vorfindet, denen es seine Tätigkeiten anpassen muß, sondern daß die Motive der Tätigkeit sowie ihre Mittel zwar von den gesellschaftlichen Bedingungen abhängen, aber nicht einseitig durch sie determiniert sind.

Voraussetzung der Tätigkeit stellen Bedürfnisse dar, die die konkrete Tätigkeit einer Person in der gegenständlichen Umwelt lenken und regulieren. Bedürfnisse sind auf einen Gegenstand bezogen, „sie steuern also die Tätigkeit des *Subjekts*, sie können indes diese Funktion nur unter der Voraussetzung erfüllen, daß sie gegenständlich sind" (S. 26).

Bedürfnisse und Tätigkeiten sind auf einen Gegenstand (materieller oder ideeller Art) *gerichtet*. Der Gegenstand der Tätigkeit wird von *Leontjev* als ihr ‚tatsächliches Motiv' definiert und hinter jedem Gegenstand steht ein bestimmtes Bedürfnis. In diesem Sinne ist jede Tätigkeit motiviert.

Vom Motiv grenzt *Leontjev* das Ziel ab und damit die Tätigkeit von der Handlung. Eine Tätigkeit ist immer auf ein Motiv gerichtet, eine Handlung auf ein Ziel. Ziele stellen dem Motiv der Tätigkeit untergeordnete Motive der Handlung dar. „Die Zielstellung und die Herausbildung der den Zielen untergeordneten Handlungen führen gleichsam zu einer Aufspaltung der vordem im Motiv vereinigten Funktionen" (S. 34). Das Motiv stimuliert zwar eine Tätigkeit, deren Realisierung in einer Handlung ist jedoch auf ein konkretes Ziel gerichtet.

Handlungen werden somit als *Realisierungen* von Tätigkeiten verstanden. „Die menschliche Tätigkeit existiert nur in Form einer Handlung oder einer Handlungskette" (S. 35). Aus der Sicht des Motivs (also eines übergeordneten Zieles) stellt sich ein Verhalten als Tätigkeit dar, aus der Sicht der Zielunterordnung dagegen als Handlung.

Das Konzept der Tätigkeit bei *Leontjev* stellt so ein hypothetisches Konstrukt höherer Ordnung dar, welches mehrere Handlungen auf eine gemeinsame Basis (Motiv) zurückführt. In einem späteren Abschnitt wird auf diese Konzeption der Tätigkeit noch einmal eingegangen.

3.2 ‚Handlung' als Gegenstand psychologischer Forschung

‚Handlung' bildeten nach *Dorsch* (1963) einen der wichtigsten Gegenstände der Psychologie. Sie wird beispielsweise im Zusammenhang mit willens- oder affektpsychologischen Studien *(Ach, Lewin)*, in der Motivationspsychologie *(Heckhausen, Fuchs, Thomae)*, der Verhaltenspsychologie *(Parson, Shils, Tolman, Miller, Galanter & Pribram)*, der Sozialpsychologie *(Hellpach, Werbik)*, der Entwicklungspsychologie *(Piaget, Eckensberger)* oder Kulturpsychologie *(Boesch)*, sowie in anderen Teildisziplinen der Psychologie thematisiert. Eine zentrale Stellung nehmen Handlung und Tätigkeit in der vom dialektischen und historischen Materialismus geprägten Psychologie ein *(Rubinstein, Leontjev, Galperin, Kossakowski, Hacker, Volpert* – um nur einige Autoren zu nennen). Es wäre daher ein mühseliges und den Rahmen der Arbeit sprengendes Unterfangen, einen repräsentativen Quer- und Längsschnitt psychologischer Handlungsforschung zu versuchen. Stattdessen sollen zwei Theorien näher erläutert werden, die mit unserem Thema im engen Zusammenhang stehen: Beide Ansätze führen explizit das Konstrukt Handlung ein zur Erklärung einer Interdependenz von personalen und situativen Parametern, aus denen ein spezifisches Verhalten resultiert.

Zunächst wird das Handlungsmodell der ‚sozialen Kognition' von *Eckensberger & Reinshagen*, daran anschließend das Motivationsmodell von *Heckhausen* erörtert. Mit der Darstellung dieser Arbeiten soll im Vorgriff auf eine Erläuterung der vom Autor vertretenen handlungspsychologischen Orientierung der Person × Situation-Interaktion die Tragfähigkeit des Konstrukts Handlung demonstriert sowie einige Komponenten der Handlung auf ‚induktivem' Wege eingeführt werden, die auch in dem Hand-

120

lungsmodell der Person × Situation-Interaktion berücksichtigt werden.

3.2.1 Ein Handlungsmodell der sozialen Kognition

Bei der Darstellung dieses Ansatzes zur Erklärung sozialer Kognitionen und deren Entwicklungsverläufe stützen wir uns auf die Arbeiten von *Eckensberger & Reinshagen* (1977), *Eckensberger* (1977) und *Reinshagen* (1977), die aus der Saarbrücker Arbeitsgruppe hervorgegangen sind. Das dort entwickelte Modell ging im wesentlichen aus einer Kritik an der *Piaget*'schen und *Kohlberg*'schen Konzeption von moralischem Urteil und sozialer Kognition hervor. Die zentralen Annahmen des Modells lauten:

(1) „Der Gegenstandsbereich sozialer Kognitionen, die handelnden Subjekte, wird konstituiert durch das Denken über Ereignisse in Ziel-Mittel-Effekt-Relationen. Dieser ist abgrenzbar vom Denken über Objekte, einem Bereich, der konstituiert wird durch ‚wenn-dann-Beziehungen'.

(2) Ein zentraler Bereich der Entwicklung sozialer Kognitionen umfaßt die kognitive Rekonstruktion von Vorstellungen über Handlungen und ihre Interrelationen. Die kognitive Beurteilung eines Ereignisses als Handlung einer anderen Person, deren konstituierendes Moment der Handlungsentwurf ist, erfordert das Erkennen von Handlungszielen durch ‚role taking'.

(3) Das Erkennen von sich wechselseitig ausschließenden Handlungsentwürfen zweier Parteien und dessen negative Bewertung wird als moralischer Konflikt bezeichnet. Das moralische Urteil selbst ist die Herleitung von Lösungsvorschriften bei konfligierenden Handlungsentwürfen aufgrund von Optimierungsvorstellungen über Handlungsinterrelationen." (*Reinshagen*, a.a.O., S. c 138).

Zentral in diesem Ansatz steht also die Handlung, die von den Autoren in Übereinstimmung mit der oben geleisteten Bestimmung als theoretisches Konstrukt gefaßt wird. Handlungen sind nicht der unmittelbaren Beobachtung zugänglich; die Kennzeichnung eines beobachteten Verhaltens als Teilbestand einer Handlung setzt die Attribuierung einer Vorwegnahme der Handlung im Handlungsentwurf, einer finalen Verknüpfung eines positiv bewerteten Handlungszieles mit möglichen Mitteln und deren kausal bedingten Effekten bei dem beobachteten Akteur voraus (vgl. *Reinshagen*, S.c 135 und Annahme (2)). Dieses wird erst möglich durch die Übernahme der Rolle des anderen, „indem man sich die Ergebnisse in um-zu-Begriffen vorstellt und vom

Handlungsziel her die beobachteten, kausal verbundenen Geschehnisse in einen ‚einheitsstiftenden Zusammenhang' bringt" (*Reinshagen*, a.a.O., S.c 135). Die Interpretation eines beobachteten Verhaltens als *Handlungsbestandteil* (Realisation der Mittel), der eingebettet ist in einen Handlungszusammenhang, hängt davon ab, inwieweit die beobachtende Person Ereignisrelationen als *intentionale* und *finale* oder als *kausale* und *funktionale* Relationen kogniziert. Die damit angesprochenen verschiedenen, von *Eckensberger* und *Reinshagen* als ‚Denktypen' bezeichneten Kognitionen von Ereignis-Relationen werden über die Kategorien einer Handlung – ‚Handlungsziel', ‚Handlungs-Mittel' und ‚Handlungs-Effekt' – definiert (s. Abb. 6).

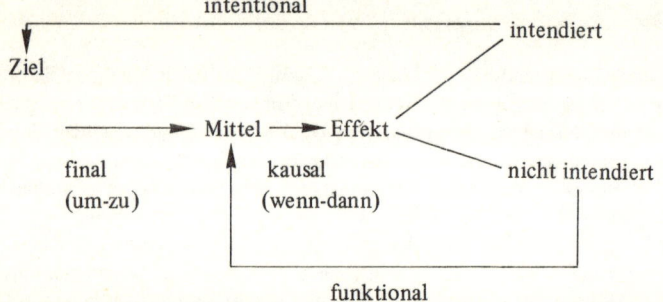

Abb. 6: Die Verknüpfung von Ziel, Mittel und Effekt durch unterschiedliche Denktypen (nach *Eckensberger & Reinshagen*, a.a.O., S. 25a).

Ob ein beobachtetes Geschehen der Klasse „physikalisch/materielle Phänomene" (zwischen denen kausale oder funktionale Beziehungen bestehen) oder „soziale Phänomene" (zwischen denen intentionale oder finale Beziehungen bestehen), zugeschrieben wird, hängt von dem angewendeten Denktypus ab. Unterschiedliche Lösungsniveaus eines moralischen Konflikts (der ‚moralischen Urteile') können danach klassifiziert werden, welcher Denktypus und welche Mittel angewendet, welche Effekte und Ziele antizipiert und angestrebt, und inwieweit diese Ziele als mit den Zielen der anderen vereinbar kogniziert und modifiziert werden (vgl. *Eckensberger & Reinshagen*, a.a.O., S. 34).

Die Einführung des Konstrukts ‚Handlung' trägt so zu einer präzisen Definition von sozialer Kognition, moralischem Konflikt und moralischem Urteil bei.

Damit aber sind nicht alle Implikationen genannt, die *Eckensberger* und *Reinshagen* mit der Einführung von ,Handlung' in eine Theorie sozialer Kognitionen sehen. Ein weiterer Vorteil einer handlungspsychologischen Orientierung besteht nach Meinung der Autoren darin, „daß psychologische Konzepte (Motive, kognitive Schemata, Werte der Bezugssysteme etc.) einerseits und die materiellen, sozialen und symbolischen Aspekte der Kultur andererseits nicht als ,einander gegenübergestellt' interpretierbar sind, sondern als Ergebnisse des gleichen Prozesses, der menschlichen Handlung, verstanden werden können" (*Ekkensberger & Reinshagen*, a.a.O., S. 23).

Person und Situation sind also durch die Handlung ineinander verschränkt, miteinander verbunden und Resultat von Handlung. Damit betrachten sie die Wechselwirkung von Person und Situation als *Transaktion*. Auf einige Konsequenzen dieser Sichtweise der Person × Situation-Interaktion wird im Rahmen des handlungspsychologischen Modells der Person × Situation-Interaktion näher eingegangen.

3.2.2 Das Motivationsmodell von Heckhausen

In das von *Heckhausen* (1977a, b) vorgestellte Motivationsmodell werden Erwartungs-X-Wert-Theorien, die Instrumentalitätstheorie (vgl. Kap. II.1.), ,klassische' Leistungsmotivationstheorien und die Theorie der Kausalattribuierung (vgl. Kap. II) in zum Teil erweiterter Form integriert. Es beruht auf der allgemeinen Annahme, daß Individuen diejenige Handlung aus einer Menge von Handlungsalternativen auswählen, die zu einer maximalen subjektiven ,Zufriedenheit' führen. Maximale Zufriedenheit muß nicht notwendig gleichbedeutend sein mit dem in Kap. II.1. definierten maximalen hedonistischen Wert, der eine Kenntnis *aller* möglichen Handlungsergebnisse und deren Folgen impliziert; das Modell setzt diese umfassende Kenntnis nicht voraus. Insofern ist es nur eingeschränkt als rationalistisches Modell zu kennzeichnen, wie es *Heckhausen* tut.

Heckhausen vertritt mit seinem Modell eine ausdrücklich *interaktionale* Position: Die Motivierung zu einer Handlung in einer aktuellen Situation ist Resultat einer Interdependenz von personalen Dispositionen, den ,Motiven', und motivkongruenten Aspekten der wahrgenommenen Situation. Motivkongruente (in der Terminologie von *Heckhausen* ‚motiv-relevante') Situationen sind solche, die der wahrnehmenden Person signalisieren, daß sie aktiv in das situative Geschehen eingreifen kann, um sich damit einem motiv-relevanten Handlungsziel anzunähern.

Das Modell expliziert die Bedingungen, die zu einer *Handlungstendenz* führen, während über handlungssteuernde und handlungsregulierende Prozesse keine Aussagen gemacht werden. Auch das vom Autor dieser Arbeit vertretene handlungspsychologische Konzept der Person × Situation-Interaktion beschränkt sich im wesentlichen auf die Analyse von Bedingungen einer ‚Eingangshandlung'.

Zwei Klassen von Variablen und deren Interrelationen spannen das Modell auf: Wert-Variablen und Erwartungs-Variablen. Wert und Erwartung werden als *subjektive Größen* definiert, deren Ausprägungen sowohl von situativen wie personalen Faktoren determiniert werden.

Die Motivation zu einer Handlung wird im wesentlichen durch Abwägen zweierlei Dinge konstituiert, dem *Anreizwert* von Ereignissen und der *Erwartung*, daß die einzelnen Ereignisse mit ihren Anreizwerten auch eintreten. Anreizwerte und Erwartungen werden in dem Modell aus ihrer Verankerung an einzelnen zeitlich aufeinanderfolgenden Orten oder Abschnitten einer *Handlung* abgeleitet. Innerhalb einer Handlung können folgende Stationen unterschieden werden:

(1) die Wahrnehmung der Situation mit ihren motiv-relevanten Aufforderungsgehalten,
(2) die Handlung,
(3) das Ergebnis der Handlung,
(4) die Folgen mit ihren Anreizwerten, die den Anreiz des Ergebnisses bestimmen.

Indem eine Person sich den Ablauf einer Handlung in einer Situation *vorstellt*, aktualisiert und entwickelt sie Erwartungen über mögliche Ereignisrelationen und Anreizwerte, die sie mit antizipierten Folgen von Ereignissen verbindet, die sie entweder als Resultat ihrer Handlung oder auch als ohne ihr eigenes Zutun zustandegekommen vorwegnimmt.

In der zeitlichen Aufeinanderfolge gibt es verschiedene Arten solcher Ereignisse mit Anreiz. Das erste Ereignis kann sich aus der Situation ergeben, sei es ohne eigenes Zutun oder sei es aufgrund eigenen eingreifenden Handelns. Diese Klassen von Ereignissen nennt Heckhausen *Ergebnis*. Ein Ergebnis hat nur insoweit Anreizwert, als es zu weiteren Ereignissen mit Anreizwert führt; die auf das Ergebnis folgenden Ereignisse mit Anreizwert werden als *Folgen* bezeichnet. Es existieren unmittelbare Folgen, wie die Selbstbewertung oder die Stillung des Hungers. Daneben gibt es noch weitere Folgen, von denen das Ergebnis ebenfalls Anreizwerte empfängt. Dazu gehört die Bewertung des Ergebnisses durch wichtige andere Personen oder durch Instanzen (‚Fremdbewertung') sowie antizipierte Ereignisse, deren Eintreffen zu einer Annäherung an ein übergreifendes Oberziel führen kann. Neben diesen motiv-kongruenten Folgen kann ein Ergebnis noch weitere Ereignisse zur Folge haben, die eher extrinsischer Natur sind, da sie zu einer Inhaltsklasse von Ereignissen gehören, die außerhalb des Inhaltsbereiches des ursprünglich angeregten Motivs liegen.

Unterschiedliche *Erwartungstypen* werden in gleicher Weise einzelnen Stadien der Handlung zugeordnet (s. Abb. 7).

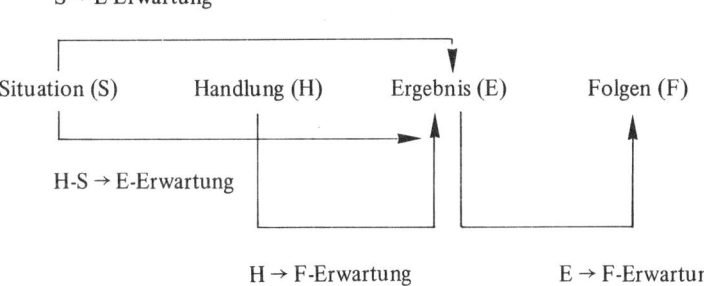

Abb. 7: Schematische Darstellung der vier Arten von Erwartungen im Motivierungsprozeß (nach *Heckhausen, 1977* a).

(1) *Situations-Ergebnis-Erwartung* (S→E-Erwartung):
   Das sind Erwartungen dazu, in welchem Maße eine gegenwärtige Situation ohne eigenes Zutun auf ein erwünschtes Ergebnisereignis hinführen oder von ihm wegführen wird.
(2) *Handlungs-Ergebnis-Erwartung* (H→E-Erwartung):
   Diese bedeuteten, mit welcher Wahrscheinlichkeit sich die gegenwärtige Situation durch eigene Handlungen so verändern läßt, daß erwünschte Ergebnisse eintreten. Nicht eingeschlossen sind alle äußeren und variablen Umstände, deren Hinzutreten von den Fähigkeiten und Anstrengungen der Handelnden nicht beeinflußt werden kann.

125

(3) *Handlungs-Situations-Erwartung* (H-S→E-Erwartung):
Äußere und variable Umstände der Situation können die Handlung in dem Bemühen fördern oder behindern, ein erwünschtes Ergebnis zu erreichen. Sie erhöhen oder erniedrigen deshalb die Handlungs-Ergebnis-Erwartung um einen bestimmten Betrag.

(4) *Ergebnis-Folge-Erwartung* (E→F-Erwartung):
Diese bedeutet, in welchem Maße ein selbst- oder fremdbewirktes Ergebnis instrumentell sein wird für das Eintreten von Folgen mit bestimmten Anreizwerten.

Aus einer multiplikativen Verknüpfung von spezifischen Anreizwerten und Erwartungen ergeben sich verschiedene Arten von *Valenzen*: Die Situations-Valenz, die Ergebnis-Valenz und die Handlungs-Valenz.

Die *Situations-Valenz* ist ein Ausdruck für den Verheißungs- oder Bedrohungscharakter der gegenwärtigen Situation, wenn man den weiteren Ereignissen, ohne handelnd einzugreifen, ihren Lauf ließe. Die möglichen Folgen der Ergebnisse beschränken sich daher auf Folgen für Oberziele und extrinsische Nebenfolgen. Die Situationsvalenz steht damit in einem engen Zusammenhang mit der von *Feger* beschriebenen ,Wichtigkeit' einer Situation, die ja auch auf die Valenz einer Situation hinweist, die diese für die Erreichung relevanter Oberziele hat (vgl. Kap. II). Die *Ergebnisvalenz* entspricht der Instrumentalität (vgl. *Vroom* 1964). Die *Handlungsvalenz* gibt an, wieweit man durch das Ergebnis eigenen Handelns den Ablauf der Ereignisse in einer solchen Weise beeinflussen zu können glaubt, daß Folge-Ereignisse optimalisiert werden.

Ob und in welcher Intensität schließlich eine Handlungsalternative ausgeführt wird, ist jedoch nicht nur von der Handlungsvalenz abhängig, sondern auch von der Situationsvalenz mitbestimmt. Denn eine *Handlungstendenz*, das Ergebnis des Motivierungsprozesses, wird um so schwächer sein, je mehr sich das angestrebte Ergebnis auch ohne viel eigenes Zutun einzustellen scheint. Die Handlungstendenz wird von *Heckhausen* daher gleich der Differenz zwischen Handlungsvalenz und Situationsvalenz gesetzt.

Erwartungen und Anreizwerte werden von Heckhausen nicht als personinvariante Parameter des Motivationsgeschehens angesehen, ihre Ausprägungen werden vielmehr von personalen Dispositionen modifiziert. Bereits die Wahrnehmung und Interpretation der Aufforderungsgehalte der Situation sind motivspezifisch determiniert und damit interindividuellen Variationen unterlegen. Die weiteren angenommenen persönlichkeitsspezifischen Determinanten beeinflussen unmittelbar die Anreizwerte der Folgen: Motivspezifische Wertungsgewichte, die der Dominanzhierarchie der individuellen Motivausprägung entsprechen, motivspezifische Aufsuchungs- vs. Meidungstendenzen einer Person, motivspezifische individuelle Normstandards, sowie motivspezifisch individuell unterschiedlich ausgeprägte Attribuierungstendenzen (interne vs. externe Kausalattribuierung von Handlungseffekten) beeinflussen die subjektiven Erwartungen und Anreizwerte.

Heckhausen unterscheidet in seinem Modell zwischen situationsspezifischen und persönlichkeitsspezifischen Determinanten des Motivierungsprozesses. Nach Meinung des Autors dieser Arbeit ist diese Kennzeichnung ein wenig irreführend. Was gemeint zu sein scheint, ist vielmehr eine Unterscheidung zwischen *allgemeinen* Komponenten eines subjektiven Handlungsfeldes oder einer Handlungssituation und deren jeweiligen *Modifikationen* durch persönlichkeitsspezifische Determinanten. Die von *Heckhausen* als situationsspezifisch betrachteten Determinanten stellen Eigenarten einer subjektiven Situation dar, die von Person zu Person in unterschiedlichem Maße akzentuiert und gewichtet werden. Sie gehen in die individuumsspezifischen Interpretationen der Handlungssituation in je verschiedener Weise ein. Eine Person konstruiert nach Maßgabe der Ausprägungen von einzelnen personspezifischen Determinanten eine idiosynkratische Handlungssituation, die insofern mit den Konstruktionen anderer Personen vergleichbar ist, als sie die gleichen Komponenten enthält.

In dem Modell von *Heckhausen* wird außerdem ein aus der Sozialpsychologie bekannter Prozeß außerachtgelassen: Eine Handlungstendenz innerhalb einer Handlungssituation wird auch davon abhängen, inwieweit der Person *alternative Situationen* zur Verfügung stehen, in denen sie mit mehr oder weniger Aufwand zu gleichen Ergebnissen und Folgen mit vergleichbaren Anreizwerten zu gelangen glaubt. Eine Person wird, so kann angenommen werden, antizipierte *Kosten und Nutzen* einer Handlung innerhalb einer Situation gegen Kosten und Nutzen einer vergleichbaren Handlung innerhalb einer anderen Situation abwägen, die mit den gleichen Ergebnissen und Anreizwerten verbunden gesehen wird (vgl. das Kapitel über die Austauschtheorie).

Das *Heckhausen*-Modell gilt so strenggenommen nur für

solche Situationen, in denen der Handelnde eine ‚Fremdaufforderung‘, die in dem Aufforderungscharakter einer konkreten Situation liegt, als ‚Selbstaufforderung‘ übernimmt (vgl. *Werbik* 1976a), sich also darauf eingelassen hat, sich der aktuellen Situation ‚zu stellen‘, ohne nach alternativen Situationen zu suchen.

Diese Einwände sind jedoch von sekundärer Bedeutung für eine Bewertung des Motivationsmodells, welches u. E. das am weitesten fortgeschrittene Konzept zur Erklärung von Eingangshandlungen einer Person in einer Handlungssituation darstellt. Es berücksichtigt wesentliche Forderungen des allgemeinen interaktionalen Modells (Kongruenz von Situation und personalen Determinanten; Herausstellung der Bedeutung der subjektiven Interpretation der Situation) und definiert zudem auf der Grundlage einer handlungspsychologischen Orientierung Determinanten des Motivierungsprozesses, die einer empirischen Testung zugänglich sind.

3.3 Handlungs-Struktur und Handlungs-Verlauf

Im folgenden sollen Komponenten einer Handlung dargestellt werden, die ihre allgemeine *Struktur* und ihren *Verlauf* kennzeichnen. Eine Kenntnis dieser Komponenten erscheint uns notwendig zu sein für eine handlungspsychologische Erklärung und Prognose von Person × Situation-Interaktionen.

Wir beziehen uns dabei im wesentlichen auf die Arbeit von *Boesch* (1976) sowie auf *Dörner* (1974), *Werbik* (1976a, b), *Kaminski* (1970), *Volpert* (1974, *Hacker* (1973), *Leontjev* (1977), *Miller, Galanter & Pribram* (1973), *Thomae* (1968) und *Fuchs* (1976). Einer übersichtlichen Darstellung zuliebe wird auf eine detailliertere Quellenangabe verzichtet.

Jede Handlung wird angesehen als eine *abgrenzbare Geschehenseinheit* innerhalb des Aktivitätskontinuums eines Individuums, mit einem bestimmten Anfang, einem bestimmten Verlauf und einem bestimmten Ende.

Als Beginn einer Handlung wird der Augenblick bezeichnet, in dem eine Person eine ‚Fremdaufforderung‘ als ‚Selbstaufforderung‘ übernimmt und damit eine neue Art von Aktivität eingeleitet wird. Diese Bestimmung eines Anfangs ergibt sich aus der Definition einer Handlung als vorsätzliche Aktivität. Bei Beginn einer Handlung wird eine ‚Soll-Lage' bei Bestehen einer ‚Ist-Lage' wirksam (‚Erwartungsgefälle' nach *Heckhausen*). Sie wird in einer Situation durch den ‚Aufforderungsgehalt' dieser Situation ausgelöst, welcher der Person signalisiert, inwieweit sie eine wahrgenommene Diskrepanz zwischen einer als unbefriedigend empfundenen Ist-Lage zu einer erwünschten Soll-Lage durch eigenes Handeln verringern kann. *Die Anfangsphase* einer Handlung dient im wesentlichen dazu, eine Handlungsbereitschaft zu erstellen, eine Präzisierung der Ziel- und Verlaufsvorstellungen zu leisten, also der *Bildung eines Handlungsprogramms und einer Aktivierung zum Handeln*. In dieser Phase werden die von *Heckhausen* postulierten Erwartungen und Anreizwerte situationsgebundener Ereignisse wirksam, die entweder durch eigenes Zutun oder auch ohne eigenes Handeln eintreten können. Es wird so die *Soll-Lage* präzisiert und Handlungen zu ihrer Erreichung abgeschätzt. Handlungsantizipationen können sowohl finaler wie funktionaler (prozessualer) Art sein. Handlungen können auf funktionale Ziele gerichtet sein, auf die Durchführung der Handlung selbst, oder auf finale Ziele, die auf antizipierte Ergebnisfolgen gerichtet sind. Eine Handlung kann gleichzeitig mehrere Ziele verfolgen, also gleichzeitig ein Ergebnis mit mehreren Folgen positiver Anreizwerte erstreben. Davon sind abzuheben nichtintendierte Folgen, die außerhalb der Inhaltsklassen der angestrebten Ziele liegen.

Über eine *Präzisierung der Zielvorstellungen* und unter Einbeziehung wahrgenommener situativer Aufforderungsgehalte wird aus einer auf ein Oberziel gerichteten Vornahme ein Vorsatz zu einer konkreten Handlung, eine *Handlungstendenz*. Überwiegen situative Barrieren zur Durchsetzung eines Handlungszieles, ist demnach der Aufforderungscharakter der Situation zur Durchführung einer spezifischen Handlung mit einem spezifischen Ziel gering, stehen nur unzureichende Informationen zu einer Präzisierung der Ist- und Soll-Lage bereit oder verfügt die Person ihrer Meinung nach (noch) nicht über geeignete Handlungsprogramme, dann wird das Handlungsziel suspendiert oder aufgehoben und damit die Vornahme nicht aktualisiert zu einem Vorsatz zu einem bestimmten dem Handlungsziel dienlichen Tun.

Zu Beginn einer Handlung werden *Gefühle* aktualisiert, die Ausdruck einer wahrgenommenen Diskrepanz zwischen vorgefundener Ist-Lage und erstrebter Soll-Lage sind ('Lagegefühl'). Angst, Gefühle der Fremdheit, der Bedrohung, oder allgemeiner emotionaler Anspannung (wie Streß) variieren mit den Ausmaßen an wahrgenommener Zieldiskrepanz und können sich im Verlauf der Handlung ändern. In der Anfangsphase einer Handlung vollzieht sich eine Art perzeptiver und kognitiver Akzentuierung und *Sensibilisierung*: Alle Elemente einer Situation werden selektiv nach ihren Bedeutungen für die angestrebte Handlung wahrgenommen und in Beziehung zu Kognitionen über verfügbare Mittel zur Erreichung des oder der Ziele gesetzt.

Als das *Ende einer Handlung* wird die Erreichung der Soll-Lage angesehen. Auch das Ende einer Handlung kann nicht unmittelbar beobachtet werden, sondern wird aus beobachteten Aktivitätsänderungen (Beobachtung eines 'Beendigungsverhaltens'), aus analogisierender Anwendung von Selbsterfahrung im Handeln oder über die Verwendung von Aussagen des Handelnden selbst über sein Handeln erschlossen.

Die Endphase der Handlung umfaßt das Verhalten beim Erreichen des Ziels oder, im Falle eines Mißerfolgs, bei Abbruch der Handlung. Sie schließt den Prozeß einer individuellen Bewertung des vorangegangenen Handlungsverlaufs sowie der erreichten Handlungsziele ein. Gleichzeitig leitet das Ende einer Handlung zu anderen Handlungen über.

Handlungen und Handlungsziele sind *hierarchisch organisiert.* Jedes Handlungsziel kann gleichzeitig *Oberziel* einer untergeordneten Handlung sein und jedes Handlungsziel ist Unterziel einer übergeordneten Handlung. Das Erreichen von Oberzielen setzt die Erreichung von Unter- oder Zwischenzielen voraus. Oberziele, die in den allgemeinen gesellschaftlichen Beziehungen verankert, auf gesellschaftliche Sachverhalte gerichtet sind und damit die handelnde Person mit den allgemeinen gesellschaftlichen Verhältnissen verbinden, nennt *Leontjev Motive* (vgl. oben).

Die Verlaufsphase einer Handlung ist durch zweierlei charakterisiert: Erstens wird die Diskrepanz zur Soll-Lage reduziert und zweitens werden darin *Steuerungs- und Regulationsprozesse* vollzogen. Unter Steuerung einer Handlung im Handlungsverlauf wird der Prozeß eines ständigen *Vergleichens* zwischen angestrebter Soll-Lage und momentaner Ist-Lage verstanden. Regulationsprozesse werden dann notwendig, wenn über eine Rückmeldung der bisher eingetretenen Handlungsergebnisse weiterhin Zieldiskrepanz festgestellt wird. In einem solchen Fall wird eventuell eine Korrektur geplanter Operationen vollzogen, um die Diskrepanz weiter zu verringern (vgl. die TOTE-Einheit von *Miller, Galanter & Pribram* oder deren Erweiterung durch *Hacker*).

Handlungen vollziehen sich immer innerhalb eines *Kontextes*, deren Elemente Bedeutung für die Person haben, sie zu unterschiedlichen Handlungen auffordern und gleichzeitig den Spielraum möglichen Handelns eingrenzen. Die Bedeutung der Elemente einer Umgebung oder eines Umgebungs-Segmentes für eine Handlung ist abhängig vom gesamten ‚Feld‘: Die Veränderung eines Elementes der Umgebung kann in unterschiedlichen Maßen Bedeutungsänderungen aller anderen Komponenten der Umgebung zur Folge haben. Die Bedeutungen von Umgebungs-Elementen sind *dynamisch organisiert* (vgl. u. a. *Ittelson* et al. 1974).

Boesch unterscheidet nun zwischen einem *Handlungsfeld und einer Situation*. Mit dem Handlungsfeld ist die Gesamtheit der äußeren und inneren Determinanten gemeint, die auf das Handeln einer Person einwirken können. Es hat eine zeitlich übergreifende Struktur, konkretisiert in den verschiedenen Handlungsbereichen und in den grundsätzlichen Handlungsmöglichkeiten einer Person. *Die Situation* stellt das wahrgenommene Handlungsfeld dar, ist somit immer aktuell und sowohl selektiv wie integrativ. „Sie einzelt bestimmte Aspekte der Person und der Umwelt heraus und integriert sie in Handlungsentwürfen" (*Boesch*, a.a.O., S. 37). Die Handlung wird dann ausgelöst, wenn das Handlungsfeld in einer solchen Weise kognitiv-evaluativ strukturiert ist, daß sich die negative Valenz von situativen Barrieren genügend verringert und die Zielvalenz und Erfolgswahrscheinlichkeit ausreichend erhöht haben.

Diese letzten Gedanken von *Boesch*, die in etwa auch im *Heckhausen*-Modell – wenn auch in anderer Terminologie – zum Tragen kommen, leiten bereits über zu dem hier vertretenen handlungspsychologischen Konzept, das in vielen Hinsichten von *Boesch* angeregt ist. Damit wird die Erörterung von Handlungskomponenten abgeschlossen; nicht erwähnt wurden beispielsweise Möglichkeiten zur Klassifikation von Handlungen, wie sie von *Boesch, Volpert, Dörner, Kaminski* und anderen geleistet wurden, da diese für eine Begründung des vom Autor vertretenen Ansatzes nicht unerläßlich erscheinen.

3.4 Person, Situation und Handlung

Damit sind die wesentlichen Komponenten einer Handlung und eines Handlungsverlaufs in ihren Zusammenhängen beschrieben, die in das handlungspsychologische Modell $V_H = f(P,U|H)$ eingehen. Zusätzlich werden Konzepte mehrerer Theorien aufgenommen, die im bisherigen Verlauf der Argumentation bereits erörtert worden waren. Das hier vertretene handlungspsychologische Modell stellt einen Versuch zur Integration dieser Ansätze dar, indem einige ihrer Konstrukte in ein postuliertes Handlungsgefüge eingebettet und ihnen aus ihren Implikationen in bezug auf dieses Handlungsgefüge spezifische Bedeutungen zugeordnet werden. In der *Abbildung 8* ist dieses Modell in seiner vollständigen Fassung wiedergegeben.

Nach diesem Modell verläuft die Wechselwirkung zwischen Person und objektiver Situation mit dem Resultat einer Handlung in folgender Weise.

Person

Im Augenblick des Eintritts in eine konkrete Umgebung verfügt die Person zunächst über eine aktuelle Zielhierarchie. Die interne Organisation dieser Hierarchie hängt einerseits ab von allgemeinen Zielhierarchien, die eine Person im bisherigen Verlauf ihrer Auseinandersetzung mit verschiedenen Umgebungs-Segmenten entwickelt und stabilisiert hat, und zusätzlich vom momentanen Sättigungszustand (vgl. *Karsten* 1928; *Haider* 1963, oder *Fowler* 1965). Der Sättigungszustand wird u. a. bestimmt durch vorausgegangene Handlungen, die zu einer mehr oder weniger befriedigenden Annäherung an spezifische Oberziele geführt haben.

Die Person hat außerdem als Resultat ihrer bisherigen Erfahrungen ein *internes Modell der Umgebung* (IME) herausgebildet

(Boneau, Dörner); das IME enthält Informationen über Wahrscheinlichkeiten von Handlungsergebnissen unter allen möglichen Kombinationen von Situationen und Handlungen. Die Person hat *Äquivalenzklassen* von Situationen und Verhaltensweisen herausgebildet *(Rotter)*; sie verfügt über *Änderungs-, Bedingungs-, Kompetenz- und Vergleichswissen* (*Kaminski, Bandura* et al.). Dieses Wissen gibt ihr an, wie und unter welchen Bedingungen nach Maßgabe der von ihr selbst attribuierten Fähigkeiten eine Umgebung verändert werden kann, um zu einer Annäherung an avisierte Handlungsziele zu gelangen. Sie besitzt *Heuristiken* oder allgemeine Handlungsstrategien *(Dörner, Mischel)* zur Überführung einer Ist-Lage in eine erstrebte Soll-Lage. *Naive Interdependenztheorien* (vgl. weiter oben) stellen Annahmen über die Verursachung von beobachtetem Verhalten anderer Personen dar, die ihr aktuelles Verhalten gegenüber anderen Personen beeinflussen. Aufgrund ihrer Lernerfahrungen hat sie *Normstandards* entwickelt, die sich auf eigene Ansprüche, Verhaltensstandards oder soziale Normen beziehen.

Zusätzlich werden der Person spezifische *Dispositionen* zugeschrieben, die im Zusammenhang mit der Planung und Ausführung einer intendierten Handlung relevant sind. Dazu gehören die Informationsverarbeitungskapazität, intelligente Fähigkeiten, Konzentrationsfähigkeit, der Grad an kognitiver Differenziertheit etc. (vgl. auch *Laucken* 1974, S. 163 ff.). Als Ergebnis ihrer Lernerfahrungen hat sie außerdem bereichsspezifische externe oder interne *Kontroll-Erwartungen* über eigenes und fremdes Verhalten generiert.

Im Rahmen des Handlungsmodells werden Personen-Eigenarten handlungskongruent definiert: Sie werden stets auf Handlungen bezogen betrachtet, und gewinnen ihren Stellenwert innerhalb des Modells über die ihnen zugeschriebene Funktion zur Explikation und Deskription von Handlungen und Handlungsplänen.

Situation

Die aktuelle Umgebung, in die eine Person eintritt, stellt sich ihr – gemäß dem Modell – zunächst ganz allgemein dar als Ereignisfelder unterschiedlicher Zugänglichkeiten. In Anlehnung an *Klix* (1971) lassen sich dabei drei Ebenen unterscheiden: Wahrnehmbare Umgebungszustände (W (U)), Umgebungszustände, die

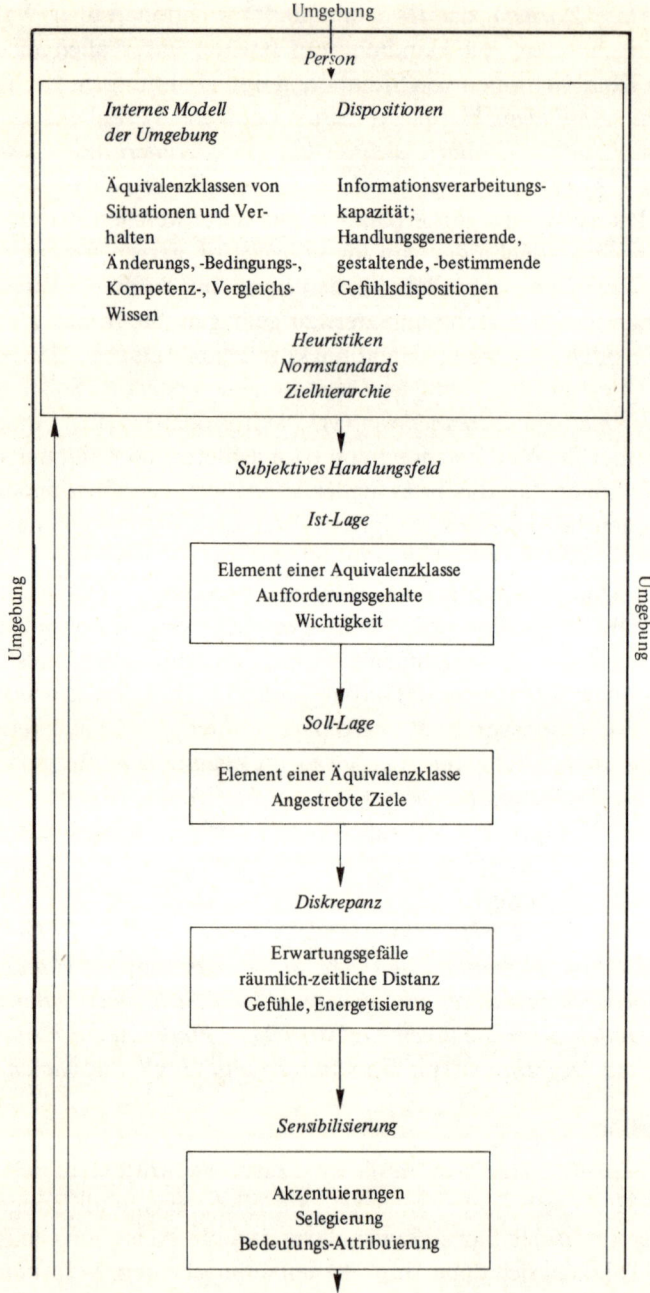

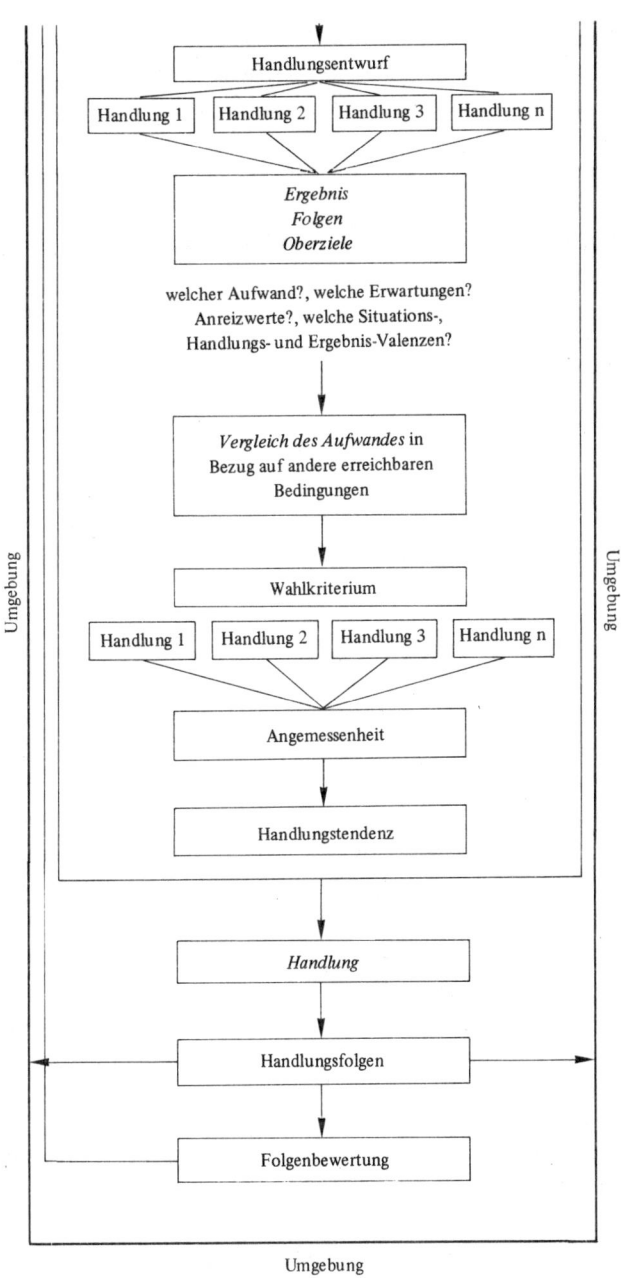

Abb. 8: Das handlungspsychologische Modell.

nach Meinung der Person durch aktive Eingriffe veränderbar oder nicht veränderbar sind (E (U)) und latente Umgebungszustände, die durch kognitive Prozesse allein erschließbar sind (L (U)).

Innerhalb des handlungspsychologischen Modells werden Aspekte von Umgebungs-Ereignissen nur insofern einer Analyse unterzogen, als sie in bezug auf Handlung faßbar sind; sie werden als Rahmenbedingungen zum Handeln oder als *Handlungsfelder* konzeptualisiert. Ökonomisch, ökologisch, material, kulturell oder sozial faßbare Ereignisse stellen aus der Sicht des Handlungsmodells Barrieren, Erleichterungen, Aufforderungen, Begrenzungen von Handlungen dar. Eine *ökologische Perspektive* psychologischer Handlungsforschung hätte zur Aufgabe, Umgebungs-Ereignisse auf verschiedensten Niveaus in ihren Beziehungen zur Definition eines subjektiven Handlungsfeldes zu fassen und nach systematischen Zusammenhängen zwischen Umgebungs-Ereignissen und ihren handlungsanregenden, -steuernden und -regulativen Funktionen zu fahnden.

Im Rahmen der sich allmählich herauskristallisierenden ökologischen oder Umwelt-Psychologie stehen häufig Probleme im Vordergrund, die in enger Beziehung zu dieser handlungspsychologischen Betrachtung stehen. Gegenstand einer ökologischen Psychologie sind gerade solche Ereignisse oder Gegebenheiten in der Umgebung eines Menschen, die einerseits *verhaltensbewirkt*, d. h. von der Person frei gewählt, herbeigeführt oder hergestellt worden sind und andererseits in der Folge auf das Verhalten und Erleben *rückwirken* und damit verhaltensmodifizierende, Verhalten auslösende, motivierende oder verstärkende Funktion haben (vgl. *Pawlik* 1976, S. 60).

Barker (1968) hat mit dem Konstrukt ‚behavior setting' die verhaltenssteuernde Funktion konkreter Umgebungs-Ereignisse hervorgehoben. Ein *behavior setting* stellt eine Menge von Struktur-Äquivalenten zwischen einer Umgebung (‚Milieu') und Verhalten dar. Für jedes Milieu spezifischer Struktur ist eine Menge von Verhaltensweisen typisch, zwischen Milieu und zugehörigem Verhalten besteht Synomorphie. Eigenarten des Milieus bilden den Rahmen möglicher Verhaltensweisen, grenzen sie ein, fordern zu ihnen auf und behindern andere Verhaltensweisen. Insofern steht ein behavior setting in engem Zusammenhang mit einem Handlungsfeld. Allerdings taugt *Barker*'s Konzeption eines behavior settings nicht zu einer handlungspsychologischen Analyse der Wechselwirkungen zwischen Person und Umgebung, da die Handlungsträger, die Personen, prinzipiell austauschbar sind und nur insofern Beachtung finden, als sie die Ziele ihres eigenen Tuns den in dem Milieu angesprochenen anpassen und außerdem keinerlei Veränderungen des Milieus (der Ist-Lage) anstreben.

Barker hat jedoch einige Dimensionen des behavior settings aufgeführt, die auch zu einer Beschreibung des in unserem Sinne verstandenen Handlungsfeldes brauchbar sind. Dazu gehören die geographische Lage, die zeitliche Fixierung und Dauer, die Anzahl der beteiligten Personen (‚Zugänglichkeit' des behavior settings), festgelegte Positionen der teilnehmenden Personen hinsichtlich ihrer Verantwortlichkeit und Anteilnahme, typische Verhaltensmuster, Verhaltensqualitäten (motorisch, verbal, etc.), angesprochene Bedürfnisse. Die Umweltpsychologie hat weitere Komponenten einer Umgebung in ihren Auswirkungen auf Verhalten und Erleben von Individuen einer systematischen Analyse unterzogen. Einen Überblick über bisherige Forschungsergebnisse geben u. a. *Ittelson* et al. (1974), *Kaminski* (1976), *Altman* (1975, 1976) oder *Wohlwill & Carson* (1972). Es würde an dieser Stelle zu weit führen, die vielfältigen theoretischen Ansätze und empirischen Resultate umweltpsychologischer Forschung darzustellen.

Eine handlungspsychologische Orientierung steht vor der Aufgabe, Umgebungs-Ereignisse und deren Interrelationen oder Vernetztheiten handlungsbezogen zu systematisieren und auf ihre Implikationsverhältnisse zur Handlung zu analysieren. Die von *Argyle* (1977) geleistete Dimensionierung sozialer Episoden stellt u. E. einen ersten brauchbaren handlungspsychologisch fundierten Zugang zu diesem Problem dar. Auch die von *Moos* (1973) vorgeschlagene Kategorisierung von Umweltdimensionen bietet Anregungen zu einer handlungspsychologischen Fassung von Umgebungs-Ereignissen. Die häufig geforderte Klassifikation von Umgebungs-Ereignissen als notwendige Voraussetzung einer systematischen Analyse von Mensch-Umwelt-Relationen wäre unter handlungspsychologischer Perspektive nach den in ihnen vorkommenden Handlungstypen oder Handlungsfeldern

137

zu leisten wie auch nach ihren handlungsrelevanten allgemeinen Eigenarten. Zu welchen Klassen von Handlungen sie auffordern, welchen sie Barrieren entgegensetzen, inwieweit sie die Durchführung spezifischer Klassen von Handlungen erleichtern oder unterstützen, wieweit der Handlungsspielraum eingegrenzt ist, stellen relevante Informationen über Umgebungs-Ereignisse dar, die zu einer handlungsbezogenen Klassifikation von Umgebungszuständen nutzbar zu machen wären. *Hutton* (1972) oder *Boesch* (1977) haben auf dieser Grundlage bereits versucht, Handlungsfelder voneinander abzugrenzen und damit eine erste Voraussetzung zu einer handlungspsychologisch relevanten Klassifikation von Umgebungen oder Umgebungs-Segmenten geschaffen.

Eine entscheidende Größe des handlungspsychologischen Modells ist das *subjektiv wahrgenommene Handlungsfeld* (SHF). Es wird postuliert, daß die Transformation von Umgebungs-Ereignissen in ein SHF und nicht die Umgebungs-Ereignisse selbst Analyseeinheit zur Erklärung und Prognose von Handlung sein kann. Erst die Kenntnis relevanter Parameter dieser internen Repräsentation externer Umgebungszustände mit spezifischer Struktur und Dynamik erlaubt eine Vorhersage auf Handlungsweisen. *Konsistenz und Kohärenz können nach diesem Modell nur dann erwartet werden, wenn diese bezogen sind auf Äquivalenzklassen subjektiv wahrgenommener Handlungsfelder.*

Dieses Postulat nimmt ein Axiom des modernen Interaktionismus ernst, das von seinen Protagonisten selbst in ihrer Forschungsstrategie zumeist unterschlagen wird. Obwohl *Endler & Magnusson* in dem vierten Axiom des interaktionistischen Modells die psychologische Bedeutung von Situationen als den individuelles Verhalten entscheidend determinierenden Faktor ansehen, definieren und erwarten sie Konsistenz und Kohärenz von Verhalten über Klassen objektiver Situationen. Dem interaktionistischen Modell eher angemessen wären dagegen Definition und Vorhersage von Konsistenz und Kohärenz über Klassen subjektiver Situationen, d. h. über Äquivalenzklassen von subjektiv wahrgenommenen Handlungsfeldern. In den noch zu berichtenden empirischen Studien des Autors dieser Arbeit wird die letztere Strategie eingeschlagen und erste empirische Evidenz für dieses Postulat gewonnen.

„Situationen' als subjektive Definitionen von Umgebungs-Ereignissen spielen in der verstehenden Soziologie und im Symbolischen Interaktionismus eine erhebliche Rolle; ihre Erforschung blickt in der Soziologie auf eine lange Tradition zurück. *Thomas* (1928, S. 572) prägte den Satz: „If men define situations as real,

they are real in their consequences." Für ein Verständnis menschlichen Verhaltens und Erlebens wird entscheidend die Interpretation externer Umgebungs-Ereignisse; ohne Kenntnis der ‚Situations-Definition' können soziale Phänomene nur unzureichend verstanden werden. *Stebbins* (1969) hat einige Konsequenzen für soziologische Forschungsstrategien aufgezeigt, die sich aus dem o. g. ‚Thomas-Theorem' ergeben. Die Notwendigkeit, Handlungen unter Rückgriff auf die subjektive Interpretation und Beurteilung der Umgebung durch den Handelnden zu erklären, wird auch in der Psychologie gesehen.

Eine Unterscheidung zwischen ‚realer' und ‚interpretierter' Situation haben etwa *Koffka* (1935), *Lewin* (1926), *Thomae* (1968), *Murray* (1959), *Sears* (1951), *Kelly* (1955) vorgenommen. Zwar variieren die Kennzeichnungen von realer und interpretierter Umwelt je nach Autor, alle aber betonen in gleicher Weise die Notwendigkeit einer Analyse der subjektiven Situation zu einem Verständnis menschlichen Verhaltens und Erlebens.

Die Situations-Definition ist als ein Prozeß der Umweltinterpretation und Umwelt-Orientierung zu verstehen, der zu einer zunehmenden Strukturierung, Organisation und Durchgliederung des subjektiv wahrgenommenen Handlungsfeldes führt. Die besondere Weise der Strukturierung und Bedeutungs-Zuschreibung einzelner Elemente dieses Feldes wird innerhalb des Modells als eine Funktion der allmählichen Herausbildung präzisierter Handlungsziele verstanden. *Kruse* (1974, S. 84) formuliert diese Annahme so: „Die Strukturiertheit des Handlungsfeldes ist eine Funktion der Handlungsintention." Strukturiertheit und Orientiertheit des Handlungsfeldes sind notwendige Voraussetzung zum Handeln, d. h. dem Vollzug einer Handlung ist stets ein Stadium der kognitiv-emotionalen Prüfung, Bewertung und Abwägung situativer Elemente vorgeordnet (*Thomas* 1923, S. 43). In einer Situation „konkretisiert sich die Person-Welt-Beziehung als je bestimmte – und das heißt: im einzelnen deskriptiv zu bestimmende – perspektivische Strukturierung der Welt als konkret erfahrene Umwelt" (*Graumann & Métraux* 1977, S. 47).

Die Situations-Definition einer Person ist zwar *idiosynkratischer Natur* und kennzeichnet die Umweltinterpretation und -orientierung des Einzelnen, sie wird aber mitdeterminiert durch ein Netzwerk von gruppen-, kultur- und gesellschaftsspezifischen *Typisierungen*, d. h. normativen und kognitiven Schemata. Indi-

viduelle Situations-Definitionen sind „zumindest teilweise er-
klärbar ... auf der Grundlage einer Annahme sozialer Interpre-
tationsschemata und sozialer Muster der Handlungsorientierung" (*Bayer* 1974, S. 109; vgl. auch *Schütz* 1974; *Boesch* 1977;
Dreitzel 1972; *Stebbins* 1969; *Bowers* 1973; *Sherif & Sherif*
1969; *Wicker* 1972; *Ball* 1972. Alle diese Autoren betonen die
soziale Vermitteltheit von individuellen Situations-Definitionen). Im abschließenden Teil der Arbeit wird darauf noch einmal
eingegangen werden.

*Ziel und Ergebnis einer Situations-Definition oder eines Prozes-
ses der Strukturierung und Orientierung des subjektiv wahrgenommenen Handlungsfeldes ist die Ausführung einer Handlung.*
Die Elemente der Situation erlangen ihre Bedeutungen über ihre
Implikationen zur intendierten Handlung; die zum Handeln sich
auffordernde Person definiert das subjektiv wahrgenommene
Handlungsfeld, in dem sie zunehmend dieses Feld einengt mit
dem Resultat, daß sie sich zu einer bestimmten Handlung auffor-
dert, die sie in einer Umgebung oder einem Umgebungs-Segment für angemessen hält.

Das handlungspsychologische Modell konkretisiert einzelne
Komponenten eines subjektiv wahrgenommenen Handlungsfeldes, deren Interrelationen im folgenden erläutert werden sollen.

Ist-Soll-Lagen-Diskrepanz

Mit ihrem Eintritt in eine aktuelle (objektive) Situation beginnt
die Person nach Maßgabe ihrer Fähigkeiten, Lernerfahrungen
und ihrer aktuellen Zielhierarchie, sich ein ‚Bild' von dieser
Situation zu machen. Sie nimmt die verschiedenen Elemente und
deren Interrelationen wahr, ordnet sie vor dem Hintergrund
ihrer Lernerfahrungen einer spezifischen Äquivalenzklasse von
Situationen zu, bewertet diese emotional-kognitiv, perzipiert und
beurteilt die zielspezifischen Aufforderungsgehalte der Situation
und damit die darin angesprochenen zielkongruenten Oberziele
und deren Valenzen.

Auf dieser Grundlage schätzt sie die *Wichtigkeit* der Gesamtsituation (Ist-Lage) ein. *Aus einer Interdependenz ihrer aktuellen
Zielhierarchie und den in der Situation wahrgenommenen angesprochenen Aufforderungsgehalten resultiert eine Ist-Lagenkondi-
tionale aktuelle Zielhierarchie.* Eine Soll-Lage wird entworfen,

die als eine Äquivalenzklasse von Situationen definiert wird, deren Eintreten mit einer Annäherung an spezifische Oberziele verbunden wird. Die Person bildet ein *Erwartungsgefälle* zwischen Ist- und Soll-Lage heraus, das von spezifischen Gefühlen und einer Energetisierung begleitet wird. Mit der Herausbildung von Situations- und Oberziel-adäquaten Handlungszielen ist eine zunehmende Sensibilisierung verbunden, die zu einer Akzentuierung und Selektion der Elemente der perzipierten Ist-Lage führt und zugleich diesen Elementen handlungsbezogene Bedeutungen beimißt.

Handlungsentwurf

Nach einer vorläufigen Festlegung von Handlungszielen vergleicht die Person – auf der Grundlage ihres internen Modells der Umgebung – verschiedene, ihr in dieser Situation zur Verfügung stehende Operatoren oder Handlungsmöglichkeiten. Sie schätzt deren Wirkungsbreite, deren Reversibilität, deren Wirkungssicherheit und deren Aufwand ab und bildet spezifische Erwartungen, Anreizwerte und handlungsspezifische Valenzen. Zusätzlich *vergleicht* sie den notwendigen Aufwand, den sie ihrer Meinung nach in dieser Situation aufbringen muß, um ein angestrebtes Handlungsziel zu erreichen. Stehen ihr alternative Situationen zur Verfügung, in denen sie mit geringerem Aufwand die gleichen Ziele erreichen zu können glaubt, wird sie mit weniger Nachdruck ihr Handlungsziel in dieser aktuellen Situation zu erreichen versuchen und eventuell zu einer neuen Festlegung ihrer Handlungsziele gelangen. Für spezifische Klassen von Situationen hat die Person außerdem als Ergebnis ihrer Lerngeschichte spezifische *Wahlkriterien* entwickelt, an denen sie ihre Wahl für eine Handlungsalternative orientiert (vgl. Kap. II.1.).

Jede ihr in der Situation verfügbare Handlung wird in einem letzten Schritt hinsichtlich ihrer *Angemessenheit* zur Erreichung eines Handlungszieles unter der Bedingung des besonderen Wahlkriteriums beurteilt. Die Angemessenheit einer Handlung in Relation zu den wahrgenommenen Umgebungszuständen und in Bezug auf ein angestrebtes Handlungsziel stellt nach dem Modell eine ‚letzte Instanz' vor einer endgültigen Entscheidung für eine bestimmte Handlungsalternative dar. Sie resultiert aus einer Integration aller handlungsrelevanten Informationen (vgl.

Upshaw's Modell der Formation und Änderung sozialer Einstellungen; *Upshaw* 1975). Das handlungspsychologische Modell behauptet, *daß eine Person sich in jeder Situation für die ihr am meisten angemessen erscheinende Handlung entscheidet*; ihr wird damit eine ‚subjektive Zweckrationalität' unterstellt. Sie vergleicht die aus einer Integration aller handlungsrelevanten Informationen resultierende ‚Situationsaufforderung' mit der aus einer Integration aller Informationen über Handlungsaspekte resultierende ‚Handlungs-Valenz'. Als Ergebnis dieses Vergleichens bildet die Person eine Präferenzordnung der Handlungen heraus. Sie wählt schließlich diejenige Handlung aus und ist zu derjenigen Handlung am stärksten motiviert, die dem subjektiv wahrgenommenen Handlungsfeld am meisten entspricht oder angemessen ist.

Die während der Strukturierung des subjektiven Handlungsfeldes postulierten Prozesse sind hier zwar als in einer spezifischen Chronologie abfolgende Geschehnisse beschrieben, ohne daß damit jedoch andere zeitliche Abfolgen, Rückkopplungsprozesse und simultane Abläufe ausgeschlossen werden.

Die aus dem Vorsatz resultierende Handlung wird in ihrem Verlauf von der handelnden Person ständig mit dem antizipierten Verlauf, die wahrgenommenen Zwischenergebnisse (wahrgenommene Veränderungen der Umgebung) werden mit der angestrebten Soll-Lage *verglichen*; über dauernde Rückmeldungen der Handlungsergebnisse und deren Vergleich mit der angestrebten Soll-Lage finden ständig Korrekturen des subjektiv wahrgenommenen Handlungsfeldes statt. Die wahrgenommenen *Handlungsfolgen* bewirken u. U. eine Veränderung des geschätzten notwendigen Aufwandes, der verschiedenen Erwartungen, der Anreizwerte etc. und damit eine Veränderung der angenommenen Angemessenheit der gewählten Handlung. Gleichzeitig bewirkt die Handlung eine Veränderung der objektiven Situation, bis daß die erstrebte Soll-Lage weitgehend erreicht ist oder – bei Bestehen unerwarteter Barrieren – eine neue Soll-Lage entworfen wird. Die Handlung der Person wirkt einerseits auf die Umgebung ein, welche rückwirkend verhaltensmodifizierende Funktion erlangen kann.

Folgenbewertungen tragen u. U. zu einer Veränderung des internen Modells der Umgebung der Person bei, auch ihres

Kompetenzwissens, ihres Änderungswissens, ihrer Normstandards etc. sowie ihrer aktuellen – und eventuell sogar ihrer generellen – Zielhierarchie. Das Ausmaß anzunehmender Veränderungen korrespondiert u. a. mit den Ausmaßen an Diskrepanz zwischen erwarteten und tatsächlich eingetretenen Folgen (vgl. Kap. II).

Damit sei die Beschreibung des handlungspsychologischen Modells der Person × Situation-Interaktion zunächst abgeschlossen; ehe auf einige Implikationen und Ergänzungen eingegangen wird, soll das Modell noch einmal zusammenfassend in groben Zügen skizziert werden:

(1) Als Ergebnis ihrer bisherigen Auseinandersetzung mit konkreten Umgebungen oder Umgebungs-Segmenten verfügt die Person über ein internes Modell der Umgebung, welches sie in die Umgebung integriert, indem es ihr die Möglichkeit gibt, sich zielgerichtet darin zu bewegen.

(2) In jedem Augenblick sind ihre Ziele hierarchisch organisiert.

(3) Die ‚objektiven‘ Situationen, in die sie eintritt, gliedern sich in Umgebungs-Segmente unterschiedlicher Zugänglichkeiten.

(4) Mit ihrem Eintritt in eine objektive Situation transformiert die Person diese in ein subjektiv wahrgenommenes Handlungsfeld (‚Situations-Definition‘). Die ‚subjektive‘ Situation gliedert einzelne Momente der Person und der Umgebung aus und integriert sie in Handlungsentwürfen.

(5) Aus einer Interdependenz ihrer aktuellen Zielhierarchie und der wahrgenommenen Aufforderungsgehalte der objektiven Situation kristallisiert sich eine Situations-angemessene Zielhierarchie der Person heraus.

(6) Vor diesem Hintergrund entwirft sie ein Bild einer ‚Soll-Lage‘ und wird der Diskrepanz zur Ist-Lage gewahr; mit dieser Diskrepanz sind spezifische Gefühle und Prozesse der Energetisierung verbunden.

(7) Mit der Herausbildung von Handlungszielen ist eine zunehmende Sensibilisierung verbunden, die zu handlungsbezogenen Bedeutungs-Zuschreibungen wahrgenommener Ereignisse führt.

(8) Die Person bewertet die ihr verfügbaren Handlungsmöglichkeiten hinsichtlich ihrer Instrumentalitäten zur Erreichung angestrebter Ziele und Oberziele in Relation zu vergleichbaren Handlungen in alternativen Situationen.

(9) Sie wird sich zu derjenigen Handlung am stärksten auffordern und diejenige Handlung ausführen, die der aktuellen Situation am angemessensten ist.

(10) Über Regulations- und Steuerungsmechanismen vergleicht sie die eingetretenen mit den antizipierten Handlungsfolgen.

(11) Handlungsfolgen wirken einerseits auf die Umgebung und andererseits zurück auf die handelnde Person sowie auf das subjektiv wahrgenommene Handlungsfeld.

(12) Konsistenz und Kohärenz von Handlungsweisen sind nur über Äquivalenzklassen subjektiv wahrgenommener Handlungsfelder sinnvoll definierbar und prognostizierbar.

143

Noch einmal sei auf den Status des handlungspsychologischen Modells hingewiesen: Es wird als ein theoretisches Annahmegefüge über menschliches Verhalten und seine Bedingungen aufgefaßt, aus dem Verhaltensprognosen abgeleitet werden können. Es handelt sich nicht um eine Theorie menschlicher Handlungen; es ist weder geschlossen, logisch einheitlich oder auch nur partiell axiomatisiert. Andererseits stellt es mehr dar als eine bloße Anhäufung heterogener theoretischer Konzepte. Die wesentliche Komponente des Annahmegefüges ist das Konstrukt Handlung, aus dessen zentraler Stellung alle weiteren Komponenten des Modells ihre besondere Bestimmung erfahren. Insofern stellt die Formulierung des handlungspsychologischen Modells einen Versuch zur Integration unterschiedlicher theoretischer Ansätze und empirisch gesicherter Befunde unter der vereinheitlichenden Perspektive der ‚Handlung‘ dar.

Aus dem Annahmegefüge können spezifische Verhaltensprognosen abgeleitet werden, die einer empirischen Testung zugänglich sind. Die in der Folge berichteten Untersuchungen des Autors greifen einzelne Aspekte oder Komponenten des Modells heraus, konkretisieren diese innerhalb spezifischer Handlungsbereiche, verbinden sie mit verschiedenen psychologischen Theorien und leiten daraus Verhaltensprognosen ab, deren empirische Geltung überprüft wird. In der nachfolgenden Studie stehen Auswirkungen von in einer Situation angesprochenen Oberzielen auf den Angst-state einer Person im Vordergrund und die letzte Arbeit befaßt sich mit der Relation von Einstellung und Handlung in Abhängigkeit antizipierter Handlungsfolgen.

3.5 Soziale Angst und Anreizwert von Oberzielen

In Kapitel 2 wurde von einer Untersuchung des Autors berichtet, die, ausgehend von dem Interaktionsmodell $r = PS - R$, individuelle Ausmaße sozialer Angst in konkreten Umgebungs-Segmenten zu bestimmen versuchte. Mit Hilfe eines Modells polynomisch-verbundener Messung war eine quantitative Bestimmung von Reaktions-Modi, Umgebungs-Segmenten und Personen hinsichtlich ihrer ‚Repräsentanz‘ sozialer Angst möglich. Die Ergebnisse wurden im Sinne des allgemeinen interaktionalen Modells interpretiert. Nicht berücksichtigt in dieser Studie wurden jedoch einzelne Komponenten eines subjektiv wahrgenommenen Handlungsfeldes, die nach unserem Modell zu einer Modifikation der Personen-, Umgebungs- und Reaktions-Parameter führen können.

In dieser Untersuchung sollen nun einige dieser Komponenten zusätzlich eingeführt werden. Dem handlungspsychologischen Modell gemäß wird soziale Angst mit der Diskrepanz zwischen einer wahrgenommenen Ist-Lage und einer erstrebten Soll-Lage korrespondieren. Umgebungssegmente werden von den sich darin aufhaltenden Individuen als subjektive Handlungsfelder definiert. In dieser Untersuchung wird als zentraler Parameter von Umgebungssegmenten die Stärke der darin angesprochenen Anreizwerte von Oberzielen eingeführt. Je nach personspezifischer Eigenart werden die Anreizwerte in unterschiedlicher Weise in das subjektive Handlungsfeld eingehen; es wird jedoch postuliert, daß hohe Anreizwerte von Oberzielen allgemein, d. h. für alle Individuen, mit der Wahrnehmung einer größeren Ist-Soll-Lagen-Diskrepanz verbunden sind als geringe Anreizwerte von Oberzielen. Der Anreizwert erstrebter Folgen eines Handlungsergebnisses (der Anreizwert einer Soll-Lage) wird umso höher sein, je stärker das Eintreten der antizipierten Ereignisse zu einer Annäherung an ein übergreifendes Oberziel führen kann. Entsprechend wird angenommen, daß der Grad an Angst, den ein Umgebungssegment bei einer Person auslöst, auch von dem Anreizwert angesprochener Oberziele abhängt.

Die Interdependenz von personalen und Umgebungs-Faktoren gestaltet sich je nach angesprochenem Oberziel in verschiedener Weise. Diese Annahme impliziert zweierlei: Erstens werden die individuellen Ausprägungen sozialer Angst geringer sein über eine Klasse von Umgebungssegmenten, mit denen Oberziele relativ geringer Anreizwerte verbunden gesehen werden als in Umgebungssegmenten, in denen ein Oberziel mit großem Anreizwert angesprochen wird. Zweitens werden die individuell perzipierten Ausmaße an Angst-Repräsentanz der Umgebungssegmente ebenso mit den Anreizwerten angesprochener Oberziele korrespondieren. Daraus ergeben sich zusätzliche Annahmen über den Angst-Zustand einer Person:

145

$$V_H = f(P; U/OZ)$$

Der Angstzustand einer Person ist eine Funktion einer Oberzielkonditionalen Interdependenz von personalen und Umgebungs-Faktoren.

Zu einer empirischen Testung dieser Annahme wurde die folgende Studie durchgeführt:

Oberziele (OZ)

Zwölf männliche Teilnehmer an jeweils zwei Kursen einer Volkshochschule bildeten die Probandengruppe.

Kurs A (Oberziel 1): Kurs zur Erreichung der Fachoberschulabschlußprüfung. An diesem Kurs nahmen alle 12 Probanden teil.

Kurs B (Oberziel 2): 7 Probanden nahmen zusätzlich an einem Psychologie-Kurs teil, 5 an einem Pädagogik-Kurs.

Es wurde angenommen, daß im Kurs A Oberziele mit hohen Anreizwerten angesprochen waren, während die Teilnahme an einem der anderen Kurse mit Oberzielen geringerer Anreizwerte verbunden war.

Umgebungs-Segmente

Aus dem S-R-Fragebogen zur sozialen Angst (vgl. Kap. 2) wurden die Umgebungssegmente (1), (2) und (5) in veränderter Form herangezogen. Im Gegensatz zur früheren Untersuchung wurden die Segmente nicht verbal vorgegeben, sondern aktuell hergestellt. Mit diesem Vorgehen sollte eine größere Validität der Probandenurteile erreicht werden. Analysiert wurden nicht vorgestellte Reaktionen in vorgestellten oder gedachten Segmenten, sondern *manifeste Reaktionen in aktuell hergestellten Umgebungs-Segmenten.*

Die vier Umgebungs-Segmente waren:

(1) Beginn einer Kursstunde, für die die Teilnehmer einen Vortrag vorbereitet hatten.

(2) Beginn einer Stunde, in der die Intelligenztestergebnisse den Teilnehmern öffentlich mitgeteilt werden sollten.

(3) Wenige Augenblicke, nachdem der Kursleiter die Teilnehmer aufgefordert hatte, einen Vortrag aus dem Stegreif zu halten.

(4) Unmittelbar nach der Aufforderung des Kursleiters, an einer Podiumsdiskussion teilzunehmen.

146

Diese Bedingungen wurden in beiden Kursen hergestellt (da die Kurse noch von weiteren Teilnehmern besucht wurden, die Bedingungen (1), (2) und (3) für alle Kursbesucher; dagegen wurden nur die Probanden aufgefordert, an einer Podiumsdiskussion teilzunehmen). Außerdem wurde die Bedingung (2) vom 1. zum 2. Durchgang leicht modifiziert. Nach Ankündigung der öffentlichen Bekanntgabe der Testergebnisse im 1. Kurs ‚fiel‘ dem Kursleiter ‚plötzlich ein‘, daß er die Testbögen vergessen habe. Jeder Proband wurde somit in jedem Kurs zweimal mit den vier Bedingungen konfrontiert, zunächst im Kurs B, anschließend im Kurs A.

Reaktions-Modi

Unmittelbar nach Herstellung der einzelnen Bedingungen wurden die Probanden aufgefordert, ihre Gefühle zu beschreiben. Dazu standen ihnen die gleichen Reaktions-Modi und die gleiche Angemessenheits-Skala, wie sie auch in der früheren Untersuchung verwendet wurden, zur Verfügung. Auch die Instruktion war im wesentlichen die gleiche, nur daß hier auf die gerade hergestellte Bedingung Bezug genommen wurde.

Anreizwerte von Oberzielen

Zu einer Abschätzung der Anreizwerte der in den Kursen angesprochenen Oberziele wurde den Probanden zu Beginn der Kurse eine Skala der ‚Wichtigkeit‘ vorgelegt. Sie sollten damit beurteilen, wie wichtig ihnen die Teilnahme an dem Kurs für ihr weiteres Leben wäre.

Übernahme der Fremdaufforderung als Selbstaufforderung

Da alle Probanden sich zu der jeweils in der Bedingung geforderten Aufgabe bereit erklärten, kann davon ausgegangen werden, daß sie die Situationsaufforderung als Selbstaufforderung übernommen hatten. Damit ist gewährleistet, daß die Ergebnisse im Sinne des Handlungsmodells interpretiert werden können, da im entgegengesetzten Fall nach unserer Definition keine Handlung vorläge.

Ergebnisse

(1) Vor einer Analyse der Angemessenheitsurteile wurden die Wichtigkeitsurteile miteinander verglichen. Für alle zwölf

Probanden war der Kurs A wichtiger als der Kurs B, so daß angenommen werden kann, daß die Anreizwerte der im Kurs A angesprochenen Oberziele höher liegen als die im Kurs B angesprochenen. Für jeden Durchgang (Kurs A und B) wurde die Matrix der Angemessenheitsurteile auf Vorliegen einer dual-distributiv-verbundenen Meßstruktur getestet. In beiden Fällen war das Modell r = PS − R den Daten angemessen (Streß für Kurs A: 0.031, für Kurs B: 0.042). Damit können die Skalenwerte für die Personen, Umgebungs-Segmente und Reaktions-Modi sinnvoll interpretiert werden (s. auch weiter unten).

(2) Wie vorhergesagt, sind die Skalenwerte der Personen als Indikatoren ihrer Ängstlichkeit unter der Bedingung Kurs A höher als unter der Bedingung Kurs B. Nicht dagegen änderten sich die Ordinal-Relationen der Probandenwerte; d. h. für diese Probandengruppe blieben die Skalenwerte über die Bedingungen Kurs A und B *relativ konsistent* (Abb. 9).

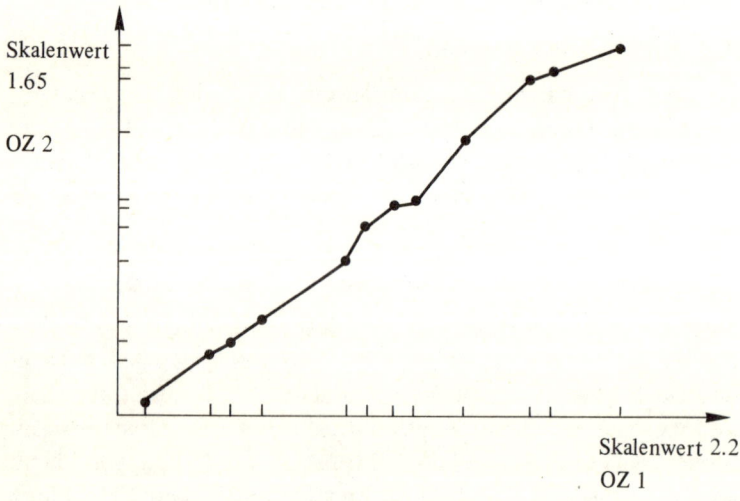

Abb. 9: Skalenwerte der Personen unter OZ 1 und OZ 2.

Ein Vergleich der absoluten Höhe der Personen-Parameter ist möglich, da die Personen- und Situationen-Werte auf Verhältnis-Niveau liegen (vgl. Orth 1974, S. 73).

(3) Die ‚Aufforderungsgehalte' der Umgebungssegmente zu einer Angst-Reaktion im Sinne einer personinvarianten oder mittleren Angst-Repräsentanz ist für alle Segmente unter der Kurs A-Bedingung größer als unter der Kurs B-Bedingung. Die Ordinalrelationen über die Umgebungssegmente bleiben jedoch, im Gegensatz zu denen über die Personen (vgl. (2)), *nicht stabil* (Abb. 10).

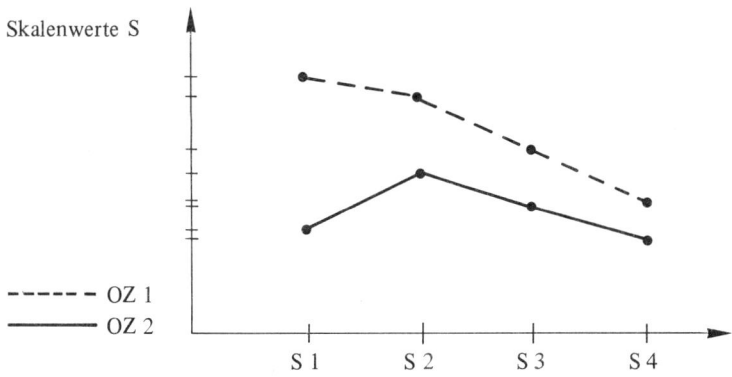

Abb. 10: Skalenwerte der Situationen unter OZ 1 und OZ 2.

(4) Die Reaktionsmodus-Werte bleiben bis auf eine lineare Transformation, die aber nicht inhaltlich interpretiert werden kann (da die Reaktions-Modi intervallskaliert sind), weitgehend von OZ 1 zu OZ 2 stabil.

(5) Aus der Kenntnis der Personen-, Umgebungs- und Reaktions-Modus-Skalenwerte konnten gemäß dem Modell (r = PS − R) 92 von 96 vorliegende Reaktionsprofile bzw. Ordinalrelationen zwischen den Angemessenheitsurteilen einer Person korrekt reproduziert werden.

Erläuterung: Jeder Proband erstellte in jedem Umgebungs-Segment unter jeder Bedingung (OZ 1 und OZ 2) je eine Reaktionshierarchie (Urteile der Angemessenheit), so daß insgesamt 12 × 4 × 2 = 96 Reaktionsprofile vorliegen. Dieses Ergebnis ist bei den geringen Streß-Werten allerdings nicht erstaunlich.

Einige Schlußfolgerungen

Die Resultate bestätigen weitgehend einzelne Komponenten des handlungspsychologischen Modells der Person $\times$ Situation-Interaktion. Die aus dem Modell abgeleitete Hypothese, daß Gefühle der Angst mit den Anreizwerten von Oberzielen korrespondieren, die in einem Umgebungs-Segment angesprochen werden, wurde gestützt; damit auch die Annahme, daß der Anreizwert von Oberzielen als wichtiges Element in das subjektive Handlungsfeld eingeht.

Zusätzlich konnte das Interaktions-Modell: $r_{ijk} = P_i S_j - R_k$ gestützt werden. Individuen nehmen Umgebungssegmente in Abhängigkeit von ihren individuellen Ausprägungen auf einer latenten Dimension wahr, die für den geforderten Typus von Handlung relevant ist. Sie beachten außerdem in erster Linie solche Elemente eines Umgebungssegmentes, die für die geplante Handlung von Interesse sind; andere Aspekte der Umgebung, in diesem Fall z. B. die Person des Kursleiters oder die Räumlichkeit, in der der Kurs stattfand, werden weniger stark akzentuiert. Wäre dieses nicht der Fall, wäre eine eindimensionale Anordnung von Personen und Umgebungssegmenten recht unwahrscheinlich.

. Indem Individuen ein Umgebungssegment als subjektives Handlungsfeld definieren, gliedern sich einzelne Aspekte der Person und der Umgebung aus und werden in Handlungsentwürfen integriert. Die individuellen Ausmaße an erlebten Angstzuständen sind eine Funktion des Handlungsentwurfs, da sie innerhalb des handlungspsychologischen Modells mit Ausmaßen an wahrgenommener Diskrepanz zwischen Ist- und Soll-Lage variieren. Die Diskrepanz aber stellt eine Funktion des Handlungsentwurfs dar: kognizieren Individuen solche Handlungsmöglichkeiten als realistisch und in dem entsprechenden Umgebungssegment als verfügbar, die zu einer erfolgreichen Bewältigung der angesprochenen Anforderungen taugen (und damit zu einer Verringerung der Ist-Soll-Lagen-Diskrepanz), verringert sich so im gedanklichen Vorgriff die Diskrepanz. Damit einher geht ein geringes Maß an erlebten Angst-Zuständen und, damit verbunden, die Kognizierung und Bewertung der Umgebungssegmente als Segmente relativ geringer Angst-Repräsentanz. Numerisch gewendet: das Produkt aus den Skalenwerten der Person und des Umgebungssegmentes ist relativ niedrig.

Werden dagegen Individuen in dieselben Umgebungssegmente gestellt, verfügen aber dort ihrer Meinung nach *nicht* über Handlungsmöglichkeiten, die zu einer Diskrepanz-Reduktion führen, so erleben diese Individuen stärkere Angst-Zustände und, damit korrespondierend, die Umgebungssegmente als in stärkerem Maße Angst repräsentierend. Diese Personen sind in bezug auf den geforderten Handlungstypus „Leistungsanforderungen in der sozialen Öffentlichkeit" ängstlicher als diejenigen Personen, die über Handlungen verfügen, die zu einer Diskrepanz-Reduktion führen können.

Es wird also auch in dem handlungspsychologischen Modell der Person × Situation-Interaktion keineswegs eine relativ stabile Person-Eigenart geleugnet. Im Unterschied zur klassischen Testtheorie, die eng mit der ‚klassischen' Eigenschaftspsychologie verbunden ist, fordert eine handlungspsychologische Analyse jedoch *zunächst* eine Theorie der Person × Situation-Interaktion. Diese Theorie muß nicht unbedingt mit der recht problematischen und oftmals fraglos hingenommenen Annahme identisch sein, die der klassischen Testtheorie (und nicht nur ihr) zugrunde liegt: die Zuordnung von Person-Eigenschaften sei abhängig zu machen vom Nachweis einer monotonen Funktion zwischen beobachtetem Verhalten und latenter Dimension.

Stattdessen wird gefordert, *vor* einer ‚Messung' von Personmerkmalen die Art der postulierten Verknüpfung von Person-, Umgebungs- und Verhaltensaspekten zu bestimmen. Je nach angenommener Verknüpfung muß ein spezifisches Meßmodell herangezogen werden. Die Art der Verknüpfung wird aus einer jeweiligen Konkretisierung des allgemeinen handlungspsychologischen Modells abzuleiten sein. Zu einer Attestierung von relativ stabilen Person-Merkmalen ist daher nicht unbedingt relative Konsistenz oder Kohärenz der Verhaltensprofile über mehrere Umgebungssegmente hinweg zu fordern. Die Art der geforderten Stabilität, das Analyse-Niveau, auf die sie sich bezieht, ist abhängig vom Typus der postulierten Interaktion zwischen Person, Umgebung und Verhalten, also von der Weise, wie ein Umgebungssegment in ein subjektives Handlungsfeld transformiert wird. Relative Konsistenz und Kohärenz der Angst-Profile können nur dann erwartet werden, wenn sie über Klassen äquivalenter *subjektiver* Handlungsfelder definiert werden, nicht aber über objektive Situationen (Umgebungssegmente), da erst deren subjektiven Transformationen unmittelbar mit dem Verhalten verknüpft sind.

3.6 Einstellung, Handlung und erwartete Handlungsfolgen

Im zweiten Kapitel wurde über das *Fishbein-Ajzen*-Modell der Relation von Einstellung und Verhalten kritisch berichtet und darauf verwiesen, daß es ein Beispiel einer *statischen* Betrachtungsweise der Person × Situation-Interaktion darstellt. Inzwischen haben *Fishbein & Ajzen* (1977) in einem Überblick über empirische Untersuchungen zu diesem Forschungsbereich ein Konzept entwickelt, das einige Argumente des hier vertretenen handlungspsychologischen Modells enthält.

Korrespondenzen zwischen Einstellung und Verhalten können nach *Fishbein & Ajzen* nur dann erwartet werden, wenn deren charakteristische Elemente identisch sind. Einstellung und Verhalten weisen nach den Autoren vier voneinander abhebbare Elemente auf: *Die Handlung* (‚action'), *das Ziel*, auf das die Handlung gerichtet ist, den *Kontext* und *die Zeit*, in der die Handlung vollzogen wird.

In der nachfolgenden Studie des Autors werden einige dieser Elemente berücksichtigt und im Sinne des handlungspsychologischen Modells definiert. Zusätzlich wird eine Komponente eingeführt, die sich auf das Implikationsverhältnis des Trägers einer Einstellung, respektive des Handelnden, zum Einstellungsobjekt bezieht.

Nach dem Modell ist zu erwarten, daß die Tendenz zur Ausführung eines auf das Einstellungsobjekt gerichteten Verhaltens wiederum von Umgebungs-Parametern bestimmt wird, soweit sie von Individuen in die Definition ihres subjektiven Handlungsfeldes aufgenommen werden. In dieser Studie werden *erwartete Folgen möglicher Verhaltensweisen* gegenüber einem Einstellungsobjekt innerhalb konkreter Umgebungssegmente als Parameter eingeführt. Je nach personaler Eigenart werden Erwartungen über Folgen eigenen Handelns in unterschiedlicher Weise das subjektive Handlungsfeld bestimmen.

Die Tendenz zur Ausführung eines Einstellungs-bezogenen Verhaltens gegenüber einem Einstellungsobjekt hängt ab von der Einstellung des Handelnden gegenüber dem Einstellungsobjekt, dem Einstellungs-bezogenen Aufforderungsgehalt der Umgebung, in der eine Person handelt, sowie von erwarteten Folgen des Verhaltens auf den Handelnden selbst:

$$VT_H = f(P;\ U/HF)$$

Die Tendenz zur Ausführung eines Einstellungs-bezogenen Verhaltens einer Person innerhalb eines Umgebungssegmentes ist eine Folgen-Erwartungs-konditionale Interdependenz von personalen Determinanten (,Einstellungen') und Umgebungsbedingungen (,Aufforderungsgehalten').

Diese allgemeine Hypothese kann auf der Grundlage der bisherigen Darlegungen zum Konstrukt , Handlung' um konkrete Hypothesen ergänzt werden:

Im Augenblick des Eintritts in ein Umgebungssegment verfügt eine sich zum Handeln auffordernde Person über eine *Zielhierarchie,* die im Verlaufe der Definition des subjektiven Handlungsfeldes modifiziert werden kann zu einer situationsangemessenen Zielhierarchie (S. 143).

In dieser Studie wird daher angenommen, daß mit einer *Veränderung angesprochener Erwartungen über Folgen eigenen Verhaltens gegenüber einem Einstellungsobjekt eine Veränderung des subjektiven Handlungsfeldes einhergeht, die eine Modifikation der aktuellen Zielhierarchie einschließt.*

Zur Überprüfung der Annahmen wurde die folgende Untersuchung durchgeführt.

(1) Einstellungsobjekte

Als Einstellungsobjekte wurden ,Kriminelle' gewählt.

Zur Erfassung von Einstellungen gegenüber Kriminellen wurde auf dieselbe Skala zurückgegriffen, die bereits in der Untersuchung zur Konsistenz-Attribuierung (Kap. 2) verwendet wurde. Der Fragebogen besteht aus 12 Aussagen, die sich auf unterschiedliche Aspekte einer Einstellung – bzw. als Spezialfall einer Einstellung, eines *Vorurteils* – gegenüber ‚Kriminellen‘ beziehen. Einige dieser Aussagen lauten:

1. Die meisten Kriminellen besitzen nur wenig Empfinden für die Grundregeln menschlichen Zusammenlebens.
2. Straffällig Gewordene haben zwar ein oder auch mehrere Gesetze übertreten, ansonsten aber sind sie Menschen wie du und ich.
3. Bei Kriminellen wird schon im Kindes- oder Jugendalter deutlich, daß sie eine Veranlagung zu gesetzbrecherischen Handlungen haben.
4. Man sollte Kriminelle nicht als Opfer ungünstiger Umstände hinstellen, schließlich kann sich der Mensch frei für das Gute und das Böse entscheiden.

(2) Abstufungen

Im Unterschied zur Studie über Konsistenz-Attribuierung sollten in dieser Untersuchung *graduelle Abstufungen* von Ausprägungen eines Vorurteils gegenüber Kriminellen erfaßt werden. Eine Auswahl von Probanden (38 Angestellte mit einem durchschnittlichen Alter von 29,3 Jahren; siehe weiter unten) wurde gebeten, jeweils anzugeben, wie sehr sie den einzelnen Aussagen zustimmen könnten.

Für diese Urteile stand ihnen folgende Skala zur Verfügung:

$$-9-8-7-6-5-4-3-2-1 \qquad 0 \qquad +1+2+3+4+5+6+7+8+9$$

lehne ab,	stimme	lehne ab,
da zu negativ	zu	da zu positiv

Es wird angenommen, daß die Zustimmungs-Urteile eine Funktion einer Differenz zwischen Vorurteils-Repräsentanz der Aussagen (A) und den individuellen Ausprägungen eines Vorurteils gegenüber Kriminellen darstellen (P):

$$U = P - A.$$

Eine Person wird einer Aussage zustimmen, wenn diese genau mit ihrer Meinung übereinstimmt ($P - A = 0$). Sie wird eine Aussage ablehnen mit der Begründung, diese Aussage sei ihr zu negativ, wenn ihre Meinung über Kriminelle weniger negativ ist als die in der betreffenden Aussage zum Ausdruck kommende ($P - A > 0$). Entsprechend wird sie eine Aussage als zu positiv ablehnen, wenn die Differenz $P - A > 0$ ist (unter der Voraussetzung, daß Aussagen und Personen von stark negativer bis stark positiver Ausprägung angeordnet sind).

Die Urteils-Matrix der 38 (Probanden) × 12 (Aussagen) = 456 Zustimmungsurteile wurde, entsprechend dem Urteilsmodell: $U = P - A$, auf Vorliegen einer *additiv-verbundenen Meßstruktur* getestet (additive und subtraktive Meßstrukturen sind mathematisch äquivalent, nicht jedoch inhaltlich; eine Unterscheidung ist über eine inhaltliche Interpretation der Positionen der Aussagen möglich). Für die vorliegende Urteilsstruktur war ein additives Modell angemessen (Streß = 0.06) (Programm UNICON; Autor: *Roskam*, a.a.O.), so daß die Skalenwerte der Personen als Indikatoren unterschiedlicher Ausprägungen eines Vorurteils gegenüber Kriminellen interpretiert werden können.

Eine Verwendung von Modellen der verbundenen Messung anstelle sonst üblicher Techniken wie beispielsweise der Likert-Analyse hat einige Vorteile, die hier nur angedeutet werden sollen:
- Die Urteilsstruktur ist auf Angemessenheit in bezug auf das Meßmodell testbar;
- im Falle einer Angemessenheit sind Personen und Aussagen eindimensional angeordnet und intervallskaliert;
- die Likert-Technik, aber auch die Verwendung von Thurstone-Modellen zur ,Messung' von Einstellungen, unterscheiden nicht in jedem Fall zwischen zwei entgegengesetzten Fällen von Ablehnung. Ablehnungen aus Gründen einer positiven Einstellung führen im ungünstigen Fall zu denselben Urteilsstrukturen wie Ablehnungen aufgrund negativer Einstellungen.

(3) Umgebungs-Charakterisierung

Als *Umgebungs-Charakterisierungen*, von denen angenommen wird, daß sie unterschiedlich starke Vorurteils-bezogene Aufforderungsgehalte repräsentieren, wurden die folgenden Beschreibungen gewählt:

(1) Er setzt sich in der Kantine Ihnen gegenüber an den Tisch.
(2) Er steigt mit Ihnen in den Bus.
(3) Sie sehen ihn auf der Straße, als Sie gerade einem Straßenmusikanten zuhören.
(4) Er steht einige Plätze weiter neben Ihnen an der Theke.

(4) Folgende Verhaltens-Modalitäten wurden vorgegeben:

(1) Sie bemühen sich, ihn zu ignorieren.
(2) Sie grüßen herüber, sehen aber gleich wieder weg.
(3) Sie geben ihm durch Gesten zu verstehen, daß er zu Ihnen herüberkommen soll.
(4) Sie gehen auf ihn zu und begrüßen ihn.

(5) Variation möglicher Verhaltensfolgen

Es wurden folgende Bedingungen eingeführt:

HF 1: Sie erfahren, daß ein Arbeitskollege, der mit Ihnen in derselben Abteilung sitzt, schon einmal im Gefängnis gesessen hat.
HF 2: Sie erfahren, daß ein Arbeitskollege, der im gleichen Betrieb wie Sie arbeitet, aber in einer anderen Abteilung sitzt, mit der Sie nichts zu tun haben, schon einmal im Gefängnis gesessen hat.

155

Es wurde unterstellt, daß Verhaltensweisen gegenüber einem vorbestraften Arbeitskollegen dann vom Handelnden mit besonders gravierenden Folgen verbunden gesehen werden, wenn dieser in derselben Abteilung sitzt (HF 1), da in diesem Fall vorurteilsbezogene Verhaltensweisen zu einer Verschlechterung der Arbeitsbedingungen, des ‚Betriebsklimas' (siehe weiter unten) führen. Unter der Bedingung HF 2 dagegen bleiben vorurteilsbezogene Verhaltensweisen ohne Einfluß auf das Betriebsklima.

(6) Zielhierarchien

Um die Zielhierarchien der Probanden zu erfassen, wurde ihnen 14 Tage vor Beginn der eigentlichen Untersuchung ein Fragebogen zum ‚Betriebsklima' vorgelegt, der aus 11 Fragen bestand, unter diesen die für unsere Studie relevante Frage:

> „Stecken Sie schon mal häufiger zurück, wenn Sie am Arbeitsplatz mit einem Menschen zu tun haben, gegen den Sie persönlich eine Menge einzuwenden haben, nur um das Betriebsklima zu retten?"

Mit dieser Frage sollte erfaßt werden, ob die Probanden es als *wichtigeres Ziel* eigenen Verhaltens betrachten, ein *gutes ‚Betriebsklima' zu erhalten,* als stets in *Übereinstimmung mit ihren Einstellungen gegenüber Einstellungsobjekten zu handeln.* Von den 44 befragten Probanden bejahten 38 diese Frage. Für diese Probanden ist damit die *Zielhierarchie*: Erhaltung des Betriebsklimas *vor* Einstellungs-kongruentem Handeln gegenüber einem Einstellungsobjekt.

Die Hypothesen dieser Untersuchung können damit weiter spezifiziert werden:

a) werden in Umgebungssegmenten *negative* Folgen-Erwartungen von vorurteilsbezogenem Verhalten angesprochen, die sich auf das Ziel: ‚gutes Betriebsklima' beziehen, dann werden Probanden ihre Handlungen primär an diesem Ziel ausrichten.

Werden dagegen in Umgebungssegmenten *keine negativen* Folgen-Erwartungen von vorurteilsbezogenem Verhalten angesprochen, die sich auf das Ziel ‚gutes Betriebsklima' beziehen, orientieren sich die Probanden an dem Ziel, einstellungskongruent zu handeln.

Die Zielhierarchie ändert sich mit einer Veränderung der zu erwartenden Folgen eigenen Verhaltens gegenüber einem Vorurteilsobjekt, und damit auch das subjektive Handlungsfeld.

b) Nur im letzten Fall werden Umgebungssegmente in Interdependenz mit der personalen Eigenschaft ‚Vorurteil gegenüber Kriminellen' als wichtige Parameter in das subjektive Handlungsfeld eingehen; nur unter dem Ziel, einstellungskongruent zu handeln, werden die Umgebungssegmente nach den Ausmaßen ihrer vorurteilsbezogenen Aufforderungsgehalte als relevante Elemente des subjektiven Handlungsfeldes mit dem Resultat eines Verhaltens aufgenommen.

Aus diesen Überlegungen folgt:

(1) Ausmaße an individuellen Vorurteilen gegenüber Kriminellen korrespondieren mit vorurteilsbezogenen Verhaltensweisen unter der Bedingung HF 2, nicht aber unter der Bedingung HF 1.

(2) Unter HF 1 werden in stärkerem Maße transsituativ konsistente Verhaltensweisen auftreten als unter HF 2.

(7) Durchführung

Aus den vier Verhaltens-Modalitäten und den vier Umgebungs-Beschreibungen wurde ein Fragebogen im S-R-Format erstellt, so daß jeder Proband jedes Verhalten unter jeder Umgebungs-Beschreibung beurteilen sollte. Der Fragebogen wurde den 38 Probanden mit gleicher Zielhierarchie (vgl. oben) in Abständen von 3 Wochen zweimal vorgelegt, einmal mit dem Zusatz HF 1, das andere Mal mit dem Zusatz HF 2 (eine Hälfte der Probanden in der Reihenfolge HF 1, HF 2, die andere in der Folge HF 2, HF 1).

Die Probanden wurden gebeten, für jede Beschreibung eines Umgebungssegmentes eine *Präferenzordnung* der Verhaltensweisen zu erstellen. („Was würden Sie hier am ehesten tun", . . .„an zweiter Stelle", . . ., „an dritter Stelle", . . . „an letzter Stelle?")

Jeder Proband generierte somit $2 \times 4 = 8$ Rangordnungen.

(8) Einige Ergebnisse

Da auch für diese Rangordnungen angenommen wurde, daß sie als eine Funktion der Abstände der Verhaltens-Modalitäten von den umgebungskonditionalen ‚Ideal-Punkten' der Personen dargestellt werden können (vgl. das Vorgehen in der Studie zur Extraversion im Kapitel 2), wurde mit der Urteilsmatrix eine Unfolding-Analyse berechnet (Programm: MINIRSA; Autor: *Roskam*, a.a.O.).

Eine *eindimensionale* Lösung war den Daten angemessen (Streß: 0.08): Personspezifische Umgebungs- und Verhaltensparameter lassen sich auf einem Kontinuum anordnen und spiegeln somit unterschiedliche Formen von ‚Vorurteils-Repräsentanz' wider:

Vorurteilsbezogene individuelle Umgebungs-Gewichtungen und Vorurteilsbehaftetheit von Verhaltensweisen. Die Rangordnung der Verhaltens-Modalitäten lautet: $H_1 > H_2 > H_3 > H_4$ · H_1 repräsentiert am stärksten ein Vorurteil gegenüber Kriminellen, H_4 am wenigsten.

Da die modifizierte Unfolding-Analyse im Gegensatz zur verbundenen Messung nicht zu separaten Person-Kennwerten führt, wurde für jede Person ein Wert berechnet, der das *durchschnittliche*, d. h. das über die Umgebungs-Segmente gemittelte Maß an Vorurteils-Behaftetheit repräsentiert. Dieser Wert wurde als Mittelwert der umgebungskonditionalen ‚Idealpunkte' einer Person definiert. Für jeden Probanden wurde ein Vorurteils-Wert unter der Bedingung HF 1 und unter HF 2 ermittelt.

Diese individuellen Werte stehen in einem engen Zusammenhang mit Verhaltens-Tendenzen der Personen: Je höher der Wert, desto häufiger werden in der Regel Verhaltensweisen favorisiert, die ein starkes Vorurteil widerspiegeln (z. B. Verhalten H1). Dieser Sachverhalt, der sich aus dem Unfolding-Modell ergibt, soll in Abbildung 11 veranschaulicht werden.

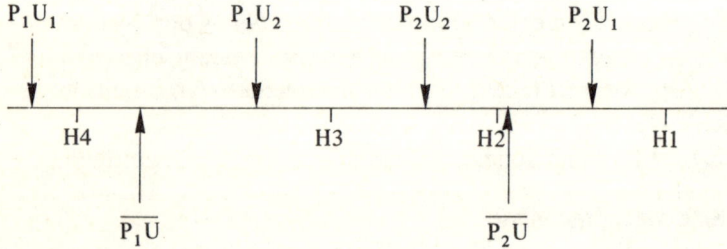

Abb. 11: Zusammenhang zwischen Umgebungs-Gewichtung und Handlungstendenz.

Die Person P_1 weist einen niedrigeren Mittelwert auf $\overline{(P_1U)}$ als Person P_2 $\overline{(P_2U)}$. Die umgebungskonditionalen ‚Idealpunkte' der Person P_1 (P_1U_1 und P_1U_2) liegen nahe den Verhaltens-Modalitäten H_4 und H_3:

Dem Unfolding-Modell gemäß ist die Bevorzugung eines Verhaltens eine Funktion des Abstandes dieses Verhaltens zum Idealpunkt (vgl. weiter oben). P_1 erstellt daher, wenn die Unfolding-Lösung den Daten angemessen ist, in U1 die Präferenz-Ordnung: H_4,H_3,H_2,H_1 und in U2 die Ordnung: H_3,H_4,H_2,H_1. Sie präferiert also Verhaltensweisen, die kein negatives Vorurteil widerspiegeln. P_2 weist entsprechend die Präferenzordnungen: H_1,H_2,H_3,H_4 (für U1) und H_2,H_1,H_3,H_4 (für U2) auf. Sie bevorzugt also Verhalten, das ein Vorurteil widerspiegelt.

Die individuellen mittleren Umgebungsgewichtungen wurden mit den Skalenwerten der Personen, die aus ihren Antworten auf den Fragebogen über ‚Kriminelle' ermittelt worden waren (vgl. (2)) korreliert. Die Korrelationen betrugen unter der Bedingung *HF 1*: 0.24. unter der Bedingung *HF 2*: 0.79.

Individuelle Ausmaße an Vorurteilen gegenüber Kriminellen korrespondieren demnach unter HF 2 deutlich mit individuellen Verhaltensweisen gegenüber einem Vorurteils-Objekt, nicht aber unter HF 2.

Die intraindividuelle Varianz der umgebungskonditionalen Idealpunkte der Personen ist durchweg höher unter HF 2 als unter HF 1; 34 der 38 Probanden wiesen unter HF 2 eine höhere Varianz auf als unter HF 1:

Unter der Bedingung HF 1 zeigen Probanden über alle Umgebungssegmente hinweg stabile Verhaltenstendenzen, während unter HF 2 von Segment zu Segment unterschiedliche Verhaltensweisen präferiert werden.

(9) Einige Schlußfolgerungen

Auch diese Studie stützt im wesentlichen das handlungspsychologische Modell der Person × Situation-Interaktion. Die Tendenz zu einem vorurteilsbezogenen Verhalten gegenüber einem Vorurteilsobjekt ist eine Funktion einer Interdependenz von individuellem Vorurteil und vorurteilsbezogenem Aufforderungsgehalt der Umgebung, die je nach angesprochener Folge-Erwartung zu einer spezifischen Definition des subjektiven Handlungsfeldes führt; perzipierte Veränderungen von Folge-Erwartungen korrespondieren mit Veränderungen der aktuellen Zielhierarchie und so mit unterschiedlichen Akzentuierungen einzelner Komponenten der Umgebung.

Erwartet der Handelnde negative Rückwirkungen seines Verhaltens gegenüber einem Vorurteilsobjekt auf sich selbst, handelt er Vorurteils-inkongruent. Hat er dagegen keine negativen Folgen zu befürchten, handelt er Vorurteils-kongruent.

Im ersten Fall orientiert er sein Verhalten an einem dem Vorurteils-bezogenen Ziel übergeordneten Ziel, im letzteren Fall dagegen an dem vormals untergeordneten Ziel. Eine Prognose individuellen Verhaltens auf der Grundlage der Kenntnis eines Vorurteils gewinnt nach den berichteten Ergebnissen und in Übereinstimmung mit dem Modell an Präzision, wenn einzelne Komponenten des subjektiven Handlungsfeldes explizit in die Analysen miteinbezogen werden.

Eine Vorhersage auf Verhalten aus der Kenntnis der individuellen Vorurteils-Werte war nur unter der Bedingung HF 2 möglich: dann, wenn keine negativen Folgen zu erwarten waren. Dies hat u. E. einige weitreichende Konsequenzen für eine Analyse der Einstellung-Verhalten-Relation.

Fishbein & Ajzen (1977; vgl. oben) haben zu Recht auf die Notwendigkeit identischer Elemente hingewiesen, wenn Korrespondenzen zwischen Einstellung und Verhalten erwartet werden sollen. Bereits bei der *Erfassung* (Messung) von Einstellungen und Verhaltensweisen müssen danach die gleichen Aspekte beachtet werden. Im Sinne unseres Modells bedeutet dies: Wichtige Parameter des subjektiven Handlungsfeldes wie das angesprochene *Ziel,* der Aufforderungsgehalt der Umgebung *(‚Kontext‘),* der *Zeitpunkt,* zu dem eine Handlung vollzogen werden soll, etc. müssen bei der Messung einer Einstellung und bei der Erfassung individuellen Verhaltens kontrolliert werden.

Damit ist das Problem der ‚ökologischen Validität‘ oder ‚ökologischen Repräsentativität‘ psychologischer Erhebungssituationen angesprochen (vgl. *Pawlik* 1978), auf die an anderer Stelle noch einmal eingegangen werden soll.

Entstammt die psychologische Erhebungs-Situation, in der eine Einstellung gemessen wird, einer *anderen Äquivalenzklasse von subjektiven Handlungsfeldern* als diejenige, in der Verhalten beobachtet wird, sind nur geringe Zusammenhänge zwischen Einstellung und Verhalten zu erwarten. Sind die beiden Erhebungs-Situationen dagegen in diesem Sinne äquivalent, werden höhere Zusammenhänge wahrscheinlich.

In unserer Studie wurden die Probanden in einer Erhebungs-Situation gebeten, Urteile zu Aussagen über Kriminelle abzugeben, in der sie keinerlei negative oder positive Rückwirkungen auf ihre eigene Person erwarten mußten; die gleiche Bedingung gilt unter HF 2. Entsprechend hoch waren die beobachteten Zusammenhänge zwischen Vorurteil und Verhalten. Die Erhebungs-Situationen waren in wesentlichen Parametern subjektiv äquivalent.

Anders dagegen unter der Bedingung HF 1; hier werden Folgen-Erwartungen angesprochen, die zu einer Definition eines subjektiven Handlungsfeldes führen, das *nicht* mit dem äquivalent ist, das unter der Erhebungs-Situation: ‚Messung eines Vorurteils' definiert wurde. Die Korrespondenz von Einstellung und Verhalten war entsprechend niedrig.

Zu einer Analyse von Zusammenhängen zwischen Einstellung und Verhalten müssen daher bereits bei der Messung einer Einstellung die Bedingungen beachtet werden, die auch bei der späteren Beobachtung von Verhalten eingeführt oder kontrolliert werden. Es wird eine Theorie benötigt, aus der sowohl Anweisungen für die Messung von Einstellungen als auch für die Beobachtung und Kategorisierung von Verhaltensweisen abgeleitet werden können.

3.7 Einschränkungen, Ergänzungen und Implikationen

Die Untersuchungen zur sozialen Angst und zur Relation von Einstellung und Verhalten konkretisieren einzelne Aspekte des handlungspsychologischen Modells; ihnen lag die Annahme zugrunde, daß erst aus der Kenntnis relevanter Parameter des subjektiven Handlungsfeldes theoretisch sinnvoll Verhaltensprognosen abzuleiten sind.

Verhalten, insofern es als operatives Moment einer Handlung bestimmt werden kann, ist eine Funktion des subjektiven Handlungsfeldes, das einzelne Aspekte der Person und der Umgebung ausgliedert und zu Handlungsentwürfen zusammenfaßt:

$$V_H = F(P; U/H)$$

Verhaltensweisen können nur über ihre Funktion, ihren Stellenwert innerhalb eines Handlungs-Zusammenhanges erklärt und vorhergesagt werden.

Das handlungspsychologische Modell der Person × Situation-Interaktion ist allerdings in seinem Geltungsbereich stark eingeschränkt: Es bezieht sich primär auf *einfach strukturierte* Handlungen. Die Eingliederung einzelner Handlungen in einen übergreifenden Handlungsentwurf, der mehrere Unterhandlungen in eine hierarchisch geordnete Handlungssequenz integriert, wurde außer acht gelassen. Allerdings kann angenommen werden, daß die Komponenten des subjektiven Handlungsfeldes auch bei der Planung von Handlungs*sequenzen* in ähnlicher Weise ins Spiel kommen. Für jede Unterhandlung werden vergleichbare kognitiv-emotionale Prozesse angenommen, deren Integration zu einer Herausbildung von Handlungs-Sequenz-Entwürfen führt (vgl. *Miller, Galanter & Pribram* 1960; *Kaminski* 1970; *Hacker* 1973).

Daneben wurden nicht berücksichtigt *gemeinsame* Situations-Definitionen oder gemeinsam herausgearbeitete subjektive Handlungsfelder mehrerer an einer Interaktion beteiligten Individuen, wie sie etwa von *Argyle* (1977) konzipiert wurden. Das Modell müßte um solche Prozesse erweitert werden, um auf sozial-interaktive Verhaltens-Sequenzen angewendet zu werden.

Auf eine notwendige Ergänzung des Modells soll daher kurz eingegangen werden: Bereits häufiger wurde auf die soziale, kulturelle und gesellschaftliche Vermitteltheit individueller Handlungen hingewiesen. Subjektive Handlungsfelder können zumindest partiell auf der Grundlage einer Annahme sozialer Interpretations-Muster und sozialer Schemata der Handlungsorientierung zurückgeführt werden. Handlungen und Handlungsziele entstehen nicht einfach aus der Phantasie des Handelnden, sondern sind Resultat und Voraussetzung sinnvoller Auseinandersetzungen mit der materiellen und gesellschaftlichen Umwelt. Die subjektive Angemessenheit einer Handlung in einem konkreten Umgebungs-Ausschnitt wird dementsprechend auch als Niederschlag dieser Auseinandersetzungen aufgefaßt. Die ‚subjektive Zweckrationalität' schließt stets auch gesellschaftliche Erfahrungen der Person ein.

Oerter, Dreher & Dreher (1977) formulieren den angesprochenen Sachverhalt so: „Die Entwicklung der subjektiven Struktur verläuft in Richtung auf Herstellung von Isomorphie zur objektiven Struktur. Die Entwicklung wird durch den Situations-Druck bestimmt, der von der Gesellschaft ausgeht. Das Ausmaß an erreichter Isomorphie (Strukturgleichheit zwischen Elementen der ‚objektiven' Struktur und der ‚subjektiven' Struktur) äußert sich in Handlungen und Handlungsergebnissen. Bei einer Diskrepanz zwischen subjektiver und gesellschaftlicher Bewertung einer Handlung als ‚angemessen' sind Verhaltenskorrekturen, vermittelt über positive oder negative Rückmeldungen, anzunehmen." In ähnlicher Weise argumentiert *Berry* (1976), der zur Charakterisierung angenommener Interdependenzen von Person und Umwelt ein ‚ökologisch-kulturelles Verhaltensmodell' entwirft und im interkulturellen Vergleich die empirische Geltung des Modells nachzuweisen versucht.

Zum Abschluß soll auf einige Implikationen des handlungspsychologischen Modells hingewiesen werden. Die Verwendung des Konstruktes ‚Handlung' wirft theoretische und methodologische Probleme auf, die an dieser Stelle nur knapp erläutert werden können. Die Auffassung, eine Zuerkennung von Persönlichkeitsmerkmalen bedeute, „daß man in Hinsicht auf ein Individuum alle diejenigen *Annahmen* trifft, die man im Rahmen jeweils eines bestimmten *Forschungsprogrammes* . . . entwickelt hat" (*Herrmann* 1973, S. 107), meint auch, daß die *Messung* von individuellen Ausprägungen auf einer postulierten latenten Dimension je nach Annahmegefüge nach unterschiedlichen Prinzipien verläuft. Die klassische Testtheorie – und auch manche modernen Varianten – basieren auf der Annahme einer monotonen Beziehung zwischen beobachtetem Verhalten und Ausprägungen auf einer latenten Dimension. Dieser Auffassung entspricht die Annahme, daß das Testverhalten einer Person ausschließlich auf Item- und Personen-Parameter zurückgeführt werden kann. Das handlungspsychologische Modell bezweifelt die allgemeine Gültigkeit dieser Annahme und führt stattdessen zusätzliche Parameter ein, die als vermittelnde Größen zwischen Item und Person wirksam werden. Das Interaktionsmodell $V = PS - R$ gibt ein Beispiel für eine solche Betrachtungsweise.

In einer anderen Untersuchung des Autors zum „Testverhalten und Anreizwert von Oberzielen" stellte sich heraus, daß das Testverhalten in Abhängigkeit der in einer Erhebungs-Situation angesprochenen Oberziele variiert, ohne daß damit gleichzeitig eine Veränderung der erfaßbaren individuellen Ausprägungen auf einer latenten Dimension verbunden sein müßte.

In den Fällen, in denen eine Erhebungs-Situation mit Oberzielen geringer Anreizwerte verbunden gesehen wurde, erfüllte die Urteilsmatrix der „Ja-Nein‘-Urteile eine wichtige Annahme der klassischen Testtheorie: Sie bildeten eine *Guttman-Skala.* Mit den Daten wurde eine *Guttman*-Analyse gerechnet und jeder Person, entsprechend ihrem Antwortmuster ein Wert zugeordnet, der in monotoner Beziehung zur Summe der „Ja‘-Antworten steht. Dieser Wert wurde als Indikator einer ‚Disposition‘ (Extraversion) interpretiert. In den Fällen dagegen, in denen eine Erhebungs-Situation mit Oberzielen starker Anreizwerte verbunden wird, war die Anzahl der Ja-Nein-Antworten nicht mehr im Sinne einer erschöpfenden Statistik interpretierbar. Stattdessen erfüllte die Urteilsmatrix die Voraussetzungen einer *Coombs-Struktur.* Eine anschließende Unfolding-Analyse ordnete wiederum den Probanden Kennwerte zu, die hoch mit den Kennwerten nach der *Guttman*-Skalierung korrelieren. Das Response-Verhalten der Probanden wechselte *qualitativ* von Bedingung zu Bedingung, und dennoch war ‚Stabilität‘ der Personen-Werte nachweisbar.

Der Gedanke, daß ‚Messung‘ stets theoriegeleitet sein muß, scheint selbstverständlich und trivial. Nimmt man aber diese Forderung ernst und wirft einen Blick in die psychologische Fachliteratur, so ist man immer wieder erstaunt über die Selbstverständlichkeit, mit der nach immer gleichen Prinzipien Aspekte von Personen oder Umgebungen auch innerhalb unterschiedlichster theoretischer Annahmegefüge ‚gemessen‘ werden. Ein gutes Beispiel liefern u. E. die zahlreichen Untersuchungen zur Relation von Einstellung und Verhalten. Zunächst wird die Einstellung – ganz im Sinne einer klassischen Messung von Dispositionen –, daran anschließend Verhalten oder Verhaltensintentionen erfaßt. Zumeist wird stillschweigend vorausgesetzt, daß Testverhalten, ‚reales‘ Verhalten und Einstellung in eindeutiger Beziehung zueinander stehen und monotone oder nichtmonotone (je nach Meßmodell) Relationen zwischen Verhalten und Einstellung unterstellt werden können. Solange keine theoretischen Annahmen über Interdependenzen zwischen personalen, situativen Determinanten und Verhalten entwickelt werden, aus denen spezifische Meßprozeduren abzuleiten sind, liegt u. E. eine theoretisch nicht oder nur unzureichend begründete Messung von Einstellungen vor. Der Rückgriff auf ‚bewährte‘ Methoden verdeckt die nach unserer Überzeugung gerade interessanten Zusammenhänge zwischen Handlung und kognitiver Strukturierung sozialer Ereignisfelder.

„Alles Verhalten ist explizierbar: Einige Handlungen lassen sich auch rechtfertigen.“ Mit diesem Satz von *Toulmin* (1970,

S. 1) ist eine Problematik angesprochen, die seit langem Gegenstand der sogenannten ‚Reason-Causes-Debatte‘ ist. Wie lassen sich Handlungen erklären – durch nachvollziehendes Verstehen oder durch eine vom naturwissenschaftlichen Ideal geprägte Vorstellung einer ‚wissenschaftlichen‘ Erklärung? Wir haben uns – mit einigen Einschränkungen – für das letztere entschieden, allerdings nicht ohne Skrupel und nicht ohne die Einsicht, daß damit der Geltungsbereich und der Anspruch des handlungspsychologischen Modells erheblich eingeschränkt ist. Wir haben nicht danach gefragt, wie man sich verhalten sollte, damit man *normativ richtig* handelt, wir haben auch keine Kriterien dafür angegeben, unter welchen Bedingungen eine Handlung als *richtig im Sinne von ‚rational‘* gelten kann. Wir haben uns auch nicht mit dem *Reden über Handlung* befaßt und mit dessen handlungserklärender und begründender Funktion. Stattdessen wurde mit dem handlungspsychologischen Modell versucht, auf der Grundlage verfügbaren verhaltenstheoretischen Wissens allgemeine personale und situative Bedingungen zu bestimmen, unter denen spezifische Verhaltensweisen *tatsächlich* zu erwarten sind. Allerdings gehen die verfolgten Untersuchungsstrategien in einigen Hinsichten über ‚normales‘ Experimentieren hinaus.

In dem Augenblick, in dem von der Intentionalität menschlichen Verhaltens als zentralem Bestimmungsstück einer Handlung ausgegangen wird, befinden wir uns in einem Dilemma, aus dem eine streng am naturwissenschaftlichen Ideal orientierte Forschung nicht herausfindet. Individuen reflektieren ihre eigenen Handlungen und ihre Handlungsabsichten und versuchen, diese sich selbst und anderen gegenüber zu rechtfertigen. Die Selbstaufforderung zu einer Handlung schließt eine Absicht des Handelnden zum Handeln sowie seine Rechtfertigung ein, die einer unmittelbaren Beobachtung nicht mehr zugänglich ist.

Handlungen können nicht einfach experimentell induziert werden; die Kennzeichnung eines beobachteten Verhaltens als Teilbestand einer Handlung basiert vielmehr auf Annahmen, die ihre Rechtfertigung entweder durch eine Art Gedankenexperiment des Beobachters finden, in dessen Verlauf sich der Beobachter in die Lage der handelnden Person versetzt, um ihre Vorstellungswelt, ihre faktischen und normativen Überzeugungen, vor allem auch ihre Motive in sich zum Leben zu erwecken (*Stegmüller*

1969, S. 363). Oder man verläßt sich auf die Aussagen der sich verhaltenden Person über ihre Handlungen oder aber man versucht, einen Mittelweg zwischen strengem Experimentieren und anderen Zugängen zu finden.

Der letztere Weg wurde in den beiden zuletzt berichteten empirischen Studien des Autors zu gehen versucht. Die Erhebungs-Situationen, in denen eine Person zum Handeln aufgefordert wurde, waren in der Regel solche, von denen angenommen werden kann, daß sie eine gewisse *ökologische Validität* (vgl. *Pawlik* 1978, S. 124) besitzen und damit eine gewisse alltägliche Handlungsrelevanz. Dem angestrebten Weg am nächsten kommt u. E. die Untersuchung zur sozialen Angst. Hier wurden die Bedingungen, unter denen die Personen beobachtet wurden, im ‚natürlichen‘ Feld aufgesucht oder hergestellt. Die Anreizwerte der angesprochenen Oberziele wurden nicht künstlich gesetzt, sondern ergaben sich aus den Handlungszusammenhängen, in die die einzelnen Umgebungs-Segmente für die Personen eingebettet waren.

Bei der anderen Untersuchung konnten die Voraussetzungen zur Bestimmung eines Verhaltens als operatives Moment einer Handlung nur aus dem theoretischen Zusammenhang erschlossen werden, wenn auch manche ‚Verstehens-Argumente‘ zusätzlich für diese Interpretation des beobachteten Verhaltens sprechen.

Eine Psychologie der Handlung, die sich für spezifische Formen der Interaktionen von Person und Umwelt interessiert, muß ganz besonders darum bemüht sein, menschliches Verhalten und Erleben unter Bedingungen aufzusuchen oder zu kontrollieren, in denen die vielfältigen Handlungszusammenhänge, in denen eine Person ihre Aktivitäten plant und vollzieht, möglichst unverzerrt aufgefangen werden.

Diese Sichtweise erfordert u. E. in der Konsequenz eine Untersuchungs-Strategie, die von dem üblicherweise eingeschlagenen und auch in unseren Untersuchungen verfolgten Weg in manchen Hinsichten abweicht; sie soll zum Abschluß in knappen Zügen charakterisiert werden.

Eine Analyse von Person × Situation-Interaktionen sollte mit der Festlegung auf einen *Handlungs-Typus* beginnen, auf den sich das Forschungsinteresse richtet. Voraussetzung dazu ist die

Entwicklung einer Handlungs-Typologie, die es ermöglicht, verschiedene Handlungen zu einer Klasse zusammenzufassen und von anderen Handlungs-Klassen abzugrenzen.

In einem weiteren Schritt sind *Personen- und Umgebungs-Parameter* zu bestimmen, die als Voraussetzungen zur Planung und Durchführung spezifischer Handlungen postuliert werden. Die Kategorien zur Beschreibung von Person- und Umgebungs-Parametern sind dabei handlungspsychologisch zu definieren. Zu fragen wäre beispielsweise, inwieweit in der Person oder in der Umgebung *Mittel* zur Durchführung einer Handlung vom Typ X vorliegen, welche *Barrieren* der Durchführung einer Handlung in der Person und in der Umgebung entgegen stehen, welche *fördernden Bedingungen* in der Person oder Umgebung vorliegen, um eine Handlung vom Typ X zu realisieren, oder welche *Absicherungen* zur ungestörten Planung und Durchführung einer Handlung vom Typ X bei einer Person oder in einer Umgebung gegeben sind, etc. Person- und Umgebungs-Parameter werden unter dieser Forschungsstrategie mit gleichen Kategorien beschrieben, ‚Eigenschaften' einer Person oder einer Umgebung werden handlungskonditional definiert und klassifiziert; für jeden Handlungs-Typ läßt sich dann eine Anzahl von ‚zugehörigen' Person- und Umgebungs-Eigenarten angeben.

In einem weiteren Abschnitt der Analyse wird eine *psychologische Theorie der Interaktionsweisen* von Person- und Umgebungs-Parametern mit dem Ergebnis der Definition eines subjektiven Handlungsfeldes notwendig. Aus einer solchen Theorie wären Prognosen über Person $\times$ Situation-Interaktionen aus der Kenntnis relevanter Umgebungs- und Person-Parametern abzuleiten. Sie müßte Aussagen etwa folgender Art beinhalten: In einer Umgebung vom Typ U mit den Elementen $u_1, u_2, \ldots, u_n$ beziehen Personen des Typs P mit den Elementen $p_1, \ldots, p_m$ zur Planung und Durchführung einer Handlung vom Typ X nur eine Untermenge von U-Elementen ($u_1, u_2 \ldots$) und P-Elementen ($p_1, p_2 \ldots$) in die Definition ihres subjektiven Handlungsfeldes ein.

Neben einer Angabe einzelner Elemente der Person und der Umgebung, die als Elemente des subjektiven Handlungsfeldes definiert werden, müßte die Theorie zusätzlich Aussagen über die *Struktur* des subjektiven Handlungsfeldes enthalten, z. B. in der Form, in welcher Weise *Relationen* zwischen Personen- oder

Umgebungs-Parameter in Relationen zwischen Elementen des subjektiven Handlungsfeldes übersetzt werden.

Die Person wählt nun (nach dem handlungspsychologischen Modell) als Ergebnis ihrer Situations-Definition diejenige Verhaltensweise aus ihrem Verhaltensrepertoire, die ihr unter Einbeziehung aller (internen und externen) Faktoren zur Realisierung der Handlung am meisten angemessen erscheint.

Als letzter Analyse-Schritt steht daher eine *Klassifikation beobachtbarer Verhaltensweisen nach ihren operativen Verknüpfungen mit spezifischen Handlungs-Typen*: welche Verhaltensweisen werden in welchem Maße als adäquate Mittel zur Realisierung einer Handlung des Typs X angesehen?

Neben Person- und Umgebungsaspekten werden also auch Verhaltens-Parameter nach handlungspsychologischen Kategorien klassifiziert.

Vor dem Hintergrund einer derartigen Forschungsstrategie erscheint die Frage nach der ‚ökologischen Validität' oder ‚ökologischen Repräsentativität' psychologischer Erhebungs-Situationen in einem anderen Licht:

Psychologische Erhebungs-Situationen wären in bezug auf einen in der Theorie festgelegten Geltungsbereich *ökologisch repräsentativ,* wenn sie in bezug auf diesen Geltungsbereich *handlungskonditional äquivalent sind.* Eine psychologische Erhebungs-Situation ist immer nur für einen bestimmten Handlungstypus repräsentativ und so nur dann, wenn sie Interaktionen von personalen und Umgebungs-Aspekten und damit Definitionen subjektiver Handlungsfelder zuläßt, die für den postulierten Geltungsbereich ‚typisch', ‚repräsentativ' sind.

Eine handlungspsychologisch orientierte Analyse der Person × Situation-Interaktion zwingt u. E. zu einem grundsätzlichen Überdenken bislang vertrauter Vorgehensweisen in der psychologischen Forschung; die Einführung des Konstruktes ‚Handlung' bedeutet mehr als eine bloße Addition.

Literatur

Ajzen, I., Fishbein, M. (1973): Attitudinal and normatives varibales as predictors of specific behaviors. Journal of Personality and Social Psychology, 27, 41-57

Ajzen, I., Fishbein, M. (1977): Attitude-behavior relations: a theoretical analysis and review of empirical research. Psychological Bulletin, 84, 888–918

Allias, M. (1953): Le comportement de l'homme rationel devant le risque: Critique des postulats et axiomes de lecole americaine. Econometrica, 21, 503–546

Altman, I. (1975): The environment and social behavior. Monterey: Brooks/Coole

Altman, I. (1976): Environmental Psychology and Social Psychology. Personality and Social Psychology Bulletin, 2, 96–113

Angleitner, A. (1977): Differentielle Psychologie. Universität Gießen, Vorlesungsmanuskript

Angleitner, A., Bierhoff, H. W., Rudinger, G. (1975): Some research with German versions of S-R-Inventories of anxiousness. Berichte aus dem Psychologischen Institut, Bonn, 4/75

Argyle, M. (1967): The psychology of interpersonal behavior, Harmondsworth

Argyle, M. (1977): predictive and generative rules models of P × S interactions. In: Magnusson & Endler (eds), S. 353–370

Argyle, M., Little, R. B. (1972): Do personality apply to social

behavior? Journal for the Theory of Social Behavior, 2, 1–35

Asch, J. E. (1946): Forming impressions of personalities. Journal of Abnormal and Social Psychology, 41, 258–290

Axelrod, S., Eisdorfer, C. (1961): Attitudes toward old people: an empirical analysis of the stimulusgroup validity of the Tuckman-Lorge questionnaire. Journal of Gerontology, 16, 75–80

Ball, D. W. (1972): The Definition of the situation: some theoretical and methodological consequences of taking W. I. Thomas seriosly. Journal for the Theory of Social Behavior, 2, 61–82

Bandura, A., Adams, N. E., Beyer, J. (1977): Cognitive processes mediating behavioral change. Journal of Personality and Social Psychology, 35, 125–139

Barker, R. G. (1968): Ecological Psychology. Stanford: Stanford Univ. Press

Bayer, K. (1974): Sprechen und Situation. Unveröff. Diss., Heidelberg

Bem, D. J. (1972): Self-perception × theory. In: Berkowitz, L. (Ed): Advances in experimental social psychology, Vol 6, New York: Academic Press

Bem, D. J., Allen, A. (1974): On predicting some of the people some of the time: The search for cross-situational consistencies in behavior. Psychological Review, 81, 506–520

169

Bergius, R., Werbik, H., Winter, G. (1970): Urteile deutscher Arbeitnehmer über Völker in Relation zur Zahl ihrer ausländischen Bekannten. Psychologische Beiträge, 12, 241–310

Bergler, R. (1966): Psychologie stereotyper Systeme. Bern: Huber

Berlyne, D. E. (1972): Affective aspects of aesthetic communication in: Alloway, I. et al. (eds): Communication and affect, 97–118. New York: Academic Press

Berry, J. W. (1976): Human ecology and cognitive style. New York: Wiley

Bevan, W. (1963), The pooling mechanism and the phenomena of reinforcement. In: Harvey (ed): Motivation and social interaction, 18–34. New York: Ronald

Bierhoff, H. W., D. Bierhoff–Alfermann (1977): Attribution impliziter Persönlichkeitstheorien in einer Interaktionssituation durch Beurteiler. Zeitschrift für Sozialpsychologie, 8, 50–66

Bieri, J. (1966): Cognitive complexity and personality development. In: Harvey, O. J. (ed): Experience, structure, and adaptability. New York: Springer

Blumer, H. (1973): Der methodologische Standort des Symbolischen Interaktionismus. In: Arbeitsgruppe Bielefelder Soziologen (Hsgb): Alltagswissen, Interaktion und Gesellschaftliche Wirklichkeit, 1 Hamburg: Rowohlt

Boesch, E. E. (1976): Psychopathologie des Alltags. Bern: Huber

Boneau, C. A. (1974): Paradigm regained? Cognitive behaviorism restated. American Psychologist, 30, 297–309

Bowers, K. S. (1973): Situationism in psychology: an analysis and critique. Psychological Review, 80, 307–336

Bruner, J. S., Tagiuri, R. (1954): The perception of people. In: Lindzey, G. (ed): Handbook of Social Psychology, Vol. 2, Cambridge: Addison

Brunswik, E. (1947): Systematic and representative design in psychological experiments. Berkeley: University Press

Brunswik, E. (1955): Representative design and probabilistic theory in a functional psychology. Psychological Review, 62, 193–217

Buss, A. R. (1974): A general developmental model for interindividual, intraindividual differences, and intraindividual change. Developmental Psychology, 10, 70–78

Buss, A. R. (1977): Toward an unified framework for psychometric concepts in the multivariate developmental situation: intraindividual change and inter- and intraindividual differences. In: Nesselroade, J. R., Baltes, P. B. (eds): Longitudinal Research in the behavioral sciences: Design and analysis. Final Report: Penn State University

Byrne, D. (1964): Repression-sensitization as a dimension of personality. In: Maher, B. A. (ed): Progress in experimental personality research, Vol. I, 169–220. New York: Academic Press

Campbell, J. B., Dunnette, M. D., Lawler, E. E. III, Weick, K. E., Jr. (1970): Managerial behavior, performance, and effectiveness. New York: McGraw-Hill

Canter, D., Stringer, P. (eds), (1975): Environmental interaction. London: Surrey University Press

Cattell, R. B. (1963): Personality, role, mood, and situation-perception: a unifying theory of modulators. Psychological Review, 70, 1–18

Cattell, R. B. (1966): The data box: its ordering of total resources in terms of possible relational systems. In: Cattell, R. B. (ed): Handbook of multivariate experimental psychology. Chicago: Rand McNally

Cattell, R. B. (1973): Die empirische Erforschung der Persönlichkeit. Weinheim: Beltz

Cofer, C. N., Appley, M. H. (1964): Motivation: Theory and research. New York: Wiley

Coombs, C. H. (1954): Social choice and strength of preference. In: Thrall, R. M., Coombs, C. H., Davis, R. L. (eds): decision processes. New York: Wiley, 69–86

Coombs, C. H. (1964): A theory of data. New York: Wiley

Cronbach, L. J. (1955): Processes affecting scores on understanding of others and assuming ‚similarity‘. Psychological Bulletin, 52, 177–193

Cronbach, L. J., Gleser, G. C., Nanda, H., Rajaratnam, N. (1972): The dependability of behavioral measurements. London: Wiley

Dachler, H. P., Mobley, W. H.

(1973): Construct validation of an instrumentality-expectancy-task-goal model of work motivation: some theoretical boundary conditions. Journal of Applied Psychology Monograph, 58, 397–418

Dörner, D. (1976): Problemlösen als Informationsverarbeitung. Stuttgart: Kohlhammer

Dorsch, F. (1963): Psychologisches Wörterbuch. Hamburg: Meiner, Bern: Huber

Dreitzel, H. P. (1972): Die gesellschaftlichen Leiden und das Leiden an der Gesellschaft. Vorstudien zu einer Pathologie des Rollenverhaltens. Stuttgart.

Drever, J., Fröhlich, W. D. (1968): Wörterbuch der Psychologie. München: dtv

Eckensberger, L. (1977): ‚Soziale Kognitionen‘ und ‚sozial orientiertes Verhalten‘ – Versuch einer Integration durch das Konzept ‚Handlung‘. In: Silbereisen, R. (Hrsg): Newsletter Soziale Kognitionen 1, C 68–C 90

Eckensberger, L., Reinshagen, H. (1977): Eine alternative Interpretation von Kohlbergs Stufentheorie der Entwicklung des moralischen Urteils. Arbeitspapier für das Workshop ‚Entwicklung des Moralischen Urteilens: Theorie, Methode, Praxis. Univ. des Saarlandes

Edwards, W. (1954): The theory of decision making. Psychological Bulletin, 51, 380–417

Edwards, W., Tversky, A. (eds) (1967): Decision making. Harmondsworth: Penguin Books

Eisenberger, R. (1970): Is there a deprivation-satiation function for social approval? Psychological Bulletin, 74, 255–275

Ekehammer, B. (1974): Interactionism in personality from a historical perspective. Psychological Bulletin, 81, 1026–1048

Ekehammer, B., Magnusson, D. A., Ricklander, K. (1974): An interactionistic approach to the study of anxiety. Scandinavian Journal of Psychology, 15, 4–14

Endler, N. S. (1976): Grand illusions: traits or interactions? Canadian Psychological Review, 17, 174–181

Endler, N. S., Hunt, J. McV (1966): Sources of behavioral variance as measured by the S-R-inventory of anxiousness. Psychological Bulletin, 65, 336–346

Endler, N. S., Hunt, J. McV. (1968): Inventories of hostility and comparisons of the proportions of variance from persons, responses, and situations for hostility and anxiousness. Journal of Personality and Social Psychology, 9, 309–315

Endler, N. S., Hunt, J. McV. (1969): Generalizability of contributions from sources of variance in the S-R-inventories of anxiousness. Journal of Personality, 37, 1–24

Endler, N. S., Hunt, J. McV., Rosenstein, A. J. (1962): An S-R-Inventory of anxiousness. Psychological Monographs, 76, No 17, whole No 536

Endler, N. S., Magnusson, D. (eds), (1976): Interactional psychology and personality. Washington, D. C.: Hemisphere

Endler, N. S., Magnusson, D., Ekehammer, B., Okada, M. (1976): The multidimensionality of state and trait anxiety.

Scandinavian Journal of Psychology, 17, 81–96

Endler, N. S., Okada, M. (1975): A multidimensional measure of trait anxiety: the S-R-Inventory of general trait anxiousness. Journal of Consulting and Clinical Psychology, 43, 319–329

Eysenck, H. J. (1963): Biological basis of personality. Nature, 199, 1031–1034

Feger, H. (1977): Konflikterleben und Konfliktverhalten. Bern: Huber

Feger, H., Sorembe, V. (1972): Zusammenhänge von Reaktionsvariablen bei Entscheidungsprozessen. Zeitschrift für Experimentelle und Angewandte Psychologie, 19, 529–541

Festinger, L. (1954): A theory of social comparison processes. Human Relations, VII, 117–140

Festinger, L. (1957): A theory of cognitive dissonance. Stanford: Stanford Univ. Press

Fishbein, M. (1967a): A consideration of beliefs, and their role in attitude measurement. In: Fishbein (ed)

Fishbein, M. (1967b): A behavior theory approach to the relations between beliefs about an object and the attitude toward the object. In: Fishbein (ed)

Fishbein, M. (1967c): Attitude and the prediction of behavior. In: Fishbein, (ed)

Fishbein, M. (ed), (1967): Readings in attitude theory and measurement. New York: Wiley

Forgas, J. P. (1976): The perception of social episodes: categorical and dimensional representations in two different social milieus. Journal of Personality and Social Psychology, 34, 199–209

Fowler, H. (1965): Curiosity and exploratory behavior. New York: MacMillan

Fuchs, R. (1976): Ansätze, Methoden und wissenschaftliche Grundlagen der Handlungsforschung. In: Thomas, A. (Hrsg)

Gardner, R., Holzman, P. S., Klein, G. S., Linton, H., Spence, D. P. (1959): Cognitive control: a study of individual consistency in cognitive behavior. Psychological Issues, 1, Mo.-No. 4

Gardner, R. W., Jackson, D. J., Messick, S. J. (1960): Personality organization and intellectual abilities. Psychological Issues, 2, Mo.-No. 8

Gavin, J. F. (1970): Ability, effort, and rule perception as antecedents of job performance. Experimental Publication System, 5

Golding, S. L. (1975): Flies in the ointment: methodological problems in the analysis of percentage of variance due to persons and situations. Psychological Bulletin, 82, 278–288

Graumann, C. F. (1972): Interaktion und Kommunikation. In: Graumann, C. F. (Hrsg): Handbuch der Psychologie, 7. Band, 2. Halbband. Göttingen: Hogrefe

Graumann, C. F. (1975): Person und Situation. In: Lehr, U., Weinert, F. (Hrsg): Entwicklung und Persönlichkeit. Stuttgart: Kohlhammer

Graumann, C. F. (Hrsg), (1978): Ökologische Perspektiven in der Psychologie. Bern: Huber

Graumann, C. F., Metraux, A. (1977): Die phänomenologische Orientierung in der Psychologie. In: Schneewind, K. A. (Hrsg): Wissenschaftstheoretische Grundlagen der Psychologie. München: dtv

Hacker, W. (1973): Allgemeine Arbeits- und Ingenieurpsychologie. Berlin: Deutscher Verlag der Wissenschaften

Haider, M. (1963): Experimentelle Untersuchung zur Daueraufmerksamkeit und cerebrale Vigilanz bei einförmigen Tätigkeiten. Zeitschrift für Experimentelle und Angewandte Psychologie, 10, 1–18

Hakmiller, K. L. (1966a): Threat as determinant of downward comparison. Journal of Experimental Social Psychology, Supplement (1), 32–39

Hakmiller, K. L. (1966b): Need for self-evaluation, perceived similarity and comparisan choice. Journal of Experimental Social Psychology, Supplement (1), 49–54

Harvey, O. J. (ed), (1963): Motivation and social interaction. New York: Ronald Press

Harvey, O. J. (ed), (1966): Experience, structure and adaptability. New York: Springer

Harvey, O. J., Hunt, D. E., Schroder, H. M. (1961): Conceptual systems and personality organization. New York: Wiley

Hays, W. L. (1958): An approach to the study of trait implications and trait similarity. In: Tagiuri, R., Petrullo, L. (eds): Person perception and interpersonal behavior. Stanford: Stanford Univ. Press

Heckhausen, H. (1977a): Achievement motivation and its constructs: a cognitive model. In: Motivation and emotions 1, 283–329.

Heckhausen, H. (1977b): Motivation: Kognitionspsychologische Aufspaltung eines summarischen Konstrukts. Psychologische Rundschau, 175–189

Heider, F. (1958): The psychology of interpersonal relations. New York: Wiley

Hellpach, W. (1951): Sozialpsychologie – ein elementares Lehrbuch für Studierende und Praktizierende, Stuttgart

Helson, H. (1959): Adaptation-level theory. In: Koch, S. (ed): Psychology: a study of science (Vol. 1). New York: McGraw-Hill

Helson, H. (1966): Some problems in motivation from the point of view of the theory of adaptation level. Nebraska Symposium on Motivation, 137–182. Lincoln: Univ. Nebraska Press

Herrmann, Th. (1969): Lehrbuch der empirischen Persönlichkeitsforschung Göttingen: Hogrefe

Herrmann, Th. (1973): Persönlichkeitsmerkmale. Stuttgart: Kohlhammer

Herrmann, Th. (1979): Die Eigenschaftskonzeption als Heterostereotyp. Kritik eines persönlichkeitspsychologischen Geschichtsklischees. Zeitschrift für Differentielle und Diagnostische Psychologie, 1, i. Dr.

Herrmann, Th., Deutsch, W. (1976): Psychologie der Objektbenennung. Bern: Huber

Hofer, M. (1970): Zur impliziten Persönlichkeitstheorie von Lehrern. Zeitschrift für Entwicklungspsychologie und Pädagogische Psychologie, 2, 197–209

Hunt, J. McV. (1965): Traditional personality theory in the light of recent evidence. American Scientist, 53, 80–96

Hutton, G. (1972): Assertions, barriers and objects: a conceptual scheme for the personal implications of environmental texture. Journal for the Theory of Social Behavior, 2, 83–98

Irle, M. (1975): Lehrbuch der Sozialpsychologie. Göttingen: Hogrefe

Ittelson, W. H. (1973): Environmental perception and contemporary perceptual theory. In: Ittelson, W. H. (ed), Environment and cognition. New York: Seminar Press

Ittelson, W. H., Proshansky, H. M., Rivlin, L. G., Winkel, G. H. (1974), An introduction to environmental psychology. New York: Holt, Rinehart & Winston

Jones, E. E., Davis, K. E. (1965): From acts to dispositions: the attribution process in person perception. In: Berkowitz, L. (ed): Advances in experimental social psychology, Vol. 2, New York: Academic Press

Jones, E. E., deCharms, R. (1957): Changes in social perception as a function of the personal relevance of behavior. Sociometry, 20, 75–85

Jones, E. E., Gerard, H. B. (1967): Foundations of social psychology, New York

Jones, E. E., Nisbett, R. E. (1971): The actor and the observer: divergent perceptions of the causes of behavior. In: Jones, E. E., Kanouse, D. E. et al.: Attribution: perceiving the causes of behavior. Morristown: General Learning Press

Kaminski, G. (1970): Verhaltenstheorie und Verhaltensmodifikation. Stuttgart: Klett

Kaminski, G. (Hrsg), (1976): Umweltpsychologie. Stuttgart: Klett

Kanfer, F. H., Phillips, J. S. (1970): Learning foundations of behavior therapy. New York: Wiley

Kantor, J. R. (1924): Principles of psychology, Vol. 1. Bloomington: Principia Press

Karsten, A. (1928): Untersuchungen zur Handlungs- und Affektpsychologie: V. Psychische Sättigung. Psychologische Forschung, 10, 142–154

Katz, D., Braly, K. W. (1933): Racial stereotypes of 100 college students. Journal of Abnormal and Social Psychology, 30, 175–193

Kaufmann, K. (1976): Kognitiv-hedonistische Theorie menschlichen Verhaltens. Unveröff. Diss., Mannheim

Kelley, H. H. (1967): Attribution theory in social psychology. Nebraska Symposium on Motivation. Lincoln: University of Nebraska Press

Kelley, H. H. (1973): The processes of causal attribution. American Psychologist, 28, 107–128

Kelly, G. A. (1955): The psychology of personal constructs. New York: Norton

Kirk, R. (1968): Experimental Design: Procedures for the Behavioral Sciences. Belmont, Cal: Brooks/Cole

Klix, F. (1971): Information und Verhalten. Bern: Huber

Koffka, A. (1935): Principles of Gestalt psychology. New York

Krohne, H. W. (1973): Psychologischer Streß, Angstkontrolle und Differenziertheit der Personwahrnehmung. Zeitschrift für Sozialpsychologie, 4, 87–102

Krohne, H. W. (1977): Kognitive Strukturiertheit als Bedingung und Ziel schulischen Lernens. Zeitschrift für Entwicklungspsychologie und Pädagogische Psychologie, IX, 54–75

Kruse, L. (1974): Räumliche Umwelt. Berlin: De Gruyter

Kruse, L. (1978): Ökologische Fragestellungen in der Sozialpsychologie. In: Graumann, 1978

Lantermann, E.-D. (1976): Die Dimensionalität kognitiver Repräsentation sozialer Objekte: Informationsverarbeitung in Relation zu politischer Haltung. Zeitschrift für Sozialpsychologie, 7, 168–176

Lantermann, E.-D. (1978a): Polynomisch verbundene Messung von Personen, Situationen und Reaktionen auf der Grundlage eines S-R-Fragebogens. Archiv für Psychologie, 130, 342–351

Lantermann, E.-D. (1978b): Situation × Person: Interindividuelle Differenzen des Verhaltens als Folge und Ursache idiosynkratischer Konstruktion von Situationen. In: Graumann, 1978

Lantermann, E.-D., Laveaux, P. (1978): Generalisierung über Personen und Situationen bei der Beurteilung alter Menschen. Zeitschrift für Sozialpsychologie, 9, 165–172

Laucken, U. (1974): Naive Verhaltenstheorie. Stuttgart: Klett

Lazarsfeld, P. N. Henry (1968): Latent structure analysis. Boston: Honghton Mifflin

Lawler, E. E., III (1968): A correlation-causal analysis of the relationship between expectancy attitudes and job performance. Journal of Applied Psychology, 52, 462–468

Lawler, E. E., III, Suttle, J. L. (1973): Expectancy theory and job behavior. Organizational Behavior and Human Performance, 9, 482–503

Leontjev, A. N. (1977): Tätigkeit, Bewußtsein, Persönlichkeit. Stuttgart: Klett

Levy, L. (1970): Conceptions of personality. New York: Random House

Lewin, K. (1926): Untersuchungen zur Handlungs- und Affektpsychologie. Psychologische Forschung, 7

Lewin, K. (1936): Principles of topological psychology. New York: McGraw-Hill

Lewin, K. (1963): Feldtheorie in den Sozialwissenschaften. Bern: Huber

Lewin, K., Dembo, P., Festinger, L., Sears, P. S. (1944): Level of aspiration. In: Hunt, J. McV (ed), Personality and the behavior disorders, Vol. I., 333–378. New York: Ronalds

Lilli, W. (1970): Das Zustandekommen von Stereotypen über einfache und komplexe Sachverhalte. Experimente zum klassifizierenden Urteil. Zeitschrift für Sozialpsychologie, 1, 57–79

Lilli, W. (1975): Soziale Akzentuierung. Stuttgart: Kohlhammer

Lilli, W., Lehner, F. (1971): Stereotype Wahrnehmung: eine Weiterentwicklung der Theorie Tajfels. Zeitschrift für Sozialpsychologie, 2, 285–294

Luce, R. D., Suppes, P. (1965): Preference, utility, and subjective probability. In: Luce, R. D., Bush, R. R. & Galanter, E. (eds): Handbook of mathematical psychology, Vol. III, New York: Wiley

Lüer, G. (1973): Gesetzmäßige Denkabläufe beim Problemlösen. Weinheim: Beltz

Magnusson, D. (1971): An analysis of situational dimensions. Perceptual and Motor Skills, 32, 851–867

Magnusson, D. (1974): The individual in the situation: some studies on individual's perception of situation. Studia Psychologica, 16, 124–132

Magnusson, D. (1976): The person and the situation in an interactional model of behavior. Scandinavian Journal of Psychology, 17, 253–271

Magnusson, D., Ekehammer, B. (1975): Anxiety profiles based on both situational and response factors. Multivariate Behavioral Research, 10, 27–43

Magnusson, D., Ekehammer, B. (1976): Similar situations – similar behaviors? Report Department Psychology, Univ. Stockholm

Magnusson, D., Endler, N. S. (eds), (1977): Personality at the crossroads: current issues in interactional psychology. Hillsdale: Lawrence Erlbaum

Maschewsky, W. (1977): Das Experiment in der Psychologie. Frankfurt: Campus

McCall, G., Simmons, J. L.

(1974): Identität und Interaktion. Düsseldorf: Schwann

McClelland, D. C., Atkinson, J. W., Clark, R. A., Lawell, E. L. (1953): The achievement motive. New York: Appleton

McIver, R. M. (1942): Social causation. New York: Harper & Row

Miller, G. A., Galanter, E., Pribram, K. H. (1973): Strategien des Handelns. Pläne und Strukturen des Verhaltens. Stuttgart: Klett

Mischel, W. (1973): Toward a cognitive social learning reconceptualization of personality. Psychological Review, 80, 252–283

Mischel, W. (1977): On the future of personality measurement. American Psychologist, 32, 246–254

Mischel, W., Mischel, H. N. (1976): A cognitive social-learning approach to morality and self-regulation. In: Lickona, Th. (ed): Morality: Theory, research and social issues. New York

Mischel, W., Zeiss, R., Zeiss, A. (1974): Internal-external control and persistency: validation and implications of the Stanford Preschool Internal-External Scale. Journal of Personality and Social Psychology, 29, 265–278

Mitchell, T. R. (1974): Expectancy models of job satisfaction, occupational preference and effort: a theoretical, methodological and empirical appraisal. Psychological Bulletin, 81, 1053–1077

Mitchell, T. R., Albright, D. W. (1972): Expectancy theory predictions of the satisfaction, effort, performance, and retention of novel aviation officers. Organizational Behavior and Human Performance, 8, 1–20

Moos, R. H. (1973): Conceptualizations of human environments. American Psychologist, 28, 652–665

Murray, H. A. (1938): Explorations in Psychology. New York: Oxford Univ. Press

Murray, H. A. (1959): Toward a classification of interactions. In: Parsons, T., Shils, E. A. (eds): Toward a general theory of action. Cambridge: Harvard Univ. Press

Neisser, U. (1974): Kognitive Psychologie. Stuttgart: Klett

Newcomb, Th. M. (1961): The acquaintance process. New York: Holt, Rinehart & Winston

Oerter, R., Dreher, E. & Dreher, M. (1977): Kognitive Sozialisation und subjektive Struktur. München: Oldenbourg

Olweus, D. (1976): Der ‚moderne‘ Interaktionismus von Person und Situation und seine varianzanalytische Sackgasse. Zeitschrift für Entwicklungspsychologie und Pädagogische Psychologie-VIII, 171–185

Orth, B. (1974): Einführung in die Theorie des Messens. Stuttgart: Kohlhammer

Overton, W. F. (1973): On the assumptive base of the nature nurture controversy: additive versus interactive conceptions. Human Development, 16, 74–89

Overton, W. F., Reese, H. W. (1973): Models of development: Methodological implications. In: Nesselroade, J. R.,

Reese, H. W. (eds): Life-span developmental psychology: methodological issues. New York: Academic Press

Pawlik, K. (1976): Ökologische Validität: ein Beispiel aus der Kulturvergleichsforschung. In: Kaminski, Hrsg

Pawlik, K. (1978): Umwelt und Persönlichkeit: Zum Verhältnis von ökologischer und differentieller Psychologie. In: Graumann, C. F. (Hrsg)

Pervin, L. A. (1968): Performance and satisfaction as a function of individual-environment fit. Psychological Bulletin, 69, 56–68

Piaget, J. (1947): Psychologie der Intelligenz. Zürich: Rascher

Piaget, J. (1954): The construction of reality in the child. New York: Basic Books

Piaget, J. (1974): Biologie und Erkenntnis. Über die Beziehungen zwischen organischen und kognitiven Prozessen. Frankfurt: Fischer

Piontkowski, U. (1976): Psychologie der Interaktion. München: Juventa

Premack, D. (1959): Toward empirical behavior laws; I. Reinforcement. Psychological Review, 66, 219–233

Premack, D. (1965): Reinforcement theory. Nebraska Symposium on Motivation, 123–171. Lincoln: Univ. Nebraska Press

Raush, H. L. (1977): Paradox levels, and junctions in person-situation systems. In: Magnusson & Endler (eds)

Reinshagen, H. (1977): Handlungsvorstellungen als konstituierende Kategorie sozial-kognitiver Prozesse. In: Silbereisen,

R. (Hrsg): Newsletter Soziale Kognitionen, 1, C. 128-C. 141

Rose, A. M. (1967): Systematische Zusammenfassung der Theorie der Symbolischen Interaktion. In: Hartmann, H. (Hrsg): Moderne amerikanische Soziologie. Stuttgart

Rosenberg, S., Sedlack, A. (1972): Structural representations of implicit personality theory. In: Berkowitz, L. (ed): Advances in experimental social psychology, Vol. 6, New York: Academic Press

Roskam, E. E. (1968): Metric analysis of ordinal data. Vam-Voorschoten

Rotter, J. B. (1955): The role of the psychological situation in determining the direction of human behavior. Nebraska Symposium on Motivation. Lincoln: Nebraska Press

Rotter, J. B. (1960): Some applications of a social learning theory for the prediction of goal directed behavior from testing procedures. Psychological Review, 67, 301–316

Rotter, J. B. (1966): Generalized expectancies for internal versus external control of reinforcement. Psychological Monographs, 80, 1–28

Rotter, J. B., Chance, J. E., Phares, E. J. (1972): Applications of a social learning theory of personality. New York: Holt, Rinehart & Winston.

Rubinstein, S. L. (1973): Grundlagen der allgemeinen Psychologie. Berlin

Rudinger, G., Lantermann, E.-D. (1978): Probleme der Veränderungsmessung in individuellen und gruppentypischen Entwicklungsverläufen. In: Oerter, R. (Hrsg): Entwicklung als lebenslanger Prozeß. Hamburg: Hoffmann & Campe

Sampson, E. E. (1976): Social psychology and contemporary society. New York: Wiley

Savage, L. J. (1954): Foundations of statistics. New York: Wiley

Schneider, D. J. (1973): Implicit personality theory: a review. Psychological Bulletin, 79, 294–309

Schreiber, W. (1977): Interaktion und Handlungstheorie. Weinheim: Beltz

Schroder, H. M. (1970): Measurement and development of management information systems. Referat auf der Tagung „Management Information Systems: a Challenge to Scientific Research". Köln

Schroder, H. M., Driver, M. J., Streuffert, S. (1967): Human information processing. New York: Holt, Rinehart & Winston

Schütz, A. (1974): Der sinnhafte Aufbau der sozialen Welt. Frankfurt: Suhrkamp

Schwemmer, O. (1979): Verstehen als Methode. Vorüberlegungen zu einer Theorie der Handlungsdeutung. In: Mittelstraß, J. (Hg.): Methodenprobleme der Wissenschaften vom gesellschaftlichen Handeln. Frankfurt: Suhrkamp

Sears, R. R. (1951): A theoretical framework for personality and social behavior. American Psychologist, 6, 476–484

Seiler, B. (Hrsg), (1973): Kognitive Strukturiertheit. Stuttgart: Kohlhammer

Shedletsky, R., Endler, N. S. (1974): Anxiety: the state-trait model and the interactional model. Journal of Personality, 42, 511–527

Sherif, M., Sherif, C. W. (1969): Social psychology. New York: Harper & Row

Six, B. (1975): Die Relation von Einstellung und Verhalten. Zeitschrift für Sozialpsychologie, 6, 270–296

Skinner, B. F. (1963): Behaviorism at fifty. Science, 140, 951–958

Snygg, D., Coombs, A. W. (1949): Individual behavior- a new frame of reference for psychology. New York: Harper & Row

Spielberger, C. D. (1966): The effects of anxiety on complex learning and academic achievement. In: Spielberger (ed): Anxiety and behavior. New York: Academic Press

Spielberger, C. D. (1972): Anxiety as an emotional state. In: Spielberger, C. D. (ed): Anxiety: current trends in theory and research, Vol. 1. New York: Academic Press

Spitznagel, A. (1968): Die Situation als Problem der Persönlichkeitspsychologie. In: Groffmann, K. J., Wewetzer, K.-H. (Hrsg): Person als Prozeß. Bern: Huber

Stebbins, R. A. (1969): A theory of the definition of the situation. The Canadian Review of Sociology and Anthropology, 4, 148–164

Stegmüller, W. (1969): Probleme und Resultate der Wissenschaftstheorie und der Analytischen Philosophie. Bd. I. Heidelberg

Suckert-Wegert, K., Elsinghorst, J. et al. (o. J.), Prozeßanalyse von Sprechhandlungen in der Gesprächspsychotherapie. Forschungsbericht Universität Münster

Taginnri, R., Petrullo, L., (eds) (1958): Person perception and interpersonal behavior. Stanford: Stanford Univ. Press

Tajfel, H. (1959): Quantitative judgment in social perception. British Journal of Psychology, 54, 101–114

Thibaut, J. W., Kelley, H. H. (1959): The social psychology of groups. New York: Academic Press

Thomae, H. (1965): Zur psychologischen Charakteristik des Motivationsgeschehens. In: Thomae, H. (Hrsg): Handbuch der Psychologie, Bd. 2. Göttingen: Hogrefe

Thomae, H. (1968): Das Individuum und seine Welt. Göttingen: Hogrefe

Thomae, H. (1974): Konflikt, Entscheidung, Verantwortung. Stuttgart: Kohlhammer

Thomas, A. (1976): Psychologie der Handlung und Bewegung. Meisenheim Anton Hain

Thomas, W. I. (1923): The maladjusted girl. Boston: Ginn

Thomas, W. I. (1928): The child in America. New York: Knopf

Tolman, E. C. (1951): Psychology versus immediate experience. In: Tolman, E. C. (ed): Collected papers in psychology. Berkeley: Univer. California Press

Tolman, E. C. (1955): Principles of performance. Psychological Review, 62, 31–326

Tolman, E. C. (1959): Principles of purposive behavior. In:

Koch, S. (ed): Psychology, a study of science, Vol. II, 92–157. New York: McGraw-Hill

Torgerson, W. S. (1958): Theory and methods of scaling. New York: Wiley

Toulmin, St. E. (1970): „Reasons and Causes". In: Borger, Cioffi (eds): Explanation in the behavioral sciences. Cambridge Univ. Press, 1–26

Turney, J. R. (1974): Activity outcome expectancies and intrinsic activity values as predictors of several motivation indexes for technical professionals. Organizational Behavior and Human Performance, 11, 65–82

Volpert, W. (1974): Handlungsstrukturanalyse als Beitrag zur Qualifikationsforschung. Köln: Pahl-Rugenstein

Vroom, V. H. (1964): Work and motivation. New York: Wiley

Wachtel, P. L. (1973): Psychodynamics, behavior therapy, and the implacable experimenter: an inquiry into the consistency of personality. Journal of Abnormal Psychology, 82, 324–334

Wahba, M. A., House, R. J. (1974), Expectancy theory in work and motivation, some logical and methodological issues. Human Relations, 27, 121 bis 147

Wakenhut, R. (1977): Über die Einbeziehung von Situationen in psychologische Messungen. Unveröff. Habil. Schrift

Watson, J. B. (1913): Psychology as the behaviorist views it. Psychological Review, 20, 158–177

Weiner, B., Frieze, I., Kukla, A., Reed, L., Rest, S., Rosenbaum,

R. M. (1971): Perceiving the causes of success and failure. New York: Wiley

Werbik, H. (1976a): Grundlagen einer Theorie sozialen Handelns. Teil I, Aufbau der handlungstheoretischen Terminologie. Zeitschrift für Sozialpsychologie, 7, 248–261

Werbik, H. (1976b): Grundlagen einer Theorie sozialen Handelns. Teil II, Regeln für die Entwicklung empirischer Hypothesen. Zeitschrift für Sozialpsychologie, 7, 310–326

Wicker, A. W. (1972): Processes which mediate behavior-environment congruence. Behavioral Science, 17

Wishner, J. (1960): Reanalysis of ‚impressions of personality'. Psychological Review, 67, 96–112

Witkin, H. A., Dyk, R. B., Faterson, H. F., Goodenough, D. R., Karp, S. A. (1962): Psychological differentiation: studies in development. New York: Wiley

Witkin, H. A., Lewis, H. B.,

Hertzman, M., Machover, K., Bretnall, P., Messner, S., Wappner, F. (1954): Personality through perception. New York: Harper & Row

Wohlwill, J. F. (1977): Strategien entwicklungspsychologischer Forschung. Stuttgart: Klett-Cotta

Wohlwill, J. F., Carson, D. H. (eds), (1972): Environment and the social sciences. Perspectives and applications. Washington: APA

Wright, G. H. v. (1974): Erklären und Verstehen. Frankfurt: Athenäum Fischer

Young, P. T. (1967): Affective arousal: some implications. American Psychologist, 22, 32–40

Zimbardo, P. G. (1969): The human choice: individuation, reason, and order versus deindividuation, impulse, and chaos. In: Arnold, W. J., Levine, D. (eds): Nebraska Symposium on Motivation. Lincoln: Univ. Nebraska Press

Personenregister

Ach 120
Adams 29
Ajzen 102 f., 105, 160
Albright 24
Allen 28, 50
Allias 33
Altmann 10, 137
Angleitner 47, 68
Appley 24
Argyle 39, 76 ff., 137, 162
Asch 79 f.
Atkinson 22
Axelrod 90
Ball 102, 140
Bandura 28, 135
Barker 10, 136 f.
Bayer 140
Bem 28, 30, 50
Bergius 89
Bergler 89
Berlyne 22
Bernouilli 24
Berry 72, 163
Bévan 22
Beyer 29
Bierhoff 47, 88
Bieri 69 f.
Blumer 101
Boesch 118, 120, 128, 131 f., 138, 140
Boneau 19 ff., 24, 26 f., 29 f., 135
Bowers 10, 12, 37, 42, 111, 140
Braly 89
Bruner 79
Buss 12 f.
Byrne 69, 81
Campbell 25 f
Canon 80
Canter 10
Carson 137
Cattell 12, 39
Clark 22
Cofer 24
Coombs 24, 50, 52, 164
Cronbach 46, 79
Dachler 24
Davis 84 ff.

Dembo 22
Dörner 19 f., 26 f., 70, 128, 132, 135
Dorsch 120
Dreher 162
Dreitzel 140
Drever 117
Dunnette 25
Eckensberger 120 ff.
Edwards 29, 33
Eisenberger 24
Eisendorfer 90
Ekehammer 10, 12, 37, 39, 40, 42 f., 47 f., 59 f., 62
Endler 10, 37, 39 ff., 51, 56, 60, 67, 76, 112, 138
Eysenck 48
Feger 30, 126
Festinger 22, 77, 108
Fishbein 102 ff., 109, 152, 160
Forgas 113
Fowler 132
Fröhlich 117
Fuchs 120, 128
Galanter 20, 120, 128, 131, 162
Galperin 120
Gardner 69
Gavin 24
Gleser 46
Golding 10, 46
Graumann 10, 100, 102, 139
Guttmann 164
Hacker 119 f., 128, 131, 162
Haider 132
Hakmiller 110
Harvey 70 ff., 81, 93
Hays 80
Heckhausen 25, 118, 120, 123, 126 f., 129, 131
Heider 84
Hellpach 118, 120
Helson 22
Henry 60
Herrmann 14, 36, 41, 43, 117, 163
Hocke 94 f.
Hofer 80
House 24, 26, 33

Hunt 39 f., 43 ff., 70, 93
Hutton 138
Immig 94 f.
Irle 77, 84 f., 103, 106 ff.
Ittelson 10, 38, 131, 137
Jones 84 ff., 88, 106
Kaminski 10, 128, 132, 135, 137, 162
Kantor 38
Karsten 132
Katz 89
Kaufmann 21, 23, 25
Kelley 106
Kelly 50, 69, 76, 86 ff., 139
Kirk 97
Klix 135
Koffka 139
Kohlberg 121
Kossakowski 120
Krohne 72, 81 f., 139
Kruse 102, 139
Lantermann 10, 13, 46 f., 61, 80, 88, 94 f.
Laucken 80, 83, 135
Laveaux 88, 94 f.
Lawler 24 ff., 32
Lazarsfeld 60
Lehner 89
Leontiev 119 f., 128, 130
Lewin 22, 38, 76 ff., 104, 118, 120, 139
Lilli 88 f.
Little 39, 76
Lowell 22
Luce 29
McCall 101
McClelland 22
Magnusson 10, 14, 37, 39 ff., 58 ff., 62, 67, 112, 138
Métreaux 139
Miller 20, 120, 128, 131, 162
Mischel 10, 25, 28, 30, 38, 68, 106, 135
Mitchell 24
Mobley 24
Moos 137
Murray 38, 139
Neisser 19, 28
Newcomb 50
Nisbett 88
Oerter 72, 162
Okada 44, 47, 51

Olwens 10
Orth 33, 62, 149
Overton 11
Parson 120
Pawlik 136, 160, 166
Pervin 112
Petruko 79
Piaget 28, 72, 120 f.
Piontowsky 77, 100, 111
Premack 21
Pribram 20, 120, 128, 131, 162
Prohansky 10
Raush 40
Reese 11
Reinshagen 120 ff.
Ricklander 62
Rose 101
Rosenberg 79 f.
Rosenstein 44 f
Roskam 53, 65, 155, 158
Rotter 20, 23, 25 ff., 30, 105
Rubinstein 119 f.
Rudinger 13, 47
Sampson 75, 102, 105
Savage 32
Schneider 79 f.
Schroder 70, 72, 93
Schütz 140
Scotland 80
Sears 22, 139
Sedlack 79 f.
Seiler 71 f
Shedlesky 44
Sherif 140
Shils 120
Shygg 50
Simmons 101
Six 102
Skinner 19
Sorembe 30
Spielberger 44
Spitznagel 39
Stebbins 139 f.
Stegmüller 165
Stringer 10
Suppers 29
Suttle 26
Tagiuri 79
Taifel 88 f.
Thibault 106
Thomae 31, 50, 118, 120, 128, 139
Thomas 101, 117, 138 f.

Tolman 24 f., 38, 120
Torgerson 95
Toulmin 164
Turkey 99
Turney 24, 26
Tversky 30
Upshaw 141 f.
Volpert 119 f., 128, 132
Vroom 23 ff.
Wachtel 112
Wahba 24, 26, 33

Wakenhut 39
Watson 19
Weick 25
Weiner 106
Werbrik 120, 128
Wicker 140
Wishner 80
Witkin 68 f.
Wohlwill 13, 137
Young 22
Zeiss 106

Sachregister

Adaptationsniveau 22
Änderungsstabilität 14, 41, 46 f.
Ängstlichkeit 60
Äquivalenzklasse 28 f.
– Situationen 34, 140 f.
– Situationen und Verhalten 27 f., 135
Angst 43 ff., 61 ff., 150 f.
– Multidimensionalität 44
– soziale 67, 144 ff.
Angst-Profile, Kohärenz 151
Angst-state 44, 47, 51
Angst-trait 44, 47, 51
Anspruchsniveau 22, 106, 109
Argumentation, differentielle 10
Attribuierung 82, 94
Attribuierungstheorien 83
Attribution 78, 83 ff.
attributionstheoretische Sicht 26
Attributionstheorie 87
Aufforderungsgehalt 129
Austauschtheorie 106 ff., 127
behavior setting 136
Clusteranalyse 90, 94
differentielle Argumentation 10
– Psychologie 36 ff.
Differenziertheit, kognitive 68, 73, 81 f., 105 f., 135
Dispositionen 135
Dissonanztheorie 77, 106
Eigenschafts-Konzeptionen 28
Einstellung 152 ff., 156
Erwartung 18, 20 f., 23, 25 f., 28 f., 32 f., 124
– Determinanten 25 f.
– generalisierte 26
– Operationalisierung 26
– Veränderung 26
Erwartungs-Valenz-Modelle 29 ff., 32 f.
Erwartungs-Variable 124
Erwartungs-X-Wert-Theorie 123
Erwartungsänderungen 26 f.
– attributionstheoretische Sicht 26
Erwartungsgefälle 118, 129, 141
Erwartungsmodell 103
Erwartungstypen 25, 125

Extra-Introversion 48 ff.
Extraversion 36, 48, 50 f., 53, 56, 164
– interaktionale Theorie 57
Feldabhängigkeit 68 f.
Folgenantizipationen 31
– Konfliktmodell 29 ff.
Folgenbewertung 30, 142
Folgenerwartungen 156
Gefühle 141
Generalisierbarkeitskoeffizient 53 f., 92 f.
Generalisierbarkeitsstudien 53, 55 f., 92
Generative-Regel-Modell 111 ff.
Gesamtsituation 42, 73, 76 f., 104, 105 ff.
– Wichtigkeit 140
Handeln 165
– eingreifendes 124
– Rechtfertigung 165
Handlung 19, 116 ff., 168
– Anfangsphase 129 f.
– Angemessenheit 141, 162
– Durchführung 167
– einfach strukturierte 162
– Endphase 130
– Intentionalität 118
– operatives Moment 118, 161, 166
– Planung 167
– Verlaufsphase 130
Handlungsalternative 29 ff., 34, 123, 126, 141
Handlungsantizipationen 129
Handlungsbeginn 128
Handlungseffekt 121 f.
Handlungsende 130
Handlungsentwurf 121, 141 ff., 150, 162
Handlungsergebnis 18 f., 108, 124, 131, 142, 145, 163
Handlungsfeld 131, 136 f., 139
– subjektives 145, 150 ff., 157, 159 f., 161 f., 167
– subjektiv wahrgenommenes 138 ff., 142, 145
– – – Äquivalenzklassen 138, 160

Handlungsfolgen 27, 32, 124 f., 142, 152 ff.
Handlungsmittel 121 f.
Handlungsorientierung 140
Handlungspläne 20, 29, 60, 73, 107, 112
Handlungsprogramm 70, 73, 129
Handlungsregulation 29, 34, 71, 124
Handlungsrelevanz 166
Handlungssteuerung 124
Handlungsstrategien 20, 135
Handlungsstruktur 128 ff.
Handlungstendenz 124, 126 f., 129
Handlungstypen 137, 166 f.
Handlungsvalenzen 34, 126, 142
Handlungsverlauf 128 ff.
Handlungsziel 67, 73, 122, 124, 129 f., 139, 141, 152, 162
– Erreichung, Angemessenheit 141
Handlungszusammenhang 67, 122, 161, 166
Inferenztheorie 84
Interaktion 10 f., 12, 67
– Betrachtungsweise, statische 152
– statische 11, 105, 111
– Valenz u. Erwartung 32 ff.
interaktionales Modell 37, 39, 42 ff., 47 f., 57, 61, 65 f., 68, 73, 76, 100, 105 f., 112, 128, 144, 150, 163
Interaktionismus 37, 57 ff.
– moderner 36 ff., 82, 111
– symbolischer 101 ff., 111, 138
Interaktionismus-Debatte 37
Interaktionsbegriff 11
Interdependenz 18 f., 27, 41, 57, 60 f., 66 f., 72, 74, 79, 86, 93, 99, 123, 145, 153, 164
– kognitiv-dynamische 11, 34
Interdependenz-Modell 93
Interdependenztheorie, implizite 79
– naive 75, 93 f., 135
Instrumentalität 23 f.
Instrumentalitätstheorie 123
internes Modell der Umgebung 17, 19, 21, 26, 33 f., 132, 141 f.
Introversion 50
Invarianz, absolute situative 14
Ist-Lage 118, 129 f., 135, 145, 150
Ist-Soll-Lagen-Diskrepanz 140 f.
Kausalattribuierung 79, 86, 93, 95, 123

Kausalattribution 88
kognitive Differenziertheit 68 f., 73, 81 f., 105 f., 135
– Dissonanz 108 ff.
– Komplexität 70
– Stile 68, 73
– Strukturen 70
– Strukturiertheit 67 f., 70 ff.
Kohärenz 13 f., 41, 43, 45 ff., 56, 138, 151
– deskriptives Konstrukt 47
Komplexität, kognitive 70
– Umwelt 72
Konsistenz 13, 40, 138, 151
– absolute personale 13
– – situative 14
– relative 41, 151
– – personale 14, 45 f.
– – situative 14, 45 f.
– situative 56
– transsituationale 55, 60
– transsituative 51, 67, 73, 84, 114
Konsistenz-Attribuierung, transsituative 94 ff.
Konsistenz-Problematik 43
Konstrukt, deskriptives 14, 117
– explikatives 12, 14, 40, 60, 117
– hypothetisches 40
– interaktionales 13
– personales 28, 34, 50, 68, 70, 76
Linkert-Analyse 155
Maximierungs-Axiom 20 f.
Maximierungskriterien 32
Meßstruktur, additiv verbundene 154
– dual-distributiv-verbundene 62
– multiplikative 33
Objektspezifität 93 f.
ökologische Perspektive 136
– Psychologie 10, 102, 136 f.
– Repräsentativität 160, 168
– Validität 160, 166, 168
Persönlichkeit 37
Persönlichkeitsdimensionen 71
Persönlichkeitsdisposition 70
Persönlichkeitsforschung 40
Persönlichkeitsmerkmale 42, 163
Persönlichkeitspsychologie 37 f., 50, 68
Persönlichkeitstheorie, implizite 78 ff., 88
Person-Eigenarten 18, 135, 151

Personenwahrnehmung 81
Regulationsprozesse 130
Reizklassifikationstheorie 88 f.
Selbst 50, 109 f.
Selbstwahrnehmung 50
Selbstwahrnehmungs-Urteile 56
Selfperception-Theorie 50
Sensibilisierung 141
Situation 116, 131
– Aufforderungscharakter 129
– Aufforderungsgehalt 140
– Konstruktion 46
– objektive 27, 33, 74
– psychologische 27
– subjektive 34, 41, 116, 127
Situationsaufforderung 142
Situationsdefinition 101, 106,
   112 ff., 139 f., 162, 168
– subjektive 138 f.
Situationsvalenz 126
Situationswahrnehmung 43 f., 58 f.,
   61, 67 f., 124
Soll-Lage 118, 129 f., 135, 140, 145,
   150
Stabilität 13, 15, 27, 45 ff., 64, 151
Steuerungsprozesse 130
Stimuli, objektive 75
Stimulus-Konsequenzen 28
Stimulus-outcome-Erwartung 25
Stimulusvalenzen 22
Struktur, dual-distributiv-verbunde-
   ne 67
– kognitive 70
Strukturiertheit, kognitive 67 ff.,
   70 ff.
Tätigkeit 116 ff.
Testtheorie, klassische 151, 163
trait-Angst-Theorie 48
trait-state-Theorie 48
Transaktion 11, 42, 123
Transaktionsprozeß 112
Umgebung 19, 26, 33, 116, 131, 140
– aktuelle 135
Umgebungsereignisse 137
Umgebungsparameter 167
Umgebungssegmente 145
Umgebungszustände 17

Umwelt 18, 109
Umweltereignisse 17
Umweltpsychologie 10, 136 f.
Unfolding-Analyse 51 ff., 61, 158
Umfolding-Modell 60 f., 66 f.
Urteil, moralisches 121 f.
Valenz 18, 20 ff., 28 f., 31 ff., 126,
   141
– und Erwartung, Unabhängigkeit 33
– Operationalisierung 24
Valenzfunktion 22 f.
Valenzmodell 23
Vergleichsniveau 107
Verhalten 116 ff.
– Generalität und Stabilität 27
– hedonistischer Wert 21
– Konsistenz 40
– sozial-interaktives 74 f., 77, 99,
   100 ff., 107, 111 ff.
– Valenz 22
Verhaltensinstrumentalitäten 30
Verhaltenskonsequenzen 21, 28, 34
Verhaltenspläne 108
Verhaltenspotential 20, 23
Verhaltenssequenzen, sozial-
   interaktive 162
Verhaltenstheorie, naive 83 f., 87,
   99
Verhaltensweisen, Folgen 152 f.
Verstärkungsvalenz 23
Vorurteile 94 f., 99, 154, 157 ff.
Wahrnehmung, interpersonale 78 ff.
Wert, hedonistischer 32
– – maximaler 20, 27, 29, 31 f.,
   123
Wert-Variable 124
Wichtigkeit, Gesamtsituation 34
– Situation 31
– subjektive 31
Ziel 29, 119
Zieldiskrepanz 130 f.
Zielhierarchie 132, 140, 143, 153,
   156 f., 159
– Interdependenz 140
Zielvorstellungen 129
Zweckrationalität, subjektive 142,
   162